GOLDMANN
ESOTERIK

Buch

Mit Hilfe dieses faszinierenden Buches gelingt es jedermann, die in ihm schlummernden seelisch-geistigen und emotionalen Kräfte zu mobilisieren und zielbewußt einzusetzen. Es läßt die »Spielregeln« sichtbar werden, nach denen sich Glück und Erfolg im menschlichen Leben orientieren.

Autor

Joseph Murphy, Dr. theol., jur., rer. nat., verstorben im Dezember 1981, vermittelte seit mehr als einem Vierteljahrhundert durch persönliche Beratungen und in öffentlichen Vorträgen unzähligen Menschen in aller Welt das Vertrauen in die Kraft des menschlichen Geistes. Er ist Verfasser von 25 Büchern, die in mehrere Sprachen übersetzt wurden und Auflagenziffern von weit über einer Million erreichten. Sein Studium der großen Weltreligionen hat ihn davon überzeugt, daß allem Leben eine universelle Kraft innewohnt.

Von demselben Autor
sind bei Goldmann außerdem erschienen:

»Die unendliche Quelle Ihrer Kraft« (11736)
»Das Wunder Ihres Geistes« (11739)
»Leben in Harmonie« (11751)

Dr. Joseph
MURPHY

Die Gesetze des Denkens und Glaubens

Sie werden, was Sie denken und glauben

GOLDMANN VERLAG

Titel der Originalausgabe: The amazing laws of cosmic mind power
Originalverlag: Parker Publishing Co., Inc. West Nyack, New York
Aus dem Amerikanischen übertragen und überarbeitet
von Aurelia Bundschuh

1. Auflage November 1982 · 1.–15. Tsd.
2. Auflage April 1983 · 16.–25. Tsd.
3. Auflage Dezember 1983 · 26.–40. Tsd.
4. Auflage Dezember 1984 · 41.–55. Tsd.

Made in Germany
Genehmigte Taschenbuchausgabe

Umschlaggestaltung: Design Team München
Umschlagfoto: Design Team München
Druck: Elsnerdruck GmbH, Berlin
Verlagsnummer: 11734
ES · Herstellung: Sebastian Strohmaier/He
ISBN 3-442-11734-8

Inhaltsverzeichnis

Seite

Seite

VORWORT

Wie dieses Buch Ihr Leben verändern kann

Dieses Buch kann für Ihr Leben Wunder wirken. Sie werden das an sich selbst erleben. Und Sie werden hinter diese Wunder sehen.

Als ein Wunder stellt sich ein Ereignis dar, das man sich nicht erklären kann. Unbekannte Kräfte sind im Spiel. Deshalb spricht man von „Zauber“ und „Wundern“. Das sind jedoch relative Begriffe. Sobald Sie die auslösenden Kräfte und deren Wirkungsweise kennen, denken Sie nicht mehr daran, etwas als magisches Zauberwerk zu sehen und als Wunder zu erklären. Oder wären etwa Radio und Plattenspieler, Film und Fernsehen noch vor zweihundert Jahren nicht als Zauberwerk und unerklärliche Wunder bestaunt worden? Selbstverständlich weiß heutzutage jedermann, daß sie das nicht sind. Sie werden an einem Radio nichts Wunderbares finden. Und warum? Weil Sie wissen, wie es funktioniert.

Alle elementaren Kräfte sind uns ihrem Wesen nach nicht bekannt. Überdies erfließt alles der Quelle des Geistes, wenn wir auch kaum wissen, was das, was wir Geist nennen, seinem Wesen nach nun eigentlich ist. Wir können diese Kraft nicht unter einem Mikroskop analysieren, wir können sie nicht sehen. Gleichwohl werden wir ihrer Wirkung gewahr. Wir vermögen zu entdecken, wie diese geistige Kraft wirkt. Und damit gelangen wir an die Quelle einer verborgenen Kraft, die uns emporhebt und auf den Höhenweg des Glücks, der Freiheit und des inneren Friedens bringt.

Wie Sie sich der Ihnen innewohnenden wunderbaren Kraft im täglichen Leben bedienen können

Wir wissen zum Beispiel nicht, was Elektrizität letztlich ist. Was sie indessen zu leisten vermag, das wissen wir einigermaßen. Darum handelt es sich hier um eine Kraft, die uns, was ihr Wesen angeht, noch immer unbekannt ist. Und doch bedienen wir uns ihrer mit der größten Selbstverständlichkeit, wir alle, tagtäglich. So gesehen, gehen wir tagtäglich mit magischen Kräften um. Oder wir haben – dies mag für ein weiteres Beispiel stehen – nicht die leiseste Ahnung, wie es dazu kommt, daß wir uns bewegen oder auch nur einen Finger zu rühren vermögen, nur weil wir es so wollen, einfach nur als Folge unseres Willens, dieser geistigen Kraft. Anderseits soll, heißt es, die bloße Bewegung eines Fingers den entferntesten Stern tangieren. Sie sehen also, daß wir alle im Umgang mit magischen Kräften hinreichend vertraut sind; obwohl wir diese in unserem täglichen Sprachgebrauch natürlich nicht als solche bezeichnen. Magisch oder wunderbar nennen wir nur alles Ungewohnte, das wir nicht begreifen.

Sie verfügen über geistige Kräfte. Sie werden lernen, sich ihrer wirksamer zu bedienen. Dies ist Aufgabe und Ziel dieses Buches. Indem Sie sich Ihrer geistigen Kräfte richtig bedienen, werden in Ihrem Leben Wunder geschehen.

Wie dieses Buch Ihr Leben zu ändern vermag

Dieses Buch gibt Ihnen den Schlüssel in die Hand, Ihr Leben vollständig umzugestalten. Es wurde eigens für Sie geschrieben. In den folgenden fünfzehn Kapiteln werden Ihnen in schlichten Worten und lebensnaher Darstellungsweise Möglichkeiten und Techniken gezeigt, mit Hilfe derer Sie sich die wunderbaren Kräfte des universellen Geistes, an dem Sie Anteil haben, zunutze machen können, um auf das Glücksgeleise menschlicher Erfüllung und tiefer innerer Befriedigung zu gelangen.

In diesem mit Sorgfalt und äußerster Gewissenhaftigkeit geschriebenen Werk werden Sie lesen, wie ein Mann durch den Einsatz der wunderbaren Kräfte seines Geistes davor bewahrt wurde, den Tod durch Erhängen sterben zu müssen, und wie sich ein Kranker sowohl von der Wassersucht als auch vom grünen Star selber zu heilen vermochte. Sie werden auch dem faszinierenden Bericht über einen Mann begegnen, der sich seiner im Unbewußten schlummernden Kräfte bediente und, seinem Wunsch entsprechend, Millionär wurde.

Aus diesem Buch werden Sie in fesselnder und überzeugender Weise ganz genau ersehen können, wie diese Menschen – Menschen wie Sie und ich – mit Hilfe der ihnen innewohnenden wunderbaren geistigen Kräfte Erstaunliches zustande brachten. Dieses Werk zeigt Ihnen, wie Sie Ihre Persönlichkeit von innen heraus ändern. Von innen heraus werden Sie ein neuer Mensch. Die wunderbare Kraft wohnt Ihnen inne. Sie schlummert in Ihrem Unbewußten. Dieses Buch dient nur der Information, wie Sie diese wunderbare Kraftquelle für sich entdecken und zu nutzen lernen.

Warum keines Ihrer Probleme ungelöst bleiben muß

Für jedes Problem gibt es eine Lösung. Ich bin überzeugt, daß auch Sie in diesem Buch eine Antwort auf jene Fragen finden, die Sie am meisten bedrängen. Denn dieses Buch hält sich an das praktische Leben und allgemein menschliche Erfahrungen. Hier finden Sie die Geschichte eines Mannes, der vermöge der im vorliegenden Buch entwickelten Methoden in kurzer Zeit seinen Umsatz verdreifachen konnte. Oder ein junges Mädchen fördert auf einmal „wunderwirkende“ Werbeslogans für ihr Geschäft zutage, so daß sie legendäre Dividenden ausbezahlt erhält. Und ein Schriftsteller gelangt zu Erfolg und Ansehen, die besten Einfälle fallen ihm leichthin zu. Alles dies ereignet sich als Wunderleistung geistiger Kraft.

Es gibt eine universelle geistige Kraft. Nichts auf der Welt ist mächtiger als sie. Was immer Sie sich wünschen, diese Kraft vermag Ihren Wunsch zu erfüllen. Und diese Kraft ist geistiger Natur und in Ihnen. Es ist Ihr Geist, der Teil des universellen Geistes und eins mit ihm ist.

Dieses Buch zeigt Ihnen, wie Sie denken und was Sie denken sollen, wie Sie sich geistig orientieren und leiten müssen, so daß auch in Ihrem Leben Wunder geschehen werden. Sie werden auf diesen Seiten unschätzbare Hinweise finden, die Ihnen ermöglichen werden, aus Ihrem Leben Angst, Kummer, Verzweiflung und Eifersucht – lauter verhängnisvolle geistige Giftstoffe – für immer zu verbannen.

Sie werden überrascht der fesselnden Erfolgsgeschichte eines jungen Mannes gegenüberstehen, der in steiler Karriere Präsident seiner Gesellschaft wurde, oder etwa jener Frau, die sich durch ihren Glauben an die in ihr schlummernde wunderbare Heilkraft von selbstquälerischer Bösartigkeit und Schadenfreude befreite.

Indem Sie darüber lesen und sich auf die wunderbare Kraft Ihres Geistes einzustellen beginnen, wie dies in diesem Buch anvisiert ist, begeben Sie sich auf ein grandioses und tatsächlich wunderbares Abenteuer im Erlebnisfeld Ihrer da erst zur Entfaltung kommenden seelisch-geistigen Kräfte. Ihre Reise in die wunderbare Tiefenwelt Ihrer Seele wird Ihnen vielfachen Gewinn bringen. Sie befinden sich unterwegs zur Verwirklichung Ihrer Persönlichkeit und des Ihnen wie allen Menschen eingegebenen Glückstrebens. Sie werden in klingender Münze entschädigt werden: durch Gewinn an Liebe, Gesundheit, Wohlergehen und Harmonie. Die Reise wird sich als aufregend und anregend erweisen. Nachher können Sie mit freudiger Begeisterung Ihrer Zukunft entgegensehen. Setzen Sie Ihre Reise über die Seiten dieses Buches zu sich selbst fort, bis alle Schatten weichen, bis in die Morgenröte eines neuen herrlichen Tages.

KAPITEL 1

Das erstaunliche Gesetz der Verbindung

Und alles, um was ihr im Gebete glaubend bitten werdet, das werdet ihr erhalten.
Matthäus 21, 22

Das Gebet ist immer die Lösung. Denn Gott ist *„unsere Zuversicht und Stärke, eine Hilfe in den großen Nöten, die uns getroffen haben"* (Psalm 46, 2). Wir werden angewiesen, zu beten und zu glauben, und wir werden erhalten, worum wir bitten. Wenn es sich so verhält – und das tägliche Leben beweist, daß es so ist –, dann ist das Gebet die größte Kraft, über die wir Menschen verfügen. Wir können sie überall und jederzeit einsetzen. Es spielt keine Rolle, welcher Art das Problem, wie groß der Konflikt oder die Schwierigkeiten sein mögen; Beten hilft immer und führt zu glücklichen Lösungen. Wenn Sie gebetet haben, unternehmen Sie, geführt und geleitet durch Ihr Gebet, die notwendigen Schritte, worum immer es sich auch handeln mag.

Durch das Gebet setzen Sie sich in Verbindung mit der unendlichen Weisheit. Sie schöpfen daraus, Sie richten Ihr Denken danach aus und erfahren an sich eine Antwort im Sinne Ihres Denkens und Glaubens. So wird durch Ihr Gebet erreichbar, was Sie im Leben brauchen und für sich erwünschen, wenn nur Ihr Wünschen sinnvoll, aufrichtig und im Einklang mit den Gesetzen der auch Ihrem Geist vorwaltenden Natur ist. Das Gebet ist es, das immer wieder scheinbar Unmögliches zu bewirken und den sogenannten Unheilbaren zu heilen vermag. Es gibt kein in der Menschheitsgeschichte erfaßbares Problem, das nicht irgendeinmal durch die Kraft des Gebetes gelöst worden wäre.

Die Menschen in aller Welt – aller Kulturkreise und Religionen sowie jeden Zeitalters – glaubten an die geheimnisvolle und wunderbare Kraft des Gebetes. In der Bibel wird gesagt, daß *„bei Gott kein Ansehen der Person gilt“* (Apostelgeschichte 10, 34). Und Gott ist für alle zugänglich, für alle Menschen ohne Rücksicht auf deren Rasse, Farbe oder Glaubensbekenntnis. Alle jene, deren Gebeten Erfüllung oder Wegweisung zuteil wurde, haben sich vertrauensvoll und gläubig – entweder bewußt oder unbewußt – in Übereinstimmung mit der unendlichen Weisheit befunden, die als geistige Kraft jedem Menschen innewohnt.

Wir sollten uns auch daran erinnern, daß Gott allmächtig, allwissend und allgegenwärtig ist, unabhängig von Zeit, Raum, Angelegenheiten und Launen der allzu menschlichen Menschheit. Es fällt darum nicht schwer zu erkennen, daß der Kraft des Gebetes keine Grenzen gesetzt sind. *„Bei Gott sind alle Dinge möglich.“* Matthäus 19, 26.

Das Wunder des Gebetes

F. L. Rawson, ein vielbeachteter Ingenieur und einer der größten englischen Wissenschaftler sowie Autor des bei Wm. Clowes & Sons in London erschienenen Werkes *Life Understood*, lieferte den Bericht über ein britisches Regiment, das unter dem Befehl von Oberst Whittlesey im Zweiten Weltkrieg mehr als fünf Jahre kämpfte, ohne einen einzigen Mann zu verlieren. Dieser Rekord sondergleichen kam durch die enge aktive Zusammenarbeit zwischen den Offizieren und der Mannschaft zustande: sie alle prägten sich jeden Tag von neuem die Worte des einundneunzigsten Psalms ein und beteten miteinander – jenes Psalms, der wegen seines Inhaltes und Titels *(Unter Gottes Schutz)* auch schlechthin als „Schutz-Psalm“ bekannt ist.

So druckt auch ein in Ohio, Cleveland, ansässiger Verlag, die Ralston Publishing Company, im Taschenformat Karten und verteilt diese an Soldaten und Seeleute. Auf diesen Karten findet sich auf der einen Seite der oben erwähnte Bericht und auf deren Rückseite – unter dem Geleitwort „Schutz für Soldaten und Seeleute“ – der einundneunzigste Psalm abgedruckt.

Infolge der ständigen Wiederholung der in diesem Psalm enthaltenen Heilswahrheiten steuerten sich die Soldaten des ganzen Regiments in das lebhafte Gefühl, unter dem Schutz einer sie schirmenden

Allmacht zu stehen. Kraft ständiger Wiederholung des Gebetes und hoffnungsvollen Glaubens prägte sich ihr Gefühl als Wahrheit ihrem Unterbewußtsein ein und brachte in ihnen die tiefe Überzeugung zustande, jederzeit göttlichen Schutzes gewiß zu sein. Dies ist eines der Wunder, die durch das Gebet möglich werden.

Das Urteil durch den Strang konnte nicht vollstreckt werden

Vor einigen Jahren las ich in einem von Emma Curtiss Hopkins stammenden Zeitungsartikel (sie ist auch die Verfasserin von *Resume,* erschienen bei der Sun Printing Company in Pittsfield, Massachusetts) über ein wunderbares Ereignis, das von den Akten der Strafgerichtsbarkeit bezeugt wird und in den bundesstaatlichen Archiven sozusagen fortlebt. Ich beschränke mich hier auf das Wesentliche. Vor siebzig Jahren war ein Mann zum Tode durch Erhängen verurteilt worden. In der Zeit zwischen Schuldspruch und Urteilsvollstreckung suchte er Zuflucht bei Gott und seiner alles verzeihenden Liebe. Er glaubte inbrünstig, Gott werde seine Reue annehmen und ihm die Freiheit wiederschenken. Der Mann hatte zwar tatsächlich den Mord begangen, dessen er vor Gericht schuldig gesprochen worden war; er hatte jedoch irgendwo gehört oder gelesen, Gott sei der Erlöser gerade auch aller Übeltäter – ihr Befreier und Retter. Als der Mann auf den Galgen geführt wurde, geschah vor aller Augen etwas, was die Vollstreckungsbeamten zuhöchst verwirrte: die Plattform des Galgens, die normalerweise dem geringsten Druck nachgab, widerstand dem Gewicht des Delinquenten; sie erschien, seit der Verurteilte seinen Fuß daraufgesetzt hatte, fest und unverrückbar, sosehr sich auch die Vollstrecker abmühten. Unter dem Eindruck dieses Geschehens wurde der Mann begnadigt und in Freiheit gesetzt.

Gottes Liebe übertrifft tatsächlich unsere Vorstellung und läßt unser menschliches Verständnis hinter sich zurück. Sie erleuchtet unseren Weg. Gottes Segnungen nehmen kein Ende. Es liegt Gottes Liebe fern, zu richten und zu verdammen. Die Bibel sagt: „*Deine Augen sind zu rein, als daß du Böses ansehen könntest, und dem Jammer kannst du nicht zusehen*“ (Habakuk 1, 13). Das Urteil wird von uns selbst gefällt auf Grund dessen, was wir begreifen und glauben. Immer bestimmen Sie selbst Ihr Denken. Sie wählen und fällen dadurch das Urteil über sich selbst. Gott in seiner Vollkommenheit sieht Sie makellos. Gelingt es Ihnen, sich dies in aller Deutlichkeit und so lebhaft bewußt zu machen, daß Sie sich selbst zu vergeben und seelisch-geistig zu reinigen vermögen, so wird Ihre Vergangenheit nicht etwa nur verdrängt, sondern für immer vergessen sein.

Zu ernten, was Sie gesät haben, ist Ihnen als unerbittliches Gesetz nur so lange auferlegt, als Sie nicht beten oder über die göttlichen Wahrheiten meditieren. Wenn Sie auch grobes Unrecht getan und schwerwiegende Fehler begangen haben sollten – dies kann getilgt, aus dem bewußten und unbewußten Bereich des seelisch-geistigen Lebens ausgemerzt werden, zusammen mit den nachteiligen Folgen, die sich normalerweise für ein von Schuldgefühlen belastetes Gemütsleben ergeben und sich in Form von Strafen darstellen. Allerdings genügen bloße Lippenbeteuerungen und oberflächlich-mechanische Gebete nicht, sie können an der Lage nichts ändern. Es geht nicht ohne ein echtes Bedürfnis nach Gottes Liebe, zusammen mit dem ehrlichen Wunsch, sich ändern zu wollen. Gegenteiligen Falles vermag niemand den nachteiligen Folgen zu entgehen, die negatives Denken und eine destruktive Geisteshaltung unweigerlich nach sich ziehen.

In England bin ich seinerzeit mit Rechtsbrechern bekannt geworden, die nichts Geringes auf dem Gewissen hatten: es handelte sich um Mörder. Und dennoch haben diese Männer durch die Wahrnehmung und den innerlichen Nachvollzug der Liebe Gottes an sich eine solche Wandlung erfahren, daß sie nicht wiederzuerkennen waren. Sie erschienen mir buchstäblich als die neuen Menschen einer glücklicheren Wiedergeburt. Ihre innere Wandlung war derart, daß es ihnen völlig unmöglich gewesen wäre, die Fehler ihrer abgelegten Vergangenheit zu wiederholen.

Gebete können Ihr Leben ändern

Etwa vor zwanzig Jahren unterhielt ich mich in England mit einem Mann, der mir im Laufe des Gespräches eingestand, einen Mitmenschen getötet zu haben. Aus seinen Worten leuchtete der Wunsch hervor, sich selbst zu ändern und durch seelisch-geistige Läuterung ein anderer zu werden. Ich schrieb eigens für ihn ein Gebet und leitete ihn an, dieses Gebet, wenn immer es ihn danach dränge, mehrmals täglich, mindestens aber dreimal jeden Tag, inbrünstig zu beten. Das ging so vor sich, daß er sich jeweils für fünfzehn oder zwanzig Minuten ruhig verhalten und schweigend in der Bitte verharren sollte, Gottes Liebe und tiefen Frieden, seine Schönheit, Herrlichkeit und Seligkeit seelisch-geistig aufzunehmen und in sich zu spüren, so daß sein belastetes Gemüt gereinigt, geheilt und befreit werde. Indem er dies regelmäßig tat, nahmen diese Attribute Gottes allmählich in ihm die feste Form eigener Wesenszüge an.

Was sodann der Mann im Gefolge dieses aufrichtigen, schlichten Betens erlebte, war einfach faszinierend. Ein paar Monate später erzählte er mir, daß er eines Nachts an Leib und Seele – ebenso wie der Raum, in dem er sich aufhielt – in Flammen gestanden habe. Wie einst Paulus fand er sich eine Zeitlang von dem Licht geblendet. Er konnte sich an nichts erinnern, außer daß er – so sagte er mir es – die ganze Welt in sich wußte und sich von Gottes Liebe erfüllt und verzückt fühlte. Sein Gefühl war unsagbar. Er durchlebte den Augenblick, der ewig dauert.

Jedenfalls erschien er danach tatsächlich verändert. Er hatte an sich die göttliche Liebe erfahren und legte von dieser an Leib und Seele Zeugnis ab. Wie ich später erfuhr, begann er schließlich seine Erfahrungen mitzuteilen. Erfüllt von seinem wunderbaren Erlebnis, machte er es sich zu seiner Aufgabe, auch andere auf den Weg der Liebe zu führen.

Sie können werden, was Sie sein möchten

Kürzlich besuchte mich ein Mann, der sich dringend beraten lassen wollte. Trinker, der er war, hielt er es bei keiner seiner vielen Beschäftigungen aus. Er galt als träge und überaus unselbständig, und es mangelte ihm an der notwendigen Entschlußkraft oder an freudigem Lebenswillen oder auch an beidem. Er beteuerte, daß er nur ein einziges Ziel anstrebe: nämlich nach seinem Tode in den Himmel einzugehen.

Ich erklärte ihm, der Himmel sei der Zustand geistigen Friedens. Er möge sich um den leiblichen Tod nicht kümmern. (Wie dies aufzufassen ist, erklärte übrigens der Verfasser unter dem Titel „Jedes Ende ist ein Anfang" ausführlich in dem gleichfalls im Ariston Verlag, Genf, erschienenen Werk *Das Wunder Ihres Geistes.)* Und ich versicherte ihm, daß der einzige wirkliche Tod ein psychologischer Prozeß sei, und zwar von der Art, daß ein Mensch sich selber aufgebe, verkümmere, ja „sterbe", indem er sich im Gefälle der Unwissenheit und Trägheit sowie der Furcht und des Aberglaubens treiben lasse. Darüber triumphieren Glaube und Begeisterung, Vertrauen und wahre Lebenserfüllung; sie erwecken einen Menschen zu neuem Leben.

Er machte es sich zur Gewohnheit, in der von mir empfohlenen Art zu beten. Er betete, die unendliche Weisheit werde ihn auf allen Wegen leiten und zu wahrer Lebenserfüllung führen; es werde ihm geistig und seelisch immer besser gehen und er werde auch in wirtschaftlichen Angelegenheiten eine glückliche Hand haben.

Mit der Zeit entwickelte er eine völlig neue Einstellung zum Leben. Er lebte nicht mehr einfach dahin und ließ sich treiben, er nahm von neuem Anteil, er entdeckte neue Freuden an diesem seinem Leben. Hand in Hand damit widmete er sich mit großem Ernst seiner Arbeit. Der Erfolg ließ nicht lange auf sich warten: er baute seine Stellung aus und wurde bald in eine gehobenere Position, die ihn infolge seines weiteren Wirkungskreises und größerer Verantwortung weit mehr befriedigte, emporgehoben. Seine neue geistige Einstellung änderte sein ganzes Leben. Er selber kommentierte diesen erfreulichen Wandel seiner Persönlichkeit und seiner Lebenslage, indem er mir sagte: „Ich lebe jetzt im Himmel!" Womit er natürlich meinte, er lebe im Glückszustand der Gesundheit, harmonischen Gleichgewichts und echter Lebenserfüllung.

Unendliche Weisheit waltet über uns

Vor vielen Jahren hielt ich in Auckland auf Neuseeland mehrere Vorträge. Am Ende eines solchen Vortrages sprach mich einmal ein Mann an. Er sagte zu mir: „Ich möchte so gerne nach New York City reisen, um dort meine Tochter zu besuchen; aber ich habe kein Geld."

Ich gab ihm zurück: „Haben Sie meinen Vortrag gehört?"

„Ja", antwortete er. „Aber . . ."

Dieses Aber griff ich auf und legte ihm nahe, seinen Geist von allen Zweifeln freizumachen und sich im Vertrauen auf die unendliche Weisheit ganz entschieden positiv einzustellen. Diese solle ihm in göttlicher Fügung den Weg nach New York ebnen, damit er seine Tochter besuchen könne. In dieser einfachen Art sollte er nun mehrmals täglich beten. Und nachts würde er sich vorstellen, daß er seine glückliche Tochter umarme. Ja, er würde sie in seinen Armen sehen und sagen hören: „Ich bin so glücklich, daß du da bist, Vater."

Bevor ich noch Auckland verließ, rief er mich in meinem Hotel an. „Ein Wunder ist geschehen!" beteuerte er überglücklich. „Ein ehemaliger Geschäftspartner, der mich seinerzeit um gute tausend Pfund gebracht hatte, besann sich in seiner Todesstunde und hinterließ mir zur Wiedergutmachung des Unrechts den mir zukommenden Anteil in barem Geld. In wenigen Monaten werde ich meine Tochter wiedersehen."

Es waltet eine unendliche Weisheit über uns. Unsere vertrauensvolle Hinwendung führt uns auf den richtigen Weg. Ihre Wege aber gehen über unser Begreifen.

Beten überwindet Rassenvorurteile

Ein junger Mann, den ich beim Militär kennenlernte – er diente in meinem Bataillon –, eröffnete mir eines Tages: „Wissen Sie, vor dem Krieg habe ich mehrere Jahre lang versucht, bei der medizinischen Fakultät einer bestimmten Universität anzukommen. Es gab nur eine beschränkte Anzahl Studienplätze. Immer wieder wurde ich zugunsten anderer Studenten zurückgestellt, obwohl meine Zeugnisse weit über dem Durchschnitt lagen. So zahlte man mir meine Rasse und meine Religion heim."

Dieser junge Mann war ganz überzeugt, das Opfer gegen ihn gerichteten Rassenvorurteils zu sein. Ich versuchte ihm auseinanderzusetzen, daß die unendliche Weisheit kein Ansehen der Person kenne und immer so reagiere, wie es dem Glauben des einzelnen Menschen entspreche. Was dem Menschen widerfahre, liege in ihm selbst begründet. Und wir unterhielten uns lange über den bewußten Bereich des Geistes einerseits und den im Menschen unter der Bewußtseinsschwelle schlummernden Bereich des Unbewußten anderseits sowie die Wechselbeziehungen zwischen diesen beiden Sphären des seelisch-geistigen Lebens. (In diesem Zusammenhang sei auf das ebenfalls im Ariston Verlag, Genf, erschienene Werk desselben Autors verwiesen: *Die Macht Ihres Unterbewußtseins.)*

Mein Gesprächspartner wurde rasch mit dem Gedanken vertraut, der für jeden Psychologen nichts Überraschendes an sich hat: Jeder Mensch wird völlig autonom von seinem Unterbewußtsein gesteuert. Von dort kommt die Antwort der unendlichen Weisheit. Das Unterbewußtsein weiß alles. Im Unbewußten liegt der Schlüssel zur Erfüllung aller Wünsche, das Know-how. Und im Anschluß an dieses unser Gespräch – und sozusagen zur Erhärtung der Theorie in der Praxis – schlug ich dem jungen Mann vor, durch ein Experiment die Probe auf das Exempel zu machen. Das tat er denn auch.

Immer vor dem Einschlafen stellte er sich vor, er sehe eine auf seinen Namen lautende Doktorurkunde. Er steigerte sich in das, was er sah, hinein. Er sah das Arztdiplom in seinen Händen. Er las darin seinen Namen. Er spürte das Papier zwischen seinen Fingern. Und er empfand lebhaft die überwältigende Freude, daß er nun Arzt sei. Dabei setzte er den Inhalt seiner Vorstellung auf ein verdichtetes, glaubwürdiges Bild der Wirklichkeit um. Er richtete seine ganze Aufmerksamkeit auf den Schlußpunkt der von ihm erwünschten Laufbahn, sah wie unter einem Brennglas bereits die fertige Urkunde vor sich, das Arztdiplom. Dadurch konnte er es als wirklich betrachten und spürte das imaginäre Dokument in seiner Hand, wenn er einzuschlafen pflegte.

Das suggestive Beten dieses Soldaten blieb nicht vergeblich. Eines Morgens begrüßte er mich mit den Worten: „Ich habe das Gefühl, daß irgend etwas im Gang ist und ich nicht mehr allzulange hier sein werde."

Es war die Stimme seines Unterbewußtseins, die ihm sagte: „Alles ist gut."

So war es auch. Das erwies sich, als ihn der Platzkommandant zu sich berief und ihm mitteilte, im Hinblick auf seine einschlägigen Vorstudien könne er auf Kosten der US-Army sein Medizinstudium angehen, vorausgesetzt allerdings, daß er die erforderliche Prüfung mit gutem Erfolg bestehe.

Er hatte bei der Prüfung nicht die geringsten Schwierigkeiten und nahm kurz darauf mit großer Begeisterung seine Studien auf. Er hatte an sich erfahren, daß man, um Arzt zu werden, nicht an einer bestimmten Schule unterzukommen braucht. Er hat aber auch an der eigenen Person die Führung durch die unendliche Weisheit erlebt, die es ihm ermöglichte, das zu werden, was er sich aus tiefstem Herzen gewünscht hatte.

Beten öffnet Gefängnistore

Es ist schon mehrere Jahre her, was ich Ihnen im folgenden berichten möchte; dennoch sehe ich den Gefangenen vor mir, als hätte ich ihn noch gestern gesehen. Er dachte an nichts anderes als an die Freiheit. Er gab sich überaus bitter und zynisch. Ins Gefängnis hatte er sich wegen Handlungen gebracht, die gegen die Gesellschaft gerichtet und mit den goldenen Lebensregeln unvereinbar waren. Was jedoch noch schlimmer für ihn wog, war der Umstand, daß er – psychologisch ein Gefangener – zu jener Zeit im Kerker seines eigenen Hasses und unversöhnlicher Mißgunst lebte.

Ich gab ihm in Einzelheiten gehende Anweisungen, wie er seine Geisteshaltung ändern könne. Ich brachte ihn dahin, daß er für jene, die er haßte oder zu hassen meinte, zu beten begann. Immer wieder sagte er sich vor: „Sie sind durchströmt von Gottes Liebe. Ihnen allen wünsche ich Erfolg und Glück und Frieden."

Jeden Tag sprach er mehrmals dieses Gebet. Abends vor dem Einschlafen stellte er sich vor, daheim zu sein, im Kreise seiner Familie. Er trug im Geiste sein Töchterchen umher und hörte das Silberstimmchen des Kindes: „Papa, fein, daß du da bist!" Dieses Vorstellungsbild visierte er täglich an. Das Bild rückte infolge seiner ständigen Suggestion immer näher an ihn heran, er wurde es gewohnt. So wurde es allmählich für ihn Wirklichkeit. Das Bild wurde ein Teil seiner selbst.

Auf diese Art hatte er seinem Unterbewußtsein den tiefen Glauben an die Freiheit eingeprägt. Überdies gab sich die innere Wandlung dieses Menschen in einer bemerkenswerten Tatsache auch nach außen kund. Er empfand kein weiteres Bedürfnis mehr, für seine Freiheit zu beten. Dieser Umstand war, psychologisch gesehen, das sichere Zeichen dafür, daß er den Wunsch nach Freiheit subjektiv verarbeitet und sich einverleibt hatte. Er hatte den inneren Frieden gefunden; und obgleich er sich hinter Gittern befand, wußte er auf Grund seiner rein subjektiven Erfahrung, daß er frei war. Es handelte sich um ein

Wissen von innen her. Die seelisch-geistige Verwirklichung seines Freiheitswunsches erübrigte das Beten für eine Freiheit, die er subjektiv bereits erlangt hatte.

Er wurde übrigens lange vor Abbüßung seiner Strafe in Freiheit gesetzt. Freunde hatten sich seines Falles angenommen und eine Wiederaufnahme des Verfahrens erwirkt. Dabei kamen zu seinen Gunsten neue Umstände hervor, so daß das seinerzeitige Urteil kassiert wurde. Als sich für ihn die Tore des Gefangenenhauses öffneten, trat er hinaus in ein neues Leben.

Ihr Gebet bewahrte ihn vor finanziellem Ruin

Als Erwiderung auf meine allwöchentlich abgehaltenen Lesungen aus einem meiner Werke – ich las damals aus dem schon erwähnten Buch *Die Macht Ihres Unterbewußtseins* – stellte eine junge Frau, die den Vorträgen regelmäßig gefolgt war, traurig fest, trotz allem gebe es für ihren Verlobten keine Möglichkeit, dem Verlust seines Geschäftes sowie dem sicheren Bankrott zu entgehen. Er konnte die fälligen Rechnungen nicht mehr bezahlen, sein Auto war verpfändet. Sie sagte zu mir: „Unmöglich – ich sehe keine Chance mehr. Es ist einfach hoffnungslos."

Auf meine Anregung hin entschloß sie sich, diese tägliche Negativsuggestion aufzugeben und an deren Stelle eine gegenteilige Beeinflussung zu setzen. Drei- oder viermal täglich versetzte sie sich in einen völlig passiven Zustand geistiger Ruhe und empfänglicher Erwartung. In dieser Lage geistiger Ausgeglichenheit steuerte sie sich gedanklich und gefühlsmäßig in die Überzeugung, daß es sehr wohl eine glückliche Lösung für ihren Verlobten gebe. Und immer vor dem nächtlichen Einschlafen sammelte sie ihre Gedanken auf der Linie der folgenden wundervollen Wahrheit: „Ich bin ganz ruhig, und ich weiß, es gibt für ihn eine Lösung – vermöge der meinem Unterbewußtsein innewohnenden Weisheit. Mit diesem Ausweg aus allen Schwierigkeiten bin ich einverstanden; und ich bin überzeugt, daß in göttlicher Fügung alles gut endet."

Mit dieser Gebetstechnik verzichtete sie bewußt auf vernünftige Schlüssigkeit und wandte sich vertrauensvoll an die Quelle der Weisheit, die im Unbewußten strömt und Antwort weiß.

Plötzlich war die Lösung da. Niemals hatte ihr Verlobter damit gerechnet. Er rief sie an und sagte, es sei ein Wunder geschehen. Er hatte einen Scheck über zweitausend Dollar bekommen. Nach zehn Jahren beglich ein Mann mit einem Schlag eine bereits abgeschriebene Schuld! Die Lösung kam aus dem Blauen – Antwort auf von Glauben getragenes Gebet. Dabei erinnern wir uns an das so wahre Bibelwort: *„Ehe sie rufen, will ich antworten; wenn sie noch reden, will ich hören."* Jesaja 65, 24.

Ihr tägliches Gebet

„Was immer gestern noch Verneinung oder Versagung war, heute wird sich mein Gebet als Bestätigung der Wahrheit frohlockend darüber erheben – ich weiß es.

Heute ist ein Tag Gottes, ein herrlicher Tag für mich. In mir sind Friede, Freude, Harmonie. Ich glaube an Gottes Güte, an Gottes Führung, an Gottes Liebe. Ich bin überzeugt, daß sich diese meine Gedanken in Geist und Seele einprägen. Ich ziehe alles Gute, das mein Herz sich wünscht, unwiderstehlich an und erfahre es in meinem Leben. Ich setze jetzt all mein gläubiges Vertrauen, meine ganze Zuversicht in die Macht und die Weisheit Gottes, der in mir ist. In mir ist Friede.

Gott ist in mir. Und ich höre in mir die Einladung: *„Kommet her zu mir alle, die ihr mühselig und beladen seid; ich will euch erquikken."* Matthäus II, 28.

Ich erquicke mich, ich beruhe in Gott. Alles ist gut."

ZUSAMMENFASSUNG

1. Das Gebet ist immer die Lösung. Das Gebet ist ein Gott anvertrauter Wunsch, und Gott antwortet Ihnen.

2. Mit Gott ist alles möglich. Gott ist allmächtig, und nichts widersteht ihm.

3. Wiederholtes Beten des einundneunzigsten Psalms und hoffnungsvoller Glaube an dessen Heilsbotschaft ermöglichen Ihnen, ein glückliches Leben zu führen.

4. Vollkommenes Gottvertrauen vermag Sie vor dem Tode zu retten.

5. Öffnen Sie Ihr Herz Gottes Liebe und dem Frieden, so wird alles Vergangene getilgt und vergessen sein.

6. Eine neue Lebenseinstellung vermag alles in Ihrem Leben zu ändern. Ihr Leben und Ihre Welt werden vom Leitbild Ihrer Vorstellungen gestaltet und von den Sie beherrschenden Überzeugungen geprägt.

7. Verbannen Sie Zweifel und Furcht, wenn Sie beten, und vertrauen Sie der Führung durch die unendliche Weisheit; sie weiß Ihre Wünsche zu verwirklichen.

8. Gott in seiner unendlichen Weisheit, der in allen Menschen ist, kennt kein Ansehen der Person und ist für alle Menschen da, die an ihn glauben.

9. Beten öffnet Gefängnistore, auch die Tore Ihres von Haß, Mißgunst und Rachsucht errichteten inneren Kerkers.

10. Es gibt immer einen Weg, immer eine Lösung. Vertrauen Sie ruhigen Geistes auf Gott. Er weiß Antwort; und weil Gott weiß, wissen auch Sie. „*Ich und mein Vater sind eins.*“ Johannes 10, 30.

11. „*. . . Alles, was ihr bittet in eurem Gebet, glaubet nur, daß ihr's empfangt, so wird's euch werden.*“ Markus 11, 24.

KAPITEL 2

Das geheime Gesetz des Glaubens

Euch geschehe nach eurem Glauben.
Matthäus 9, 29

Glauben ist eine Denkungsweise, eine Geisteshaltung, die ihre Ergebnisse zeitigt. Der Glaube im Sinne der Bibel ist als Überzeugung zu erkennen, die auf ewig gültigen Gesetzen und unveränderlichen Prinzipien beruht. Ihr Glaube stellt eine Verschmelzung Ihres Denkens und Fühlens dar, die Schmelzmasse Ihres Geistes und Ihres Herzens; dieser Ihr Glaube ist derart umfassend und unüberwindlich, daß kein äußeres Geschehen ihn zu erschüttern vermag.

Im Markus-Evangelium finden Sie den wunderbaren Vers (11, 23) über die Macht des Glaubens: „*Wahrlich, ich sage euch: Wer zu diesem Berge spräche: Hebe dich und wirf dich ins Meer! und zweifelte nicht in seinem Herzen, sondern glaubte, daß es geschehen würde, was er sagt, so wird's ihm geschehen.*"

Im „Berge" dieses Gleichnisses können Sie Ihr Problem, Ihre Schwierigkeiten sehen und im „Meer" Ihr Unterbewußtsein; dort werden ja Ihre Probleme und Schwierigkeiten gelöst und aufgehoben. Wenn Sie in Ihrem Herzen, das heißt, in Ihrem Unterbewußtsein nicht zweifeln sollen, so müssen Ihr bewußtes Denken und subjektives Fühlen damit einverstanden sein und ja sagen.

Diese großen Heilswahrheiten lassen an Deutlichkeit nichts zu wünschen übrig und weisen Sie mit aller Entschiedenheit darauf hin, daß Sie in sich die Weisheit und die Macht haben, die Sie aus Armut und Krankheit emporzuheben und Ihnen Antwort auf Ihre Gebete zu geben vermögen. Sie führen Sie auf den Höhenweg des Glücks und der Freude, inneren Friedens und harmonischer Beziehung zu Ihrer Umwelt, zu allen Menschen, zur ganzen Welt.

Die Macht des Glaubens wirkt Wunder

Vor einigen Jahren machte ich die Bekanntschaft eines Mannes, der Mitarbeiter in der weitverzweigten Verkaufsorganisation eines chemischen Unternehmens mit mehr als zweihundert Angestellten war. Er erzählte mir von seinem Berufsleben. Als der Verkaufsdirektor verstorben war, hatte ihm der Vizepräsident der Gesellschaft den Posten des Verstorbenen angeboten. Er jedoch hatte abgelehnt. Erst später erkannte er den wahren Grund, der ihn zur Ablehnung dieses vielversprechenden Angebotes bewogen haben mußte. Er war das Opfer seiner Angst. Er hatte sich gefürchtet, die mit dem angebotenen Posten verbundene hohe Verantwortung zu übernehmen. Dem Mann mangelte es an Glauben an sich selbst und seine innere Kraft. Da er innerlich unsicher war, verpaßte er eine einmalige Chance.

Im Verlaufe meines Gespräches mit diesem Mann mußte ich entdecken, daß er ganz allgemein daran zweifelte, im Leben Erfolg zu haben.

Dieser Mann war tatsächlich völlig im Negativen verfangen, und seine abträgliche Überzeugung hatte tiefe Wurzeln geschlagen. Ich setzte ihm auseinander, daß diese völlig fehl am Platz und sein Glaube fehlgeleitet war. Er glaubte nur an seine Unzulänglichkeit und lebte dauernd im Bewußtsein seiner Unfähigkeit, im Leben vorwärtszukommen und sich zu bewähren.

Es gelang ihm, seine Einstellung völlig zu ändern. Seine innere Wandlung vollzog sich unter dem Eindruck der folgenden Suggestion, die er sich immer wieder einprägte: „Ich stelle mein Denken und Fühlen um. Ich brauche nicht mehr Glauben, als ich habe. Ich brauche nur meinen Glauben auf das richtige Geleise zu bringen und zielstrebig einzusetzen. Ich weiß, daß mein Unterbewußtsein den Inhalt dessen, was ich über mich selbst glaube, registriert und dementsprechend reagiert. Ich glaube an Gott, der mir innewohnt. Ich weiß, daß Gott mich führt und leitet. Ich weiß, daß ich zum Erfolg bestimmt bin und mir die unendliche Weisheit in mir eine neue Chance zeigen wird. Ich weiß, daß ich von tiefem Vertrauen durchdrungen und völlig im Gleichgewicht bin. Ich glaube an das Gute, und ich lebe in der freudigen Erwartung einer Wendung zum Besten."

Es dauerte nicht lange, bis sich der Mann geistig und emotionell mit diesen Gedanken identifizierte. Die Vorstellung, er sei erfolgreich, machte ihn erfolgreich. Es wurde ihm eine führende Stellung von nicht geringerer Bedeutung und Verantwortung angetragen, und er nahm den Posten mit Freuden an. Er erreichte sein Ziel dank der wunderbaren Macht des Glaubens.

Jedermann hat Glaubensüberzeugungen

Den Menschen, der an nichts glaubt, gibt es nicht. Auf irgendeine Weise, an irgend etwas glaubt jedermann. Manche Menschen allerdings glauben nur an das Negative: sie rechnen mit Krankheiten und Unglücksfällen, sie sind überzeugt von ihrem Versagen im Leben und von ihrem persönlichen Mißgeschick. Mit der Ermahnung zu glauben allein ist es nicht getan, schließlich glaubt jedermann. Aber woran? Wie wird der Glaube eingesetzt? Aufbauend oder zerstörend – das ist hier die Frage.

Unsere geistige Grundhaltung und unsere Überzeugungen, die unseren Glauben ausmachen, sind bestimmend, ob wir glücklich sind oder ob uns das Leben zur Hölle wird. Was glauben Sie? Steht nicht völlig außer jeder Frage, daß jene Glaubensüberzeugungen die edelsten und erstrebenswertesten sind, die auf ewig gültigen, unveränderlichen Prinzipien beruhen? Vertrauen Sie Gottes Güte und der schöpferischen Kraft Ihres Geistes. Glauben Sie überhaupt an alles Gute und erwarten Sie freudigen Herzens für sich das Beste. Vertrauen Sie sich vollkommen der Führung durch die unendliche Weisheit und ihrer Leitung auf allen Wegen an. Seien Sie tief überzeugt von der Hilfe Gottes, der Ihre Schwierigkeiten beseitigen und Sie an Leib und Seele heilen wird. Glauben Sie an die in Ihnen unsichtbar waltende Kraft, die Teil des Allmächtigen ist und Sie befähigt, unbeirrt und sicher Ihren Weg zu gehen, unangefochten von Angst, Zweifel, Kummer und eingebildeten Gefahren jeder Art.

Der Glaube an das Unsichtbare

Im Brief an die Hebräer steht zu lesen (11, 1): „*Es ist aber der Glaube eine gewisse Zuversicht dessen, das man hofft, und ein Nichtzweifeln an dem, das man nicht sieht.*“

Alle großen Wissenschaftler und Mystiker, Dichter, Künstler und Erfinder sind beseelt und besessen von einem nie erlahmenden vertrauensvollen Glauben an eine in ihnen wirkende unsichtbare Kraft.

Der Wissenschaftler glaubt an die Möglichkeit der Ausführung seiner „Idee“. Die Idee des Radios existierte – obgleich nur unsichtbar – wirklich im Geist des Erfinders. Die Idee des Autos war für Henry Ford eine geistige Realität. Und schwebt einem Architekten ein neues Bauwerk vor, so existiert diese Idee in seinem Geist wirklich. Genauso existiert in meinem Geist der Plan zu dem Buch, das ich zu schreiben im Begriffe bin; und die sich füllenden Seiten werden von unsichtbaren Einfällen, Gedanken, Vorstellungen und Überzeugungen, die meinem Geist eingeprägt sind, geschaffen.

Sie können die Tatsache nicht hoch genug einschätzen, daß Ihre Wünsche, Vorstellungen und Träume geistige Realitäten sind; ebenso wie – obschon unsichtbar – eine geplante Reise oder was immer für ein Vorhaben, der Einfall des Malers zu einem Bild oder was immer im Geist existiert und der Verwirklichung harrt. Das Wissen, daß es sich dabei um Wirklichkeit handelt – daß jede dieser Vorstellungen auf geistiger Ebene Form und Substanz hat und ebenso wirklich existiert wie zum Beispiel Ihre Hand im objektiven Bereich –, dieses Wissen also verleiht Ihnen einen Glauben auf wissenschaftlicher Grundlage und befähigt Sie, unangefochten von Verwirrung, Furcht und Hader zum sicheren Port einer tief im Unbewußten verankerten Überzeugung zu finden. Und was immer Ihrem Unterbewußtsein zugeführt wird, spiegelt sich auf dem Bildschirm des Lebens wider. So werden Ihre Vorstellungen in den Raum projiziert und objektiv verwirklicht.

Sein Glaube half ihm weiter

Aus Anlaß meiner Vorlesungen in San Francisco ergab sich eine Diskussion mit einem Mann, der jegliches Selbstvertrauen verloren hatte. Man konnte ihm ansehen, daß er unglücklich und enttäuscht war. Es ging ihm geschäftlich nicht gut. Er hatte, als Generaldirektor eines großen Unternehmens, ernste Meinungsverschiedenheiten mit dem Präsidenten und dem Vizepräsidenten der Gesellschaft, über die er sich sehr unwillig äußerte. „Sie sind einfach gegen mich, alle beide“, erklärte er. Natürlich wirkte sich der interne Streit im Führungsteam der Gesellschaft für die Geschäfte nicht vorteilhaft aus. Es ging allenthalben abwärts. Das war auch für den Generaldirektor ein harter Schlag, denn die Gesellschaft konnte keinen Gewinn ausschütten, was er empfindlich an seinem Einkommen zu spüren bekam. Infolge seines Mangels an Selbstvertrauen befand er sich tatsächlich in einer Lage, in der er sich in jeder Hinsicht verkürzt und betrogen vorkam.

Er könne, sagte er mir ausdrücklich, nicht glauben, was er nicht sehen oder hören, berühren, riechen oder schmecken könne. Er vertraute also gerade nur seinen fünf Sinnen. „Können Sie etwa Ihren Geist sehen, die in Ihrem Unbewußten schöpferisch tätigen dynamischen Kräfte, die Sie treibenden Lebenskräfte? Oder können Sie die Liebe zu Ihrem Kind sehen, Ihre Überlegungen auf rein geistiger Ebene sehen, riechen oder greifen?"

Er erkannte sofort den springenden Punkt und fügte hinzu: „Ja. Ich weiß, daß ich ein lebender Organismus bin. Und selbstverständlich kann ich das Leben nicht unter einem Mikroskop studieren und fassen oder in einem chemischen Laboratorium analysieren."

Im weiteren Verlauf unserer Unterhaltung sah er ein, daß er, um zu innerem Frieden und äußerem Erfolg zu gelangen, unbedingt zu der tief in ihm strömenden Quelle der Weisheit und Macht finden müsse, die – wesentlich und ewig gültig – seinem noch so scharfen, glasklaren Intellekt bei weitem überlegen ist und jenseits allen Begreifens liegt. Es mußte ihm gelingen, seelisch-geistig und gefühlsmäßig zu einer zum Guten führenden Wechselbeziehung zu dieser in seinem Unbewußten schlummernden inneren Kraft zu gelangen. Hier gebe ich den Wortlaut seines Gebetes wieder, das er mehrmals jeden Tag sprach:

„Alle Mitarbeiter unserer Gesellschaft sind seelisch-geistig wertvolle, nach dem Ebenbild Gottes geartete Glieder in der Kette gottgewollten Wachstums und Wohlergehens. All meine Gedanken, Worte und Taten, die ich meinen höchsten Vorgesetzten und allen Mitarbeitern der Gesellschaft zuwende, sind von meinem guten Willen getragen und durchdrungen. In mir sind Liebe und der Wille zum Guten. So denke und fühle ich gegenüber dem Präsidenten wie auch gegenüber dem Vizepräsidenten unserer Gesellschaft. Durch mich entscheidet die unendliche Weisheit, sie leitet alle meine Entscheidungen. Mein ganzes Leben dient dem Zweck, das Richtige zu tun. Wenn ich an Büro und Geschäft denke, fühle ich mich erfüllt von Liebe und Freude, von innerem Frieden und Harmonie. Gottes Friede waltet über allen Mitarbeitern der Gesellschaft, in Herz und Geist jedes einzelnen wie auch von mir selbst. Ich beginne nun einen neuen Tag, erfüllt von unerschütterlichem Vertrauen."

Vielbeschäftigt, wie der Mann es war, machte er es sich gleichwohl zur festen Gewohnheit, vier- oder fünfmal täglich das obenzitierte Gebet zu sprechen. Er betete langsam, die tiefe Wahrheit der Worte auslotend, und lebte in den Worten der Liebe und des Vertrauens, die er sprach, innig mit. Diese seine Worte prägten sich seinem Unterbewußtsein tief ein. Wandelten ihn tagsüber ärgerliche Gedanken oder innere Beängstigungen an, so verschloß er sich ihrem Einfluß, indem er sagte: „Gottes Friede erfüllt meine Seele."

Auf diese Weise geschah es immer seltener, daß er dem schädlichen Einfluß solcher negativen Anwandlungen unterworfen war; schließlich hörten sie ganz auf. Er hatte zu innerem Frieden gefunden.

Erst viel später schrieb er mir in einem Brief, daß ihn ein paar Wochen nach meiner Abreise der Präsident und der Vizepräsident zu sich gerufen und ihm, verschiedene Vorkommnisse ausdrücklich bedauernd, die Hand zu neuerlicher, ersprießlicher Zusammenarbeit zum Wohle des Unternehmens gereicht hatten. Sie hatten ihm versichert, die Gesellschaft brauche seine volle Unterstützung.

Damit war – so schrieb er mir – sein Selbstvertrauen wiederhergestellt, ja gestärkt aus dem Konflikt hervorgegangen. Er wisse jetzt an Hand seiner eigenen Erfahrung, daß jeder Mensch als bewußtes, frei wählendes Individuum die Möglichkeit und die Kraft habe, sich mit gutem Willen für die Harmonie und persönlichen Lebenserfolg zu entscheiden und dieses Ziel über alle hinderlichen Umstände hinweg zu erreichen. Ich brauche seinen eigenen Worten kaum noch etwas hinzuzufügen. Der Mann stand nicht länger unter dem Diktat seiner Sinne oder der Gewalt äußerer Umstände.

Sie änderte ihre Überzeugung

Eine junge Sängerin hatte wiederholt versucht, beim Rundfunk, Fernsehen oder Film unterzukommen. Sie hatte eine gute Ausbildung und verfügte über eine schöne Stimme. Dennoch war sie regelmäßig durchgefallen, sie fand kein Engagement. Alle Anstrengungen erschienen ihr vergeblich. Sie spürte selber die Gefahr, das Opfer eines Minderwertigkeitskomplexes zu werden. Rat suchend kam sie zu mir.

„Es gibt viele Schauspielerinnen und Sängerinnen, die schöner und attraktiver sind als ich", sagte sie. „Vermutlich ist dies der Grund, warum ich nie zu einem Vertrag komme."

Ich antwortete ihr: „Es gibt geistige Gesetze. Eines dieser Gesetze läuft darauf hinaus, daß Angebot und Nachfrage eins sind; daß das, wonach Sie suchen, zugleich auch nach Ihnen sucht. Und nach dem gleichen Gesetz wird die unendliche Weisheit des Geistes Ihnen den Ihnen zukommenden Platz zeigen."

Sie begriff das sofort und erkannte, daß sie ihre Überzeugung ändern mußte. Sie mußte das gefühlsmäßig und geistig tief verwurzelte Vorurteil, sie falle ohnehin durch, ablegen und sich statt dessen die Überzeugung aneignen, daß sie ankommen werde, daß sie am richtigen Platz anerkannt und bestätigt werde. Sie faßte von neuem Hoffnung. Was sie im Geiste sich vorzustellen und als wahr anzunehmen vermochte, das würde sie auch im Leben verwirklichen können.

Und dieser Einsicht trachtete sie nachzuleben. Zweimal täglich machte sie sich von allen Tagesgeschäften frei und ergab sich vollkommener körperlicher und geistiger Entspannung. Dies erreichte sie, indem sie sich nach innen wandte und sich wünschte, Ihr Körper und Ihr Geist möchten sich entspannen. In diesem Zustand innerer Ruhe und gesteigerter Empfänglichkeit konzentrierte sie ihre ganze Aufmerksamkeit auf die Vorstellung eines Filmvertrages, den sie in der Hand halte. Sie sah den Vertrag und spürte ihre Freude und die Wirklichkeit ihrer Freude an dem Vertrag. Sie war geistig und emotional mit dem Vertrag sozusagen verschweißt, und zwar mit einer Entschiedenheit, daß er ganz einfach Wirklichkeit werden mußte.

Wie es tatsächlich auch zutraf. Eine Woche, nachdem sie zu ihrer neuen Überzeugung gefunden hatte, unterschrieb sie einen Vertrag, der ihr in einer ganzen Filmserie des Fernsehens eine hervorragende Rolle sicherte.

Die junge Frau hatte sich mit dem Vorstellungsbild ihres Herzenswunsches identifiziert. Mit ihrer Überzeugung hatte sie den Status ihres Glaubens geändert. Und es geschah ihr nach ihrem Glauben.
„*. . . und ruft dem, was nicht ist, daß es sei.*" Römer 4, 17.

Sein Glaube machte ihn gesund

Vor mehreren Jahren, als ich in Bombay eine Reihe von Vorlesungen hielt, kam ich mit einem Engländer ins Gespräch, der großen Kummer wegen seiner Beine hatte. Er war neun Monate lang an das Haus gefesselt gewesen, daher konnte er nur mit größter Mühe gehen und mußte sich der Hilfe eines Stockes bedienen. Ich fragte ihn, was er, wenn er geheilt wäre, am liebsten tun möchte. „Ich würde Polo und Golf spielen, schwimmen, wie ich das früher hielt. Und in den Alpen klettern, das tat ich jedes Jahr."

Das war der Ausgangspunkt, bei dem ich anknüpfen konnte. Ich erklärte ihm so einfach wie nur irgend möglich, wie er es anstellen müsse, um wieder zum vollwertigen Gebrauch seiner Beine zu gelangen. Als ersten Schritt empfahl ich ihm, sich bei Tätigkeiten vorzustellen, die er auszuüben pflegte und gerne tat. Ich legte ihm nahe, sich jeden Tag für eine Viertelstunde oder zwanzig Minuten in seinem Arbeitszimmer niederzulassen und sich vorzustellen, er spiele Polo. Er sollte sich bewußt in die Stimmung steuern, er agiere jetzt in der Rolle eines Polospielers. Mit anderen Worten: Er hatte die Rolle eines Schauspielers zu übernehmen und in der gleichen Art der inneren Beteiligung zu spielen.

Er führte sorgfältig durch, was ich ihm vorgeschlagen hatte. Bei seinen Sitzungen *fühlte* er sich Polo spielen. Er hatte dieses Gefühl; aber – wohlverstanden – er *sah* sich nicht beim Polospiel, das wäre eine Illusion gewesen. Er aktualisierte die Rolle, die er spielte, und das Gefühl, das er dabei empfand, indem er das Schauspiel im Geiste durchlebte. Er erlebte es im Geiste so lebensnah und wirklich, daß er den Schlag seines Schlägers an das Bambusholz des Balles und die Bewegung des Pferdes unter sich förmlich spürte.

Und jeden Abend entspannte er sich geistig und körperlich in liegender Stellung. In diesem Zustand stellte er sich vor, er klettere. Er klettere an einem Hang der Alpen, den er kannte. Er spürte seinen Kletteranzug und seine Hand am Seil. Er hörte die Stimmen seiner alten Kletterkameraden, er spürte den rauhen Schneewind im Gesicht und die Härte der Felsen unter der Hand.

Regelmäßig vor dem Einschlafen hingegen spielte er in seiner Einbildung Golf. Er nahm den Hartgummiball in seine Hand und plazierte ihn auf dem Rasen. Er schwang seinen Schläger, schlug den

Ball weg und verfolgte angespannt seinen Lauf. Er kostete das Gefühl aus, gut zu spielen. Und wenn er in den Schlaf hinüberglitt, fühlte er sich glücklich und befriedigt über die eingebildeten Sportfreuden des vergangenen Tages.

Binnen zweier Monate erholten sich seine Beine vollständig. Der Mann war geheilt und konnte wieder alles tun, was er in seiner Vorstellung trainiert hatte. Mit zwingender Sicherheit hatten sich die Vorstellungsmuster seiner Einbildungen allmählich den unter der Bewußtseinsschwelle liegenden Schichten seines Geistes, dem Unbewußten, eingeprägt. Im Unterbewußtsein schlummerten die Heilkräfte, und von dort aus erging der Anstoß zur Verwirklichung dessen, was dem gefühlsmäßig durchlebten Vorstellungsbild entsprach. Das Unterbewußtsein dieses Mannes hatte getreulich verwirklicht, was ihm eingegeben worden war.

Sie werden, was Sie glauben

So unwahrscheinlich es zunächst klingt – Sie sind wirklich unsichtbar. Was sieht ein anderer schon von Ihnen, das Ihre Persönlichkeit ausmacht? Sieht er Ihre Beweggründe, Ihre Überzeugungen, Ihren Glauben? Oder etwa Ihre Gefühle, Sehnsüchte und Wünsche, Ihre Träume, Ihre Hoffnungen oder das in Ihnen wirkende Lebensprinzip? Von all dem sieht man nichts. Sie sind unsichtbar. Wenn Sie sich diese Tatsache vergegenwärtigen, erkennen und wissen Sie, daß Sie unverletzbar, unbesiegbar und unsterblich sind. Sie sind weder ein Sklave gegebener Bedingungen noch das Opfer zwingender Umstände. Das göttliche Leben hat Teil an Ihnen, es lebt, wirkt und regt sich in Ihnen. Und ebenso haben Sie Teil am göttlichen Leben, und Sie leben, wirken und bewegen sich in ihm.

Alles, was sich in Ihrer Welt – Innenwelt und Umwelt – abspielt, stellt eine Manifestation Ihres Glaubens an das Unsichtbare dar. Die allmächtige Präsenz des Unsichtbaren – Gott – ist zugänglich für Ihre Gedanken und Gefühle. Wenn Sie zum Beispiel, vom Glauben an die Wahrheit Ihrer Worte durchdrungen, sagen: „Ich bin stark und gesund", so werden Sie stark und gesund. Was Sie glauben, werden Sie. Sie manifestieren in Ihrer Welt und verwirklichen in Ihrem Leben das, was Sie tatsächlich über sich selbst glauben und für wahr halten. *„Denn gleich wie der Leib ohne Geist tot ist, so ist auch der Glaube ohne Werke tot."* Jakobus 2, 26.

Sie werden daher – mit anderen Worten – die Werke des Glaubens an Ihrem Geist, Ihrem Körper und an allen Ihren Belangen erkennen. Die Werke Ihres Glaubens werden in Ihrem Berufsleben und Ihrer Geschäftstätigkeit, in Ihrer Familie und allen Ihren Unternehmungen bis zur Funktion Ihres Körpers sichtbar. Und die Früchte des Glaubens sind Gesundheit und Glück, guter Wille, Friede und Liebe, Sicherheit und Wohlergehen, innere Ruhe, Heiterkeit und Harmonie.

Ihr Glaube an die unendliche Weisheit

Eine junge Frau wußte nicht, was sie tun sollte. Sollte sie eine neue Stellung in New York annehmen, in der sie bedeutend mehr Geld würde verdienen können, oder sollte sie ihren gegenwärtigen Posten in Los Angeles behalten? Die Frage regte sie auf. Zunächst – das wußte sie – mußte sie sich geistig entspannen. Sodann fragte sie in sich hinein: „Wie würde ich reagieren, wenn ich jetzt die richtige Entscheidung träfe?“ Sie sagte zu sich selbst: „Ich würde frohlocken. Ich wäre überglücklich, die richtige Entscheidung gefällt zu haben!“

Und eine Stimme in ihr sagte ihr: „Handle, als ob es mich gäbe, und es wird mich geben.“

Darum handelte sie, als hätte sie die richtige Wahl getroffen, obwohl sie ja das Ergebnis nicht kannte. Aber sie wußte, daß das in ihr wirkende schöpferische Lebensprinzip der Liebe sie nicht im Stich lassen würde und die richtige Lösung kannte. In diesem Vertrauen sagte sie sich: „Es ist wunderbar, einfach wunderbar!“ Das wiederholte sie sich immer wieder, und der Gedanke gedieh ihr zum glücklichen Schlummerlied. Durchdrungen von dem Gefühl, es sei wunderbar, schlief sie ein.

In dieser Nacht hatte sie einen Traum. Sie vernahm eine Stimme, die ihr deutlich sagte: „Bleibe hier! Bleibe hier!“ Sie erwachte sofort im Bewußtsein, daß sich in dieser Stimme intuitiv ihr Innerstes ausgesprochen hatte.

Unbewußt wußte sie Bescheid. Ihr Unterbewußtsein hatte weise entschieden. Sie blieb in ihrer alten Stellung. Nachträglich erst sollte ihr jedoch die Richtigkeit ihrer Entscheidung völlig bewußt werden: die Firma in New York ging in Konkurs. „... *dem will ich mich kundmachen in Gesichten oder will mit ihm reden in Träumen.*“ 4. Mose 12, 6.

ZUSAMMENFASSUNG

1. Der Glaube ist eine Geisteshaltung, die bestimmenden Einfluß ausübt und zwingende Wirkungen zeitigt.
2. Es mangelt nicht daran, daß Sie zu wenig Glauben haben. Es gilt vielmehr, Ihrem Glauben eine sinnvolle Richtung zu geben und ihn in aufbauender Weise einzusetzen. Vertrauen Sie auf Gesundheit und Erfolg, Glück und inneren Frieden.
3. Jedermann glaubt irgend etwas. Woran glauben Sie? Der wahre Glaube beruht auf ewig gültigen Prinzipien und unveränderlichen Lebenswerten.
4. Der Glaube ist unsichtbar und zeugt schlüssig von Dingen, die man nicht sehen kann. Wie groß der Glaube von Wissenschaftlern sein muß, können Sie an der Tatsache ermessen, daß sie an die Möglichkeit der Ausführung einer vorerst nur in ihrem Geist vorhandenen Idee glauben.
5. Niemand kann Ihren Geist, Ihr Gefühl, Ihr Leben sehen. Auch nicht Sie selber. Ebensowenig können Sie Ihren Glauben sehen. Aber Sie können sich geistig in der Ihnen innewohnenden unsichtbaren Kraft verankern, die wesentlich, allmächtig und ewig ist.
6. Ändern Sie Ihre Glaubensüberzeugungen. Glauben Sie nicht länger an Versagen und Mißerfolg. Vertrauen Sie darauf, daß Sie sich durchsetzen werden, daß Ihnen Anerkennung und ein erfolgreiches Leben zuteil werden.
7. Glauben Sie an die Ihnen innewohnende Heilkraft. Stellen Sie sich lebhaft vor, Sie würden jetzt gerade das tun, was Sie tun möchten, und vollziehen Sie es gefühlsmäßig nach; und körperliche Beschwerden werden sich geben, Sie werden wieder gesund sein.
8. Ihr Glaube ist Ihr geistiges Gut. In den tieferen Schichten Ihres Geistes jedoch wirkt die Allmacht Gottes. Sie ist zugänglich für Ihre Gedanken und Gefühle. Aus diesem Grunde vermögen Sie alle Lebenslagen und widrigen Umstände zu meistern.
9. Handeln Sie im Geiste und fühlen Sie so, wie Sie handeln und fühlen würden, wenn Ihre Gebete erhört worden wären; und Sie werden an sich erfahren, daß die wunderbare Kraft des Glaubens in Ihrem Leben Wunder zu wirken vermag.

KAPITEL 3

Das wunderbare Gesetz des Heilens

Es gibt nur eine heilende Kraft. Man kennt sie unter vielen Namen, weil die Menschen sie verschieden benennen: Gott oder die göttliche Liebe, die unendliche Heilkraft, die göttliche Vorsehung oder einfach die Natur, das Leben, das Lebensprinzip – der Namen gibt es noch viele, alte und neue. Das Wissen jedoch, daß es diese eine Heilkraft gibt, reicht zurück bis in die dunkle Vorzeit der Menschheitsgeschichte. Schon uralte Tempelinschriften verkünden: „Der Arzt verbindet die Wunde, und Gott heilt den Patienten."

Die heilende Gegenwart Gottes ist in Ihnen. Weder Psychologen noch Geistliche, kein Arzt, kein Chirurg, kein Psychiater vermögen jemanden zu heilen. Der Chirurg entfernt den Tumor: dadurch beseitigt er das Hindernis, so daß der Patient dank Gottes Heilkraft genesen kann. Der Psychologe oder Psychiater legt seine Behandlung auf die Beseitigung seelisch-geistiger Konflikte an und ermutigt den Patienten, eine neue Geisteshaltung anzunehmen, die Gottes unendliche Heilkraft freisetzt und den Patienten zu innerem Frieden, seelisch-geistiger Harmonie und körperlicher Gesundheit führt. Der Geistliche schafft die Voraussetzungen, daß Sie den anderen und sich selbst vergeben und im Einklang mit dem Unendlichen von der alles heilenden Kraft des Friedens, der Liebe und des guten Willens erfüllt sind bis hinab in die letzte Tiefe Ihres Unbewußten, das dadurch von allen negativen Beweggründen gereinigt wird.

Diese allgegenwärtige Heilkraft des Lebens, die Jesus Christus „Vater" genannt hat, ist die Quelle des Heils gegen alle körperlichen und geistigen Krankheiten sowie gegen alle Kümmernisse des Gefühls- und Gemütslebens.

Diese Ihrem Unterbewußtsein innewohnende wunderbare Heilkraft vermag, wenn sie nach wissenschaftlichen Gesichtspunkten gesteuert wird, Ihren Geist zu heilen, Ihrem Körper Genesung und alle Ihre Belange in Ordnung zu bringen, was immer auch die Störung oder das Hindernis sein mag. Diese Heilkraft ist für jeden Menschen da ohne Rücksicht auf Rasse, Farbe oder Glaubensbekenntnis. Sie kennt keine Privilegierten und keine Benachteiligten. Sie haben seit Ihrer Kindheit zahllose Male ihren Heilerfolg an sich erfahren. Sie werden sich sicher erinnern können, wie oft dank dieser heilenden Kraft Schnitt- und Brandwunden, Verstauchungen, Quetschungen, Schürfungen und so vieles andere mehr verheilten, dies wahrscheinlich im Regelfall – wie beim Verfasser –, ohne daß Sie den Heilungsprozeß durch Anwendung von Medikamenten beeinflußt hätten.

Von „Geisterstimmen" geheilt

Vor wenigen Jahren suchte mich ein Student der hiesigen Universität auf. Was er mir zu sagen hatte, fiel aus dem Rahmen des Üblichen heraus. Er beklagte sich, ständig von Geisterstimmen heimgesucht zu sein. Diese Stimmen drängten ihn zu niederträchtigen Handlungen und hielten ihn vom Guten ab. Es gelang ihm nicht mehr, die Bibel oder sonst ein aufbauendes oder anspruchsvolles Buch zu lesen. Und wo er auch war und was immer er tat, fühlte er sich von diesen Geisterstimmen verfolgt. Er war überzeugt, daß es sich bei seinen Quälgeistern um eine Art übernatürlicher Wesen handle.

Der junge Mann war offenbar des Hellhörens fähig. Allerdings wußte er nicht, daß bis zu einem gewissen Grad und selbstverständlich individuell verschieden stark ausgeprägt alle Menschen diese Fähigkeit besitzen. Darum glaubte er, in den Stimmen böse Geister erkennen zu müssen. Sein Aberglaube veranlaßte ihn, das Phänomen den ruhelosen Geistern Verstorbener zuzuschreiben. Infolge der dauernden Beunruhigung setzte sich diese seine Überzeugung als Fixidee bei ihm fest. Sein Unterbewußtsein übernahm unter dem zwingenden Eindruck einer ebenso mächtigen wie falschen Suggestion allmählich die vollkommene Herrschaft über ihn, so daß er nicht mehr vernünftig zu denken vermochte. Er war das Schulbeispiel eines Menschen, der geistig aus dem Gleichgewicht geraten war. Es erging ihm, wie es allen ergeht, die sich im Fahrwasser abergläubischer Überzeugungen treiben lassen und dabei schließlich vollständig unter deren Gewalt geraten.

Ich setzte dem Studenten auseinander, daß das Unterbewußtsein und das Geistesleben unter der Bewußtseinsschwelle von unerhörter Wichtigkeit und maßgebender Bedeutung für die Persönlichkeit und den Lebenskurs eines Menschen seien. Da das Unterbewußtsein negativ oder positiv beeinflußt werden könne, gelte es vor allem einmal sicherzustellen, daß er es ausschließlich positiven, aufbauenden, auf innere Harmonie abzielenden Einflüssen aussetze. Das Unterbewußtsein verfüge über phantastische dynamische Kräfte, gleichzeitig aber unterliege es allen ihm übermittelten Suggestionen positiver oder negativer Natur. Diese Erklärung machte auf den jungen Mann einen tiefen Eindruck.

Ich brachte für ihn ein Gebet zu Papier, das er als Suggestion zu seinem Besten jeden Tag drei- oder viermal sprechen und zehn oder fünfzehn Minuten auf sich einwirken lassen sollte. Das Gebet lautete folgendermaßen:

„Ich bin erfüllt von Gottes Liebe und Weisheit. Friede und Harmonie erfüllen mein Herz, erfüllen meinen Geist. Ich liebe die Wahrheit, ich höre die Wahrheit, ich kenne die Wahrheit. Es ist die Wahrheit, daß Gott die Liebe ist und daß Gottes Liebe mich umgibt, beschützt und trägt. Der Strom göttlichen Friedens durchströmt meinen Geist. Ich danke für meine Freiheit."

Er sollte sein Gebet langsam und ruhig sprechen, durchdrungen von tiefem Gefühl und Ehrfurcht, und das tat er auch. Besondere Wichtigkeit kam seinem Gebet vor dem Einschlafen zu.

Indem er sein Inneres auf geistigen Frieden und Harmonie hin orientierte, ja sich selber damit identifizierte, brachte er eine Neuordnung seiner Gedanken- und Vorstellungsmuster zustande, unter deren Einfluß eine geistige Heilung nicht ausbleiben konnte. Seine geistige Genesung verdankte er der Wiederholung dieser so einfachen und zugleich wunderbaren Wahrheiten, die er in vertrauensvoller Erwartung immer wieder betete.

Gleichzeitig betete auch ich jeden Morgen und jeden Abend für ihn: „H. K. denkt richtig. Er denkt über die göttliche Weisheit und Umsicht nach, die ihn auf allen seinen Wegen leiten. Sein Geist ist Teil des vollkommenen Geistes Gottes, unveränderlich und ewig. Er hört auf die Stimme Gottes, es ist die innere Stimme des Friedens und der Liebe. Der Strom göttlichen Friedens durchströmt und trägt seinen Geist, und er ist voll Einsicht und Weisheit, im Gleichgewicht seelisch-geistiger Ausgeglichenheit. Alles Bedrückende verläßt ihn jetzt, und ich wünsche ihm Frieden und Freiheit."

Ich meditierte über diese Wahrheiten morgens und nachts, und ich erlangte das „Gefühl" von Frieden und Harmonie. Der junge Mann vermochte sich tatsächlich von seinen Quälgeistern zu befreien. Die Gebete hatten ihm den Frieden gebracht.

Sie hatte ihr Kind bereits aufgegeben

Es ist noch nicht lange her, daß mir eine verzweifelte Frau sagte, ihr Kind habe sehr hohes Fieber. Es bestehe die Gefahr, daß es die Krankheit nicht überlebe. Der behandelnde Arzt hatte dem Kind geringfügige Dosen Aspirin sowie ein Antibiotikum verordnet. Die Mutter gab sich völlig verstört. Da sie sich überdies mit Scheidungsgedanken trug, war ihr ganzes Gemütsleben in Aufruhr. Ihre seelisch-geistige und gefühlsmäßige Unausgeglichenheit hatte sich unbewußt auf das Kind übertragen. Verständlich daher, ja gerade natürlich, daß das Kind erkrankte.

Kinder sind auf Gnade und Ungnade ihren Eltern ausgeliefert und stehen unter dem Einfluß derer, die sie umgeben. Die geistige Atmosphäre und das Gefühlsklima ihrer Umwelt überträgt sich auf sie. Bevor ein Kind das Alter erreicht, in dem es bereits vernünftig zu denken vermag, kann es ja seine Gedanken, Gefühle sowie seine Beziehungen zur Umwelt und zum Leben nicht steuern.

Die Mutter sah ein, daß sie sich von ihren Spannungen lösen und zu innerer Ruhe finden müsse. Auf meine Empfehlung hin las sie den dreiundzwanzigsten Psalm, das Preislied des Herrn als des guten Hirten; durch dieses Gebet sollte sie wieder zum Frieden und zu harmonischer Eintracht mit ihrem Gatten gelangen. Indem sie erfüllt von gutem Willen und inniger Liebe an ihn dachte, überwand sie ihren angestauten Ärger, und sie befreite sich allmählich von jeglichem Gefühl der Ablehnung oder des Vorwurfs. Das Fieber des Kindes war – davon bin ich ganz überzeugt – wesentlich auf den verdrängten Ärger der Mutter und ihren tiefen Kummer wegen ihrer Ehezwistigkeiten zurückzuführen. Unbewußt übertrug sich das auf das Kind. Das kleine Mädchen fühlte mit der Mutter. In dem hohen Fieber des Kindes kam die tiefgehende Störung ihres Gefühlslebens zum Ausdruck.

Nachdem die Mutter ihren eigenen Seelenfrieden wiedergefunden hatte, stellte sie sich ganz auf das Gebet für ihr gefährlich erkranktes Kind ein. Sie betete wie folgt:

„Geist, der vom Geist Gottes ist, ist das Leben meines Kindes. Sein Geist ist niemals krank und hat niemals Fieber. Göttlicher Friede durchströmt Geist und Körper meines Kindes. Gesundheit und Liebe, Harmonie und die Vollkommenheit Gottes werden jetzt sichtbar am Körper meines Kindes, in jeder Faser, in jedem Atom. Mein Mädchen ist entspannt und körperlich und geistig im Gleichgewicht, mein Kind ist ruhig und heiter. Ich rufe den göttlichen Geist, der in meinem Kind wohnt, wach, und alles ist gut."

Dieses Gebet war das Anliegen der Frau während eines ganzen Tages, sie betete zu jeder Stunde. Schon am folgenden Tag gewahrte sie eine erstaunliche Veränderung: das Kind verlangte gleich nach dem Erwachen nach seiner Puppe und wünschte zu essen. Die Temperatur war gefallen, sie war wieder normal. Was war geschehen? Warum war das Fieber aus dem Körper des Kindes so plötzlich gewichen? Fiel die rasche Genesung des Kindes nicht offensichtlich mit dem inneren Wandel der Mutter zusammen?

Die Mutter hatte sich von ihrer inneren Fieberstimmung und allen seelisch-geistigen Erregungen befreit. Der Friede ihres Herzens und ihre von Liebe getragene Seelenruhe waren vom Kind augenblicklich nachgefühlt und durch eine dementsprechende Reaktion des Körpers übernommen worden.

Heilkräftig geboren

Wir Menschen sind von Natur aus alle „geborene Heilkräftige". Denn alle Menschen haben Anteil an der heilkräftigen Gegenwart Gottes. Wir können sie vermöge unserer Gedanken wachrufen und durch unseren Glauben erreichen. Sie ist allgegenwärtig und die Lebenskraft von allem, was lebt.

Es gibt Menschen, die kraft ihres Glaubens den Krebs, an dem sie litten, zu heilen vermochten. Andere brachten es zustande, sich von einem tiefsitzenden, als unheilbar geltenden Seelenübel wie etwa zwangshafter Boshaftigkeit zu befreien. Der göttlichen Heilkraft fällt es nicht schwer, eine Lungentuberkulose zu heilen; und ebenso leicht vermag sie ihren wegen eines Messerschnitts blutenden Finger zu verheilen. Es gibt kein Groß und kein Klein für Gott, der uns erschaffen hat; ebensowenig kennt Gottes Allmacht schwierig oder leicht. Und von dieser Allmacht ist ein Teil in jedem Menschen. Die Gebete des Mannes, der einem Kranken die Hand auflegt, um ihm Genesung zu verschaffen, zielen ganz einfach auf die Mitarbeit des Patienten ab. Sie stellen einen Appell an das Unbewußte des Kranken dar, an seiner Heilung mitzuwirken. Dabei spielt es gar keine Rolle, ob der auf diese Art „behandelte" Patient bewußt mitwirkt oder nicht, oder ob er die an sich erfahrene Heilung göttlichem Eingreifen oder der Fürsprache Gottes zuschreibt oder nicht. Jedenfalls tritt die Wirkung ein. Gott erhört unsere Gebete. Und einem Kranken geschieht nach seinem Glauben.

Er haßte seinen Bruder

Ein alter Bekannter, der in New York lebte, litt unter plötzlich auftretenden Lähmungserscheinungen, die von starkem Zittern begleitet waren. Bisweilen versagten ihm die Beine ihren Dienst derart, daß er sich nicht mehr fortbewegen konnte. Solche Zwischenfälle stürzten ihn regelmäßig in Panik. Es konnte vorkommen, daß er dann, inmitten einer verkehrsreichen Straße, wie angewurzelt stehen blieb und nicht mehr vom Fleck kam. Krampflösende und beruhigende Arzneimittel, die ihm sein Arzt verschrieb, brachten ihm zwar eine gewisse Erleichterung; gleichwohl aber lebte er in ständiger Furcht, und schon das unscheinbarste Vorzeichen versetzte ihn in einen Zustand panischer Angst. Das rieb meinen Bekannten völlig auf.

Zunächst mußte sich der Kranke vergegenwärtigen, daß die ihm innewohnende wunderbare Heilkraft die Quelle allen Lebens und darum auch jeder Heilung ist. Ich empfahl ihm, im Lukas-Evangelium die Verse 18 bis 24 des 5. Kapitels sowie die verwandte Stelle im Markus-Evangelium (2, 3 – 5) zu lesen. Diese Kapitel handeln u. a. von der Heilung des Gichtbrüchigen. Jesus sagt zu ihm: „*Mensch, deine Sünden sind dir vergeben . . . Ich sage dir, stehe auf, hebe dein Bett auf und gehe heim."*

Er las die beiden Bibelstellen und war davon tief bewegt. Ich empfahl ihm, in dem Bett, von dem in der Bibel die Rede ist, das geistige „Bett" des Menschen zu sehen: wie man sich bettet, so liegt man. Der Gichtbrüchige der Bibel, der auf seinem Bett darniederlag, war fraglos von Angst, Zweifeln und Aberglaube erfüllt, er litt an seinen Schuldgefühlen sowie unter der Vorstellung, durch seine Krankheit gestraft zu sein. Derartige Gedanken, seien sie nun bewußt oder seien sie ins Unbewußte verdrängt, lähmen Geist und Körper.

Wie wir aus der Bibel erfahren, heilte Jesus den Gichtbrüchigen, indem er ihm seine Sünden vergab. Sündigen bedeutet ja immer, am Sinn des Lebens vorbeizugehen und vom Weg der Gesundheit, menschlichen Glücks und inneren Friedens abzuirren. Jeder Mensch leidet unter begangenen Sünden. Sich diese selbst je nachzusehen, ist nicht einfach. Am besten versuchen Sie es, indem Sie es Ihrem hohen Ideal gleichtun und sich allmählich geistig und gefühlsmäßig mit diesem Ideal identifizieren. Mit der Zeit wird sich in Ihnen das hohe Erstrebte als Überzeugung oder als subjektive Verkörperung festsetzen.

Sie sündigen auch, wenn Sie zerstörerisch denken, wenn Sie sich ärgern, wenn Sie hassen, verurteilen oder sich in Angst und Kummer hineinsteigern. Sie begehen immer eine Sünde, wenn Sie vom richtigen Weg zielbewußten und sinnvollen Lebens abweichen, das immer nur in Frieden und Harmonie, in körperlicher und geistiger Gesundheit, in Einsicht und Weisheit seine Erfüllung finden kann.

Mein Bekannter gestand mir ein, daß er seit vielen Jahren unversöhnliche Haßgefühle gegen einen seiner Brüder hege, weil dieser ihn früher einmal in einer für sie beide wichtigen finanziellen Angelegenheit zu seinem Nachteil überspielt habe. Infolge dieses Bruderhasses war er von tiefem Schuldbewußtsein erfüllt, und er verurteilte darum sich selbst. Er empfand seine Krankheit als Strafe und hatte sie als eine Form der Selbstbestrafung angenommen. Jetzt erkannte er, daß er – genau wie der Gichtbrüchige der Bibel – von seinem Leiden nicht geheilt werden könne, bis er sich selbst und seinem Bruder vergeben und sich dadurch frei von Schuld fühlen werde. Er gab sich selbst Rechenschaft darüber, daß sein physisches Leiden zwar ein gewisses

Problem darstelle, er aber nicht notwendigerweise darunter leiden müsse.

Er wandte sich an die heilkräftige Gegenwart Gottes in ihm und betete voll Vertrauen:

„Ich habe in mir negative, lebensverneinende und zerstörerische Gedanken beherbergt – ich mache mich frei von diesen Gedanken und meiner Schuld. Ich bin entschlossen, mich dem von jetzt an zu verweigern und meinen Geist reinzuhalten. Ich überantworte, ich empfehle meinen Bruder Gottes Obhut. Wo immer er ist, was immer er tut, ich wünsche ihm aufrichtig Gesundheit, Glück und Gottes Segen. Ich bin jetzt im Gleichklang mit der mir innewohnenden unendlichen Heilkraft, und ich fühle die göttliche Liebe jedes Atom meines Wesens durchströmen. Ich weiß, daß Gottes Liebe jetzt meinen ganzen Körper durchdringt und erfüllt; Gottes Liebe wird mich heil und gesund machen. Diese meine Einsicht erfüllt mich, ich fühle es, und ich bin mit mir und der Umwelt in Frieden. Mein Körper ist ein Tempel des lebendigen Gottes, Gott wohnt in seinem heiligen Tempel. Und ich bin frei."

Er meditierte regelmäßig über diesen Wahrheiten. Dadurch wurde er allmählich wieder auf den natürlichen Glückszustand körperlicher und geistiger Gesundheit und vollkommener Harmonie hin orientiert. Und Hand in Hand mit dem Wandel seiner Geisteshaltung ging die Genesung seines körperlichen Gebrechens. Die richtige Einstellung ändert alles. Heute geht mein Bekannter wieder wie jeder andere. Er ist fröhlich und heiter, der Kranke von einst ist vollkommen gesund.

Er hatte „keine gute Hand"

Ein zorniger junger Mann besuchte mich, um sich mit mir zu unterhalten. Er hatte einen besonderen Anlaß. Sein Chef hatte ihn vor die Tür gesetzt mit den Worten: „Sie sind wie der Mann in der Bibel: der mit der verdorrten Hand." Empört fragte er mich, was das nun zu bedeuten habe. „Meine Hände sind doch in Ordnung. Sind sie nicht vollkommen normal?"

Ich gab ihm die folgende Erklärung: „Will man die Bibel richtig auslegen, so muß man wissen, daß die Wahrheiten immer an Beispielen – personifiziert – dargestellt sind, damit sie bildhaft, lebensecht und für jeden Menschen überzeugend eingehen. Wir sollten daher das Gleichnis vom Mann mit der verdorrten Hand nicht im wörtlichen Sinn begreifen. Die Hand ist ein Symbol der Macht und der Kraft, des Wirkens, der Führung und Leitung. Mit Ihrer Hand zeichnen, formen, modellieren und gestalten Sie. Mit der Hand zeigen Sie die Richtung an, Sie weisen und leiten durch das Zeichen der Hand. Im übertragenen Sinn verkörpert der symbolisch im Bild des Mannes mit der verdorrten Hand dargestellte Mensch jenen Menschen, der an Minderwertigkeitskomplexen leidet, der sich schuldig, unebenbürtig und unwürdig fühlt – der Defätist. Ein Mann dieser Art vermag seine Persönlichkeit nicht zu verwirklichen. Er scheitert bei allem, was er unternimmt, und kann der gottgegebenen Kraft in ihm nicht zum Durchbruch verhelfen."

Der junge Mann war meiner Erklärung mit Interesse gefolgt und gab danach zu, daß alle seine Träume und Ambitionen, seine Ideale und seine Lebenspläne, ja der ganze Sinn des Lebens verkümmern mußten, eingefroren im Geist, weil er nicht wußte, wie er sie hätte verwirklichen und im Leben durchsetzen können. Er kannte die Gesetze des Geistes nicht, und er verstand nicht zu beten. Seine Ideen blieben, so edel, schön oder lebensfähig sie auch sein mochten, Totgeburten seines Geistes und erschienen höchstens geeignet, in ihm das Gefühl der Lebensverkürzung und die daraus resultierenden neurotischen Störungen zu hinterlassen. Tatsächlich hatte sein Gemütsleben schwer gelitten. Er stand seelisch-geistig still. Der Mann war im Begriff, buchstäblich aus dem vollen schöpfend Hungers zu sterben. Darüber hinaus gedieh ihm alles zu eigener Geringschätzung und Selbstverachtung. Seine Lebenseinstellung war von Grund auf falsch. Er gab auch zu, daß er seine Arbeit nicht schätzte und daß alles, was er tat, zu wünschen übrig ließ.

Seine Hand – die Fähigkeit, etwas zu leisten und zu vollbringen – erschien bei ihm tatsächlich verkümmert. Aber warum? Wie war es dazu gekommen? Allzuoft hatte sich dieser junge Mann vorgesagt: „Ja, hätte ich nur den Kopf von diesem ... oder den Reichtum von jenem ... seine Beziehungen ... ! Dann könnte auch ich vorwärtskommen, dann wäre auch ich jemand. Aber was bin ich? Niemand, eine Null, ein Nichts! Ich wurde geboren, um nicht auf der Butterseite des Lebens zu liegen. Ich muß gerade noch mit meinem Los zufrieden sein. Ich fasse alles falsch an, ich habe keine gute Hand."

Man kann nicht genug herausstellen, welche Veränderung in diesem jungen zornigen Mann vor sich ging, als er sich allen widrigen Umständen zum Trotz entschloß, seine Hand voll auszustrecken und sich ihrer im Leben zu bedienen. Das gelang ihm nur, indem er zunächst einmal sein geistiges Begriffsfeld erweiterte und zu sich selber das richtige Maß einer gesunden Selbsteinschätzung fand. Er malte sich in seinem Geist das Bild dessen aus, was er zu erreichen wünschte. Sein Wunschtraum lief darauf hinaus, ein großes Unternehmen mit Erfolg zu leiten. Dieses Wunschbild hielt er sich, sooft er konnte, vor Augen und betete dabei: „Ich vermag alles durch die Hilfe und Allmacht Gottes, die mich stärkt, führt, beschützt und leitet. Ich erkenne, daß ich auf dem Weg zum Ziel meines Wunschbildes bin. Ich wende mich jetzt voll Glauben und Vertrauen an die mir innewohnende unendliche Weisheit und gebe mich ganz in ihre Hand. Ich weiß in meinem Herzen, daß die gottgegebene Kraft meinen Geist durchströmt und alle meine Gedanken und Vorstellungen erfüllt. Ich bin auf dem Weg zum Erfolg unter der zwingenden Führung Gottes."

Sobald er sich mit dieser neuen Konzeption seiner Selbstauffassung zu identifizieren vermochte, zeichneten sich auch bereits die ersten Erfolge ab. Er nahm die Hürden seiner Berufslaufbahn, eine nach der anderen, im Sturm. Heute ist er Generaldirektor eines großen Konzerns und gehört zu den bestverdienenden Wirtschaftsführern Amerikas.

Geheilt von hoffnungsloser Krankheit

Jesus sprach zu dem Toten: *„Jüngling, ich sage dir, stehe auf! Und der Tote richtete sich auf und fing an zu reden."* Lukas 7, 14–15.

Wenn hier in der Bibel gesagt wird, daß der Tote sich aufrichtete und zu sprechen begann, so bedeutet dies für Sie, daß Sie, sobald Ihr Gebet erhört wird, eine völlig neue Sprache sprechen; Ihre Zunge geht über von Wohlergehen und Frohsinn, und der Glanz innerer Sicherheit und Freude geht von Ihnen aus. Ihre toten Hoffnungen und Wünsche werden zu sprechen beginnen, sobald die inneren Voraussetzungen gegeben sind, um für sie Zeugnis abzulegen.

In diesem Zusammenhang möchte ich hier den Fall eines jungen Mannes erzählen, eines in Irland lebenden entfernten Verwandten von mir, den ich vor ein paar Jahren gefährlich erkrankt antraf. Er befand sich im Koma. Er litt an einer Insuffizienz der Nieren, die seit drei Tagen nicht mehr funktionsfähig waren. Sein Zustand war von den Ärzten bereits als hoffnungslos bezeichnet worden, als ich in Begleitung eines seiner Brüder an sein Krankenbett kam. Ich wußte, daß er tiefgläubiger Katholik war und sagte zu ihm: „Jesus ist bei dir, du siehst ihn. Er streckt seine Hand aus und legt sie dir in diesem Augenblick auf."

Ich wiederholte diese Worte mehrmals, indem ich langsam, innig und eindringlich zu ihm sprach. Er war nicht bei Bewußtsein, als ich so zu ihm sprach, und war sich unserer beider Anwesenheit nicht bewußt. Aber danach richtete er sich im Bett auf, öffnete die Augen und sagte zu uns beiden: „Jesus war hier. Ich weiß, ich bin geheilt. Ich werde leben."

Was war geschehen? Dieser Mann hatte in seinem Unterbewußtsein meine Feststellung, Jesus sei hier, bereitwillig angenommen. Sein Unterbewußtsein griff die Idee auf und versetzte sie in die Wirklichkeit. Da nun die Vorstellungen dieses Mannes von Jesus Christus wesentlich von bildlichen Darstellungen, die er von ihm bekannten Kirchen oder von religiösen Kunstwerken her kannte, geprägt waren, erscheint es nicht verwunderlich, daß er glaubte, Jesus habe in Fleisch und Blut an seinem Bett gestanden und ihm seine Hand aufgelegt.

Die Leser meines Buches *Die Macht Ihres Unterbewußtseins* sind sich bestimmt noch der dort nachgewiesenen Tatsache bewußt, daß man einem in Trance befindlichen Menschen suggerieren kann, sein Großvater befinde sich in diesem Augenblick bei ihm und er könne ihn deutlich sehen. Er wird ihn dann sehen, und zwar wird er jemanden sehen, den er für seinen Großvater hält. Sein Unterbewußtsein enthüllt ihm nämlich das Bild seines Großvaters, und zwar so, wie es dort als unbewußtes Erinnerungsbild ruht. Sie können der in Trance befindlichen Person ohne weiteres auch eine posthypnotische Suggestion erteilen, indem Sie sagen: „Wenn du aus dem Trancezustand erwachst, wirst du deinen Großvater begrüßen und mit ihm sprechen!" Und genau das wird geschehen. In diesem Fall handelt es sich um eine subjektive Halluzination.

Meine Worte hatten im Unterbewußtsein meines tiefgläubigen Verwandten Glauben gefunden. Sein Glaube aber beruhte auf seiner eigenen festen Überzeugung, daß Jesus ihn heilen werde. Dies muß als der heilende Faktor angesehen werden. Es geschieht uns immer nach unserem Glauben, mag es sich nun um einen in geistiger Überzeugung erhärteten Glauben oder gerade nur um blindes Vertrauen handeln. Sein Unterbewußtsein war für meine Suggestion zugänglich und empfänglich. In seinem geistigen Bereich unterhalb der Bewußtseinsschwelle hatte er die von mir eingegebene Idee angenommen und dementsprechend verarbeitet und gehandelt. Angesichts eines solchen Vorfalls könnte man gewissermaßen von einer Wiederauferstehung von den Toten sprechen. Jedenfalls erfuhr mein Verwandter an sich eine Art echter Wiederauferstehung: vom Krankenbett nämlich zu neuer Gesundheit und ungetrübter Lebensfreude. Es war ihm nach seinem Glauben geschehen.

Wahrer Glaube und blinder Glaube

Wahrer Glaube beruht auf der Kenntnis der Funktionsweise der beiden voneinander verschiedenen Bewußtseinssphären des menschlichen Geistes, die wir das Bewußtsein und das Unterbewußtsein nennen, sowie auf dem Wissen von der harmonisch ineinandergreifenden Wechselbeziehung dieser beiden wissenschaftlich steuerbaren Bewußtseinsschichten. Eine Heilung auf Grund solchen Glaubens ist weder Zufall noch Wunder, aber freilich wunderbar. Allerdings vermag auch blinder Glaube Heilerfolge zu zeitigen. Darunter ist Glaube ohne jedes wissenschaftliche Verständnis der im Spiel befindlichen Kräfte zu verstehen. Der Wudu-Doktor oder der Medizinmann der im Dschungel Afrikas lebenden Naturvölker heilt an Geist oder Körper kranke Stammesangehörige ebenfalls kraft Glaubens. Und die gleiche Heilkraft scheint sogar Hundeknochen (die von den Gläubigen als die Gebeine Heiliger verehrt werden) oder was immer sonst für Gegenständen innezuwohnen; immer aber handelt es sich um Dinge, die natürlich nicht an sich heilkräftig, jedoch Requisiten sind, an die sich die Menschen voll Glauben wenden.

Die Technik, der Modus operandi, der Ritus, das Zeremoniell (sei's die Anrufung von Heiligen oder sei's Geisterbeschwörung) spielen keine Rolle; wo immer Heilerfolge erzielt werden, wird dies durch das Unterbewußtsein bewirkt. Die Inhalte Ihres Glaubens und Denkens prägen sich dem Unterbewußtsein ein und drängen dynamisch zur Aktion.

Versuchen Sie es dem kaum acht Jahre alten Jungen, der unsere Sonntagsschule besuchte, gleichzutun. Er litt an einer Augeninfektion. Augentropfen halfen ihm nicht. Darum mußte er sich selber helfen. Er betete zu Gott: „Lieber Gott, du hast mir die Augen gegeben. Es muß etwas geschehen. Bitte, heile sie mir jetzt. Mach schnell, bitte. Vielen Dank.“

Ist die Spontaneität, die Sachlichkeit seines kindlichen Vertrauens in Gott, nicht einfach rührend? Mehr noch: seine Augen wurden wider Erwarten rasch gesund. „... *So gehe hin und tue desgleichen!*“ Lukas 10, 37.

Geistige Selbstbehandlung

Eine geistige Behandlung bedeutet die Hinwendung zu Gott, der Ihnen innewohnt, die Erinnerung Ihrerseits an den von ihm ausgehenden Frieden, an Gottes vollkommene Harmonie, Schönheit, Güte, grenzenlose Liebe und uneingeschränkte Macht. Sie müssen sich vergegenwärtigen, Sie müssen wissen, daß Gott Sie liebt und für Sie sorgt. Wenn Sie sich in dieser Art vertrauensvoll Gott zuwenden, wird bald alle Angst von Ihnen gewichen sein. Macht Ihnen Ihr Herz oder Ihre Herztätigkeit Sorgen, so daß Sie dcshalb beten, so sollten Sie nicht an Ihr organisches Gebrechen denken. Gedanken in dieser Richtung sind nur hinderlich. Gedanken sind Realitäten Ihrer geistigen Welt, die sich im Stofflichen auswirken. Der Inhalt Ihres Denkens wirkt sich an Ihrem Körper aus, in den Zellen und Geweben, im Nervensystem und in den Organen. Wenn Sie Ihrem geschädigten Herzen oder Ihrem erhöhten Blutdruck nachsinnen, so steuern Sie geradewegs eine Verschlimmerung Ihres Gebrechens an. Sie sollten nicht mehr länger über mutmaßlichen oder festgestellten Krankheitssymptomen brüten und ängstlich Ihren Organen oder überhaupt der Gesundheit Ihres Körpers mißtrauen. Auch wenn Sie ein Gebrechen haben, ist dies nicht die richtige geistige Vorgangsweise für Ihre Genesung. Wenden Sie sich vielmehr Gott zu und stellen Sie sich geistig ganz auf seine Liebe ein. Sie müssen fühlen und wissen, daß es nur die eine immer gegenwärtige Heilkraft und demgegenüber nichts gibt, was der Macht Gottes zu widerstreiten vermöchte.

Vergegenwärtigen Sie sich immer wieder, daß die erhebende und stärkende Kraft heilender Macht bis in den letzten Winkel Ihrer Überzeugung und bis in die letzte Faser Ihres Körpers dringt und Sie gesund und heil macht. Seien Sie sich bewußt und fühlen Sie, daß die Harmonie göttlichen Lebens sich an Ihnen manifestiert und Sie zu Gesundheit, Vitalität, innerem Frieden und dem richtigen Tun hinführt. Trachten Sie, sich dessen klar zu werden und Ihre Erkenntnis im inneren Nachvollzug zur Überzeugung zu erhärten, und Ihr geschädigtes Herz (oder welches organische Gebrechen immer Sie belasten mag) wird im herrlichen Licht göttlicher Liebe genesen. „... *Darum so preiset Gott an eurem Leibe.*" 1. Korinther 6, 20.

Wie Sie dem Wort „Unheilbar" in Ihrem Leben begegnen

Überall, rundum taucht das Wort auf – unheilbar! – und verbreitet Angst und Schrecken. Machen Sie sich von dieser Angst frei. Es gilt, sich über das, was dem Schreckenswort entgegensteht, Rechenschaft zu geben. Sie stehen in ständiger Wechselbeziehung mit jener höheren Intelligenz des schöpferischen Prinzips, das Sie erschuf und allem Geschaffenen eingegeben ist. Die unendliche Heilkraft des schöpferischen Prinzips ist immer und jederzeit für Sie tätig – unbeschadet der Meinung mancher Menschen, der zufolge dieser oder jener Fall unheilbar sei – und wirkt für Sie kraft der schöpferischen Dynamik Ihres Geistes. Machen Sie von dieser Ihrer Kraft Gebrauch, jetzt, sofort, und vollbringen Sie in Ihrem Leben Wunder. Ein Wunder – daran muß in diesem Zusammenhang erinnert werden – beweist ja keineswegs das, was im Leben unmöglich ist; es ist im Gegenteil eine klare Bestätigung dessen, was allen Zweifeln zum Trotz möglich ist. Denn: „... *bei Gott sind alle Dinge möglich.*" Matthäus 19, 26. „... *Aber dich will ich wieder gesund machen und deine Wunden heilen, spricht der Herr ...*" Jeremia 30, 17.

Das Wort „der Herr", dessen sich die Bibel bedient, bedeutet Gott oder das schöpferische Prinzip des Geistes. Dies ist der Inbegriff aller Heilkraft. Sie durchdringt das ganze Universum, sie durchströmt den Innenraum Ihres geistigen Lebens und verwirklicht alles, was Sie bewußt denken oder unbewußt empfinden, was Sie sich bildhaft vorstellen und in Ihrem Wünschen auswählen. Vermöge dieses unendlich heilkräftigen Prinzips, das in Ihrem Geist tätig ist und nach Verwirklichung drängt, können Sie im Leben alle Ihre Wünsche wahrmachen. Sie müssen sich nur der Ihnen innewohnenden Kraft bedienen. Sie läßt sich für jeden Zweck einsetzen. Sie ist keineswegs etwa nur körperlicher oder geistiger Heilung vorbehalten. Das gleiche universelle Prinzip befähigt Sie, den ideal zu Ihnen passenden Ehepartner zu finden, im Berufsleben erfolgreich zu sein und den richtigen Platz für die Verwirklichung Ihrer Persönlichkeit zu finden; es offenbart Ihnen die Lösung Ihrer schwierigsten Probleme.

Er wurde von der Wassersucht geheilt

In London kannte ich einen Mann, der tiefgläubig war und in jeder Hinsicht ein sinnvolles Leben zu führen schien. Gleichwohl bereitete ihm ein ihn innerlich quälendes Problem große Sorgen. Er hatte seinen Vater an der Wassersucht sterben gesehen. Dieses Erlebnis machte ihm einen tiefgehenden, nachhaltigen Eindruck. Eines Tages gestand er mir, daß er seit dem Hinscheiden seines Vaters den Gedanken nicht loswerden könne, er würde dereinst an derselben Krankheit sterben müssen. Nur mit Schrecken konnte er sich an die Behandlung erinnern, der sich damals sein kranker Vater hatte unterziehen müssen: der Arzt pflegte mit einem „Schreckensinstrument“ die Bauchhöhle des Kranken „anzuzapfen“ und enorme Wassermengen abzulassen. Das konnte er nicht vergessen. Und selbst wenn er nicht daran dachte – diese Angst war da, ins Unbewußte verdrängt; er litt an einer Angstneurose. Diese war zweifellos auch die Ursache seiner Anlage zur Wassersucht.

Der Mann kannte die einfache psychologische Wahrheit nicht, der vor mehr als hundert Jahren Dr. Phineas Parkhurst Quimby aus Belfast, Maine, ein Vorkämpfer der modernen psychosomatischen Medizin, Geltung verschafft hatte. Was Dr. Quimby sagte und in der Praxis anwandte, läuft auf die Tatsache hinaus: Was Sie glauben, wird sich verwirklichen, ungeachtet des Umstandes, ob Sie sich den Inhalt Ihres Glaubens bewußt vergegenwärtigen oder nicht. (Die von Dr. Quimby zur Therapie seiner Patienten angewandte „Beweis-

Methode" hat der Verfasser im sechsten Kapitel seines Werkes *Die Macht Ihres Unterbewußtseins* ausführlich beschrieben.)

Warum nun hatte mein Londoner Bekannter diese Anlage zur Wassersucht? Die Erklärung fällt im Hinblick auf die vorher erwähnte psychologische Wahrheit nicht mehr schwer. Die Angst dieses Mannes war zur Überzeugung ausgewachsen. Für ihn stand fest, daß er derselben Krankheit zum Opfer fallen werde wie einst sein Vater. Darum war er nicht wenig erstaunt, als ich ihm seinen Fall im Licht dieser einfachen Tatsachen erklärte. Er begann zu begreifen, daß er eine höchst willkürliche Fehlmeinung als Wahrheit angenommen hatte.

Seine Angst stellte eine glatte Verkehrung der Wahrheit in ihr Gegenteil dar. Solche Angst vor Krankheit hat, wenn wir sie in uns nicht aufkommen lassen, keinerlei Macht; denn hinter der Krankheit steht kein Prinzip, das der Natur entspricht. Die Krankheit steht im Widerspruch zur Natur und zum gottgewollten Leben. Krankheit und Armut, Irrtum und Versagen sind mit dem universellen Lebensprinzip unvereinbar. – Der Mann nahm meine Erklärungen bereitwillig auf. Glücklicherweise hatte er seinen tiefen Glauben an Gott, in dessen Hand er sich wußte; auch war ihm hinreichend bekannt, daß es nur an ihm lag, sich zum Guten oder zum Schlechten hin zu orientieren; darum leuchtete ihm auch sofort ein, daß er die ihm innewohnende geistige Kraft positiv oder eben auch negativ einsetzen könne.

Er ging in sich. War nicht der Geist Gottes, der ihn und alles Leben erschuf, noch immer mit ihm? Und war nicht der Geist Gottes der Inbegriff aller lebensspendenden, aufbauenden und heilenden Kraft und Teil seines eigenen Geistes? Und war hingegen seine Krankheit nicht einfach einer fehlgeleiteten, vom Negativen angekränkelten Denkgewohnheit zuzuschreiben? Er machte sich von seiner falschen Überzeugung frei und brachte sich geistig in Einklang mit dem göttlichen Lebensplan, der gleichzeitig die Verhaltensnorm für uns Menschen ist und seine Erfüllung im Zustand der Gesundheit und des Glücks, inneren Friedens und harmonischer Ausgeglichenheit findet.

Immer vor dem Einschlafen sagte er, durchdrungen von tiefer Überzeugung von der Richtigkeit seiner Worte, aus vollem Herzen zu sich: „Die allgegenwärtige Heilkraft entfaltet jetzt in mir ihre Wirksamkeit, sie führt mich zur Genesung; entsprechend ihrer unendlichen Weisheit und göttlichen Natur steuert sie alle Lebensvorgänge in meinem Organismus und verleiht mir wieder einen gesunden Körper. Ich fühle mich körperlich und geistig gereinigt und von Gottes stärkender Lebenskraft erquickt. Göttliches durchpulst meinen Körper, meinen Geist und verleibt sich mir ein; alles andere in mir wird ausgeschieden. Die Freude des Herrn ist meine bleibende Stärke. Ich bin heil, an jeder Faser gesund, und ich danke Gott dafür."

Mit diesen Worten betete er ungefähr einen Monat lang jeden Abend. Nach Ablauf dieser Zeit hatte er sich die durch das Gebet gefestigte Überzeugung, an Körper und Geist gesund zu sein, vollkommen einverleibt. Und er war tasächlich genesen: sein Arzt entließ ihn als gesund.

Schritte zur Heilung

Der erste Schritt zur Heilung besteht in der Befreiung von der Angst vor festgestellten oder vermuteten Krankheitssymptomen, und zwar vom ersten Augenblick an. Der zweite Schritt besteht in der Vergegenwärtigung der Tatsache, daß ein angeschlagener Gesundheitszustand das nachteilige Ergebnis schädlicher Denkgewohnheiten darstellt, mit deren Ablegung diese ihren schädlichen Einfluß einbüßen. Der dritte Schritt besteht darin, die Ihnen innewohnende wunderbare Heilkraft Gottes zu verherrlichen und zu bestärken.

Durch eine solche Vorgangsweise bringen Sie die Auswirkungen destruktiven Denkens sofort zum Erliegen, weil Sie das Übel an der Wurzel entfernen. Unternehmen Sie diese Schritte für sich selbst oder auch für einen Ihnen nahestehenden Menschen, für den Sie beten wollen. Trachten Sie, sich Ihre Wünsche einzuverleiben, und die Früchte Ihres Denkens und Fühlens werden sich alsbald zeigen. Verschließen Sie sich der Unzulänglichkeit menschlicher Meinungen und dem für Körper und Seele schädlichen Gift allzu menschlicher Angst. Leben Sie im Glücksgefühl und im Bewußtsein Ihres Glaubens, daß Gott in Ihnen waltet zu Ihrem körperlichen und geistigen Wohle.

Geistige Blindheit

Millionen von Menschen sind „blind“. Es mangelt ihnen an psychologischem Wissen und geistigem Scharfsinn; darum wissen sie nicht, daß sie werden, was sie tagtäglich denken. Wer andere haßt, wer mißgünstig oder neidisch ist, erliegt seiner seelisch-geistigen Blindheit. Wüßte der Betreffende, daß er sich dadurch selbst am meisten schadet und buchstäblich der Gefahr aussetzt, sein eigenes Opfer zu werden, wäre vielleicht vieles besser bestellt.

Tausende von Menschen beteuern pausenlos sich selbst und anderen gegenüber, für ihre Probleme gebe es keine Lösung und ihre Lage sei hoffnungslos. Eine solche Fehleinstellung ist das Ergebnis geistiger Blindheit. Dieser Geistesverfassung jedoch wird der Mensch verhaftet bleiben, solange er zu seinem geistigen Kraftpotential nicht ein neues, durch Verständnis gekennzeichnetes Verhältnis findet. Erst wenn wir uns unserer seelisch-geistigen Kräfte bewußt sind und diese entwickeln, wachsen wir über unsere geistige Blindheit hinaus; erst dann sehen wir richtig. Dann wissen wir auch, daß wir unter der weisen Führung der in uns wirkenden unbewußten Kräfte jedes Problem und jeden Konflikt zu lösen vermögen.

Wir alle sollten uns die Wechselbeziehung zwischen unserem Geistesleben auf bewußter und unbewußter Ebene sowie dessen gegenseitige Wechselwirkung immer vor Augen halten. Unser Denken und Wünschen prägen sich tief den unbewußten Schichten unseres Geistes ein, und die unserem Unbewußten eigene dynamische Kraft drängt von selbst zur Verwirklichung alles dessen hin, was dem Unterbewußtsein suggeriert und von ihm angenommen wurde. Wer bisher für diese Wahrheiten blind war, braucht nicht länger blind zu bleiben. Wer in sich geht und diese Wahrheiten an sich selber prüft, dem wird sich auf einmal eine neue Innenschau darbieten: er sieht jetzt die Vision von Gesundheit und Wohlergehen, von menschlichem Glück und innerem Frieden. Und er erkennt auch, daß sich durch die richtige Steuerung unseres Denkens, Wünschens und Fühlens sowie die Anwendung der unser Geistesleben beherrschenden Gesetze die Vision des Guten und Schönen in seinem Leben verwirklichen läßt.

Die Sehkraft ist geistiger Natur, ewig und unzerstörbar

Unsere physische und geistige Sehkraft erschaffen wir uns nicht, sie ist vorhanden; es ist viel eher so, daß wir sie freisetzen. Wir sehen nicht mit dem Auge, wir sehen vielmehr durch das Auge hindurch. Die lichtempfindliche Netzhaut des Auges wird von dem physikalischen Reiz der vom Gegenstand ausgehenden Lichtwellen erregt, sie empfängt ein Bild. Diese Erregungen – oder eben die Gesichtseindrücke – werden über den Sehnerv zum Sehzentrum des Gehirns geleitet. Erst wenn im Gehirn das von außen kommende Licht dem inneren Licht geistiger Natur sozusagen begegnet, ereignet sich – vermöge eines geistigen Interpretationsprozesses – das, was wir Sehen nennen.

Betrachten Sie Ihre Augen als Symbole göttlicher Liebe und des Entzückens an den durch Gott möglichen Dingen, darüber hinaus stehen Ihre Augen sinnbildlich für Ihren Wissensdurst nach Gottes Wahrheit. Sehen Sie in Ihrem einen Auge das Sinnbild für richtiges Denken und richtiges Handeln und in Ihrem anderen Auge das Symbol göttlicher Liebe und Weisheit. Diese Symbole erinnern Sie gleichzeitig an die Dualität Ihres Geisteslebens auf bewußter Ebene einerseits und unbewußter Ebene andererseits. Wenn Sie Ihr ganzes Denken – Vernunft und Phantasie – richtig steuern und in jeder Hinsicht guten Willen ausstrahlen, dann sehen Sie richtig, dann sind Sie auf das Wesentliche konzentriert und auf das Vollkommene eingestellt.

„*... Sei sehend! Dein Glaube hat dir geholfen. Und alsbald ward er sehend und folgte ihm nach und pries Gott ...*“ Lukas 18, 42–43.

Ein besonderes Gebet

„In mir ist Gott, der mich heilt und gesund erhält. Meine Sehkraft ist ewig-geistiger Natur und zugleich eine Eigenschaft meines Bewußtlebens. Meine Augen entsprechen dem göttlichen Plan. Immer leisten sie mir vollkommene Dienste. Ich sehe nach außen und nach innen. Ich empfange die geistige Wahrheit. Sie ist klar und mächtig. In mir geht das Licht der Einsicht auf. Mehr und mehr sehe ich Gottes Wahrheit, mehr und mehr jeden Tag. Ich bin sehend: seelisch-geistig und körperlich. Ich sehe Bilder der Wahrheit und Schönheit. Überall.

Die unendlich heilkräftige Gegenwart Gottes öffnet mir jetzt, in diesem Augenblick der Wiedererschaffung meiner Sehkraft, die Augen. Meine Augen sind Werkzeuge gottgewollter Vollkommenheit, die mich zur geistigen Innenschau und zur Wahrnehmung der Außenwelt befähigen. In meinen Augen offenbart sich die Herrlichkeit Gottes.

Ich höre die Wahrheit. Ich liebe, ich kenne die Wahrheit. Meine Ohren entsprechen dem vollkommenen Plan Gottes. Darum höre ich jederzeit vollkommen richtig. In der Vollkommenheit dieser Werkzeuge offenbart sich mir Gottes Harmonie.

Göttliche Liebe, Schönheit und Harmonie erfüllen mir Augen und Ohren. Ich sehe Gottes Werke, und ich höre in mir seine Stimme. Ich befinde mich mit dem Unendlichen im Einklang. Ich bin vollkommen aufgeschlossen und frei.“

ZUSAMMENFASSUNG

1. Sie haben Anteil an der Heilkraft Gottes, die Ihnen innewohnt. Befreien Sie sich von geistigen Störungen und allen Kümmernissen, lassen Sie sich von der alles heilenden inneren Kraft durchströmen.

2. Wer sich dem Einfluß einer übermächtigen und falschen Suggestion nicht verschließt und unter ihre Gewalt gerät, wird das Opfer einer Fixidee.

3. Gefühlsmäßige Unausgeglichenheit hat suggestive Wirkung. Ein negativer Gefühlsaffekt wird unbewußt übertragen. Aus diesem Grund kann das Kind einer verstörten Mutter an Fieber erkranken. Findet die Mutter zu innerem Frieden und Harmonie, überträgt sich dies auf das Kind, und es wird gesund.

4. Wir Menschen sind von Natur aus geborene Heilkräftige, weil wir die uns innewohnende unendliche Heilkraft durch unser Denken und Glauben erreichen können.

5. Die Ihnen innewohnende Heilkraft ist die Quelle allen Lebens und darum auch jeder Heilung. Sie kennt die Lebensabläufe in Ihrem Organismus. Vertrauen Sie der alles heilenden Kraft, jetzt, sogleich, immer.

6. Sie können sich geistig und körperlich erneuern, indem Sie sich ganz auf Gesundheit und Stärke, auf Harmonie und Vollkommenheit einstellen und hierüber häufig meditieren.

7. Die Wahrheiten werden in der Bibel immer an Beispielen – personifiziert – dargestellt, damit sie bildhaft, lebensnah und überzeugend eingehen. Sie können Minderwertigkeitsgefühle dadurch überwinden, daß Sie sich mit Gott verbunden wissen und sich dadurch – mit Gott – allen Hemmungen und Hindernissen überlegen fühlen.

8. Es gibt keine unheilbaren Krankheiten. Unheilbar sind die Menschen, die an ihrem Irrtum festhalten, sie könnten nicht geheilt werden. Und nach ihrem Glauben geschieht es.

9. Blindem Glauben geht das wissenschaftliche Verständnis der im Spiel befindlichen Kräfte ab, wie dies z. B. beim Gesundbeten der Fall ist. Wahre geistige Heilung beruht auf der harmonischen

Gleichschaltung Ihres Bewußtlebens und der dynamischen Tätigkeit Ihres Unterbewußtseins durch die Ausrichtung auf einen bestimmten Zweck und deren Steuerung nach wissenschaftlichen Kriterien. Technik und Verfahrensweise spielen keine Rolle; wo immer Heilerfolge erzielt werden, wird dies durch das Unterbewußtsein bewirkt.

10. Heilung sei unmöglich, sagen manche Menschen. Aber mit Gott ist alles möglich. Gott, der Sie und alles Leben schuf, kann Sie heilen.

11. Das Ihnen eingegebene heilende Prinzip vermag, wenn Sie es in der Welt Ihrer Denk- und Vorstellungsmodelle verwirklichen, allen Ihren Wünschen Geltung zu verschaffen.

12. Ihre Glaubensüberzeugungen werden sich in Ihrem Leben manifestieren. Es ist dabei nicht entscheidend, ob Ihr Glaube Ihrem Bewußtleben gegenwärtig ist oder ob Sie an das, woran Sie glauben, gar nicht bewußt denken. Glauben Sie nur an das, was Sie heilt, segnet und inspiriert.

13. Verherrlichen Sie aus dem Grunde Ihrer Seele Gottes Allmacht. Dadurch halten Sie Krankheiten, die Ihren Körper bedrohen oder schon befallen haben, wirksam auf.

14. Das dankbare Herz ist Gott nahe. Geben Sie darum in allen Ihren Gebeten der Lobpreisung Gottes und Ihrem aus tiefem Herzen kommenden Dank Ausdruck.

15. Sie sind geistig blind, wenn Sie nicht wissen, daß Ihre Gedanken Realitäten sind. Was Sie denken, zeitigt Wirkungen; was Sie fühlen (sei's z. B. Liebe oder Haß oder sei's Glück oder Kummer), ziehen Sie auf sich; was Sie sich vorstellen, werden Sie.

16. Die Sehkraft ist geistiger Natur, ewig und unzerstörbar. Um Ihre Sehkraft zu vertiefen und Ihr Gesichtsfeld nach innen und außen zu erweitern, sollten Sie sich ein wunderbares Gebet zur Gewohnheit machen: „Ich sehe immer besser; ich bin sehend: seelisch-geistig und körperlich."

17. *„Ich hebe meine Augen auf zu den Bergen. Woher kommt mir Hilfe? Meine Hilfe kommt vom Herrn . . ."* Psalm 121, 1–2.

KAPITEL 4

Das dynamische Gesetz des Schutzes

Kürzlich besuchte ich eine Frau, die wegen eines schweren Leidens – es handelte sich um Krebs – im Post Graduate Hospital in New York eingeliefert worden war. Die Frau vertraute mir an, daß sie seit gut dreißig Jahren ihrer Schwiegertochter in unversöhnlichem Haß gegenüberstand. Sie haßte sie – ich bediene mich hier ihrer eigenen Worte – „wie Gift". Im übrigen beteuerte sie mir, in ihrem Leben nie an einen Krebs gedacht oder eine solche Krankheit befürchtet zu haben. Vermutlich stimmte das auch. Die Wurzel des Übels ist anderswo zu suchen: bei besagtem „Gift". Ihr jahrelang aufgestauter Haß gegenüber ihrer Schwiegertochter hatte im Laufe der Zeit ihr ganzes Gefühlsleben vergiftet. Diese destruktive Gefühlshaltung hatte sich ihrem Unterbewußtsein tief eingeprägt und war da heimisch geworden. Kein Wunder, daß das Gift von ihrem Gemütsleben auch auf den Körper übergriff.

Ich riet ihr, was hier zu tun sei. Und eine von Haß und Kummer geschlagene Frau begab sich auf den Weg des Verzeihens. Sie begann, für ihre Schwiegertochter zu beten. Dies machte sie sich zur Gewohnheit. Sie gedachte ihrer in aus tiefstem Herzen kommenden Gebeten und nannte sie dabei in aufrichtiger Liebe bei ihrem Namen.

„Gottes Friede erfüllt ihre Seele. Sie ist von ihm beseelt und auf allen ihren Wegen gesegnet. Gott ist ihr gnädig und waltet über ihr. Das göttliche Gesetz wendet für sie alles zum Guten; es wirkt für sie, durch sie, in ihr und in ihrem Umkreis. Ich freue mich darüber. Aus ganzem Herzen, aus ganzer Seele will ich ihr gut – ich fühle es. Wenn immer ich an sie denke, wünsche ich ihr nur das Beste. Ich bin jetzt frei."

Die Frau war mit ihrer Schwiegertochter innerlich ausgesöhnt. Der Wandel ihrer Gefühlshaltung veränderte ihre ganze Persönlichkeit. Unter dem Eindruck dieser geistigen Wandlung sowie unter dem Einfluß umsichtiger ärztlicher Behandlung verbesserte sich ihr Gesundheitszustand zusehends. Die Frau ist schließlich an Leib und Seele genesen. Die wunderbare Heilung ist wesentlich der Kraft des Gebetes zuzuschreiben. Betend vermochte sie das tief in Ihrem Unbewußten verwurzelte Übel zu beseitigen. Darum mußte auch ihre Krankheit – die Verkörperung ihres Übels – im Verlaufe ihrer seelisch-geistigen und gefühlsmäßigen Heilung weichen.

Er machte sich von allen Zweifeln frei

Vor wenigen Monaten weilte ich zu längerem Aufenthalt in einem überaus gastfreundlichen Haus. Der Hausherr, ein selten nobler, großzügiger und großherziger Mann, litt an derselben schrecklichen Krankheit, an der seinerzeit schon sein Vater und zwei seiner Brüder gestorben waren: Prostatakrebs. Seit dem Tod seines Vaters, das heißt, seit mehr als zwanzig Jahren, hatte er ständig in der – durch das Schicksal seiner Brüder noch erhärteten – Angst gelebt, von derselben Krankheit heimgesucht zu werden. Er sagte mir: „Was ich am meisten gefürchtet habe, ist nun über mich gekommen."

Der Mann hatte schon immer die Gewohnheit zu beten. Aber er pflegte sich in seinen Gebeten so auszudrücken, daß Gott unendlich weit weg zu sein schien und als ob ihm seine Hilfe nicht sicher sei: „Wenn es Gottes Wille ist, wird er mich heilen."

Eine solche Gotteskonzeption geht auf das uralte Bild des rächenden Gottes zurück, der seine Kinder bestraft. Wer jedoch Gottes Liebe und unendliche Güte in Zweifel stellt, kann sich schwerlich aus ganzem Herzen und im vollen Vertrauen auf seine Hilfe an ihn wenden.

Mein Gastgeber gab sich über diese Tatsachen, die einen tiefgläubigen Menschen erschüttern müssen, jetzt erst Rechenschaft und machte sich von allen Zweifeln frei. Er fand zu einer lebensbejahenden, von Freude und Gottvertrauen getragenen Einstellung. Sein Arzt unterstützte ihn dabei nach besten Kräften. Er ermutigte ihn durch seinen Zuspruch und verherrlichte und pries jedes Besserungszeichen. Heute ist er praktisch geheilt, wie mir kürzlich sein Arzt mit großer

Freude versicherte. Auch dieser Tatsachenbericht bezeugt die Richtigkeit der psychologischen Wahrheit: Das Unterbewußtsein nimmt die Änderung bewußter Überzeugungen wahr und reagiert dementsprechend.

Wie Sie sich selbst beschützen

Wie oft lesen Sie über Flugzeug- oder Eisenbahnunglücksfälle, über Auto- und Arbeitsunfälle und dergleichen mehr! Angesichts solcher Unfallmeldungen denken sich so manche, es sei all dies irgendeiner von außen her kommenden unbestimmten Schicksalsmacht oder dem puren Zufall, der Unglückssituationen gleichsam aufbaue, zuzuschreiben. In dieser Sicht stellen sich dann die bemitleidenswerten Betroffenen als die Opfer einer schadenbringenden Schicksalsmacht oder herrschender Willkür dar.

Grundsätzlich muß gegen diese Auffassung eingewendet werden: Alles nimmt seinen Ursprung im Geist. Angst, Zweifel und Pessimismus finden ihren Ausdruck im Pech, im Unglück, in der Krankheit. „Gleich und gleich gesellt sich gern."

Wer von tiefem Glauben durchdrungen ist und voll Vertrauen der Überzeugung lebt, daß eine allgegenwärtige Vorsehung über ihm walte und ihn jederzeit beschütze, ist am besten gefeit gegenüber allen leidvollen Erfahrungen. Eine solche Grundhaltung baut dem Unglück wirksam vor. Wir Menschen können uns nicht besser vor Unglück und Elend schützen als durch den Glauben an Gott und seine Liebe. Nach unserem Glauben wird es uns geschehen.

Wie man sich feit

„Wer unter dem Schirm des Höchsten sitzt und unter dem Schatten des Allmächtigen bleibt, der spricht zu dem Herrn: Meine Zuversicht und meine Burg, mein Gott, auf den ich hoffe." Psalm 91, 1–2.

Beten Sie diese wunderbaren Bibelworte immer wieder. Wenn Sie an diese Wahrheiten aus tiefstem Herzen glauben, werden Sie gegen alles Mißgeschick gefeit sein. Sie sind unverletzbar. Sie haben nichts mehr in der Welt zu fürchten. Hinter allen Unglücksfällen – von der Feuersbrunst in Ihrer Nachbarschaft bis zum großen Weltbrand eines

Krieges – und allen menschlichen Mißgeschicken steht die entsprechende geistige Haltung der Menschen. Die Ursache liegt in den Menschen, an sich müssen die Menschen die Wirkung erfahren.

Warum sie keinen Partner fand

„Ich bin überaus scheu, zurückhaltend und immer etwas zögernd. Ich habe keinen Freund, keinen Verlobten." So klagte mir ein Mädchen, das in Los Angeles als Büroangestellte arbeitete. Sie sehnte sich innig, den zu ihr passenden Partner zu finden, zu lieben und geliebt zu werden, zu heiraten, ein eigenes Heim und Kinder zu haben und auch – wie sie mir etwas geniert gestand – statt Fräulein endlich Frau zu sein.

Ich erklärte ihr, daß ihre Wünsche verständlich seien und durchaus verwirklicht werden könnten. Allerdings sei dies ganz unmöglich, solange sie ihrem Anliegen selbst im Wege stehe: nämlich durch eine geistige Einstellung, die eine glückliche Wendung zum Guten von sich weise. Sie faßte spontan den Entschluß, ihr Glück auf dem von mir empfohlenen Weg zu finden.

Zunächst mußte sie die gefühlsmäßige Seite ihrer Einstellung korrigieren. Sie mußte das Gefühl bekommen, begehrt zu sein. Sie mußte das empfinden, mußte spüren, daß sie umschwärmt, umsorgt und bewundert wurde. Sie war selbst überrascht, wie leicht ihr dies gelang. In einem Kaufhaus kaufte sie einen billigen Taschenkalender und trug darin die Namen eingebildeter Bewunderer ein. Sodann überließ sie sich der Vorstellung, sie müsse sich – mit einem Blick auf die Phantasienamen in ihrem Taschenkalender – für diesen oder jenen der sie umschwärmenden Männer entscheiden und die Einladungen der übrigen mit deutlichem Nein ausschlagen. Das ganze Glück solcher Umwerbung spielte sich in ihrer Phantasie ab, sie lebte in dieser Vorstellung tagsüber und vor allem auch in der Nacht.

Sie blühte förmlich auf. Das Mauerblümchen von einst war bald nicht mehr wiederzuerkennen. Zahlreiche Verehrer bemühten sich um die Gunst der charmanten jungen Dame.

Ihr jedoch ging es nicht um belanglose Abenteuer. Sie wollte heiraten. Der Entschluß war gefaßt, und sie war überzeugt, daß die ihr innewohnende unendliche Weisheit ihr den ideal zu ihr passenden Ehegatten zuführen werde. Wenn sie abends zu Bett ging, stellte sie sich einen Ehering an ihrem Finger vor. Im Geiste berührte sie den Ring und spürte ihn am Finger. Sie steigerte sich in diese Szene innerer Hochstimmung hinein, diese prägte sich ihrem Unterbewußtsein ein, und zwar in Form des konkreten Gefühls natürlicher Stofflichkeit und spürbarer Härte des Rings; dazu vergegenwärtigte sie sich, daß der Ehering an ihrer Hand als Beweis für die bereits abgeschlossene Ehe und darum diese als vollendete Tatsache aufzufassen sei.

Sie fand ihren Mann, nicht über Nacht, aber noch im gleichen Sommer. Sie und ihr Mann sind ein glückliches Paar.

(Die vom Verfasser hier empfohlene Suggestionsmethode ist unter dem Titel „Wie man den idealen Gatten an sich zieht“ auf Seite 164 des obenzitierten Werkes *Die Macht Ihres Unterbewußtseins* ausführlich beschrieben.)

Vom „Minderbegabten“ zum Vorzugsschüler

Der Vater, von dem hier die Rede ist, hatte nur eine Sorge: die Schulleistungen seines Sohnes ließen sehr zu wünschen übrig. Was sollte aus dem Jungen werden, wenn das so weiterging? Der Lehrer des Knaben behauptete, das Kind begreife schwer, sei dumm, minderbegabt. Er empfahl, den Jungen in einer Spezialschule für geistig zurückgebliebene Kinder unterzubringen.

Auf meinen Ratschlag hin entzog sich der Vater dem Einfluß des schwarzseherischen Gegensprechers seiner eigenen und seines Sohnes Interessen. Der Junge bedurfte vielmehr der Fürsprache. Der Vater sollte daher im Sinne seines größten Herzenswunsches handeln, was er denn auch tat. Jede Nacht, wenn er entspannt im Bette lag und sich geistiger Betrachtung überließ, steuerte er bewußt das Wunschbild seiner Vorstellung an: der Junge zeigte ihm sein Zeugnis und sagte voll Stolz und Freude zu ihm: „Vater schau, ich habe nur beste Noten!“

Immer wieder weckte er in seiner Vorstellung dieses Wunschbild. Mit der Zeit prägte sich dieses seinem Unterbewußtsein ein und wurde ihm zur lebendigen Überzeugung. Und diese seine Überzeugung übertrug sich auf den Jungen. Der Knabe holte mächtig auf und gehörte bald zu den Besten seiner Klasse. Der Vater erlebte die Verwirklichung dessen, worüber er meditiert hatte: die Früchte seines Gebetes.

Ihn konnte man nicht erschießen

Aus Anlaß einer Vortragsreihe in Japan machte ich die Bekanntschaft eines Mannes, der – erlebte Wirklichkeit – seinem unerschütterlichen Glauben sein Leben verdankte. Zur Zeit des Krieges war er, damals noch blutjunger Soldat, zum Tode durch Erschießen verurteilt worden. Zwar war er zu Unrecht beschuldigt und verurteilt worden; aber in jener Zeit des totalen Krieges wurde über Schuld oder Unschuld nicht viel Federlesens gemacht. Im Gefängnis erschien seine Lage so gut wie hoffnungslos. Ihm aber gaben Trost und Hoffnung die Worte des 91. Psalms, an denen er sich immer wieder aufrichtete. In der Trostlosigkeit seiner Zelle betete er still vor sich hin, und allabendlich schlief er mit dem Gedanken ein: „Mich können sie nicht erschießen. Ich bin unschuldig und Gottes Sohn. Gott wird mich beschützen."

So jung der Mann war, wußte er schon damals, daß es nur eine Allmacht und nur ein Leben gibt und daß an seinem jungen Leben Gott Anteil hat. Seine Gefangenschaft sollte nicht lange dauern. Eines Tages wurde er ohne irgendeine Erklärung der Gründe aus dem Gefängnis entlassen und zurück zu seiner Truppe beordert.

Der junge Soldat hatte in ungebrochener Hoffnung die Freiheit seinem Unterbewußtsein eingeschrieben, indem er sich die Wahrheiten dieses wunderbaren Schutzpsalms im ständigen Gebet vergegenwärtigte; er hatte das Bild der Freiheit in seiner Vorstellung so sehr durchlebt, daß sie Teil seines Ichs geworden war. Alles ist möglich mit der Hilfe Ihres Unterbewußtseins, mit Gott.

Ihre Antwort entscheidet über Ihre Zukunft

Als ich noch ein kleiner Junge war, freute ich mich über jeden Besuch. Ich hörte den Gesprächen der Erwachsenen zu – und wunderte mich sehr. Wie oft hörte ich Onkel und Tanten sagen: „Natürlich sind die Müllers vom Unglück verfolgt; Ihr wißt ja, sie gehen ja längst nicht mehr in die Kirche."

Solche und ähnliche Gesprächswendungen waren der Grund, warum ich mich schon als Kind wundern mußte. Was immer an Mißgeschick oder Unglück den Menschen widerfuhr, irgendwie hatten es die armen Betroffenen verdient; sie wurden als Sünder betrachtet, die von Gottes Zorn gerichtet und bestraft worden waren.

Ich fragte mich oft, welcher Art denn dieser Gott sei, auf den sie sich in ihren Gesprächen beriefen. Und in diesem Zusammenhang möchte ich auch Sie fragen, wie Sie darüber denken. Welche Vorstellung haben Sie von Gott? Und wissen Sie, daß Ihre Antwort auf diese Frage unweigerlich über ihre ganze Zukunft entscheidet?

Was Sie von Gott glauben, glauben Sie auch von sich selbst

Es gibt auch heute noch genug Menschen, die sich von Gott ein völlig verzerrtes Bild machen. Sie stellen sich in Gott den grausamen Rächer vor, vom Schlage eines menschenfressenden Molochs hoch droben in den Wolken oder in der Art eines hochthronenden despotischen Gewaltherrschers. Verständlich, daß das Ergebnis einer solchen zur Gewohnheit gewordenen Vorstellung von Gott verheerend ist. Wer so oder ähnlich denkt, muß geradezu mit einem Leben rechnen, das von Düsterkeit und Verwirrung, von Angst und Verkürzungen jeder Art markiert ist. Um es mit anderen Worten zu sagen: Sie werden in Ihrem Leben das an sich erfahren, was das Wesen Ihres Glaubens von Gott ausmacht. Davon hängt tatsächlich entscheidend ab, ob Sie aus Ihrem Leben das Beste machen oder – gegenteiligenfalls – auf Verhängnis und Leid zusteuern.

Psychologisch gesehen wird Gott für Sie das, als was Sie ihn betrachten. Darum gilt es vor allem anderen, Gott richtig zu sehen. Es spielt dabei keine Rolle, bei welchem Namen Sie ihn nennen. Ob Sie ihn die Heilige Dreifaltigkeit oder den Schöpfer nennen, ob Allah, Brahma oder Wischnu, Überseele oder Vorsehung, unendliche Weisheit oder Allgegenwart, Erschaffer des Universums oder göttlicher Geist, höchstes Wesen, Lebensprinzip, lebendiger Geist oder schöpferische Allmacht – es tut nichts zur Sache. Wesentlich kommt es nur auf die Tatsache an, daß Ihr Glaube an Gott Sie führt und leitet und Ihre Vorstellung von Gott Ihrem ganzen Leben die Richtung angibt.

Glauben Sie an den Gott der Liebe

Die Menschen gehen in die Millionen, die heute noch nicht an einen Gott der Liebe glauben. Ihnen sendet eine Gottheit der Grausamkeit und Rache Krankheit, Schmerz und Leid. Sie kennen nicht den Gott unendlicher Güte, daher gibt es für sie keinen Gott der Liebe. Auf der Grundlage einer derart fehlgeleiteten Gotteskonzeption können Sie als Ergebnis und Erfahrung Ihres Glaubens nur Kummer und Sorgen ernten. Ihr Unterbewußtsein macht Ihre Glaubensüberzeugungen offenbar, es projiziert sie auf die Bühne Ihres wirklichen Lebens und verschafft ihnen in Form von Erlebnissen, Bedingungen und Ereignissen Geltung.

Ein Lippenbekenntnis zu Gott, ja auch Ihr förmliches Glaubensbekenntnis hat wenig zu sagen. Tatsächliche Bedeutung kommt nur Ihrer wirklichen Glaubensüberzeugung zu, von der Sie im Geiste bis hinunter zum Unbewußten durchdrungen sind, dem Glauben Ihres Herzens also. Von Ihrem Glauben werden Sie nicht nur Zeugnis ablegen, Sie tun ihn vielmehr jederzeit kund. Darum sagte Dr. Quimby schon vor mehr als hundert Jahren in treffender Weise: „Der Mensch ist Ausdruck seines Glaubens."

Wenn daher Millionen von Menschen irrtümlicherweise in Gott ein weit von ihnen weg in den Wolken residierendes Wesen der Willkür und menschlicher Unzulänglichkeit begreifen, so kommt dies folgerichtig zum Ausdruck. Mit einer solchen Gottesvorstellung gleichen Sie jenem Geschäftsmann, der einmal zu mir sagte: „Mir ginge es ganz ausgezeichnet, wenn nur Gott mich in Frieden ließe."

Gott ist die Liebe. Glauben Sie daran. Und glauben Sie auch, daß Gott Sie beschützt und für Sie sorgt, daß er Sie liebt und auf allen Wegen zu Ihrem Glück hin leitet. Tief durchdrungen von diesen Wahrheiten werden Sie in Ihrem Leben Wunder erfahren und Ihre tiefsten Wunschträume verwirklicht sehen.

Werden Sie ein neuer Mensch

„... und den man nennt: Wundervoller, Ratgeber, Gott, Mächtiger, Vater der Ewigkeit, Friedensfürst." Jesaja 9, 5.

Nehmen Sie sich jetzt vor – jetzt, da Sie diese Zeilen lesen, jetzt sogleich –, Sie werden sich die oben dargelegte Auffassung von Gott aneignen und völlig zu eigen machen. Sie müssen erkennen, wissen, daß Gott die Freude und das Entzücken, unbeschreibliche Schönheit, vollkommene Harmonie, unendliche Weisheit und grenzenlose Liebe ist. Er ist das höchste Prinzip, allgegenwärtig und allmächtig.

Wenn Sie diese Attribute Gottes im Geiste als feststehende, unabdingbare Wahrheit annehmen und als ebenso selbstverständlich hinnehmen wie die Tatsache, daß Sie am Leben sind, dann werden Sie an sich selbst die wunderbaren Auswirkungen Ihrer neuen Gottesauffassung erleben und die Segnungen Gottes, der Ihnen innewohnt, in Ihrem Leben erfahren. Alles wird für Sie eine Wendung zum Guten und zum Besseren nehmen: Ihre Gesundheit und Lebenskraft, Ihr Berufsleben, Ihre Umgebung, ja die ganze Welt, in der Sie leben. Es wird für Sie eine Zeit seelisch-geistigen und materiellen Wohlergehens anbrechen. Ihre neugewonnene Sicht der Dinge und Ihre sich stets noch weiter vertiefende Innenschau werden Ihnen wunderbare Möglichkeiten eröffnen und Sie selbst zu einem neuen, glücklicheren Menschen machen.

Er verdreifachte seinen Umsatz

Nach einer Vorlesung, die ich in London hielt, sprach mich ein hiesiger Geschäftsmann ohne irgendeine Einleitung wie folgt an: „Mein ganzes Leben lang habe ich die Armut gefürchtet. Was kann ich tun?“

Ich sagte ihm, er möge von jetzt an Gott als seinen stillen Geschäftsteilhaber betrachten, als seinen Berater und Wegbereiter. Er möge in Gott einen liebenden Vater erkennen, der ihn leitet und beschützt, der für alle seine Bedürfnisse sorgt und ihn bei allen seinen Entscheidungen erleuchtet.

Wenige Monate danach schrieb er mir einen Brief, aus dem ich hier einen Auszug wörtlich wiedergeben möchte: „Gott ist tatsächlich lebendige Gegenwart, der beste Ratgeber, mein Führer, mein Freund. Ich weiß es jetzt. Ich habe den Umsatz meines Geschäftes verdreifacht. Aber auch mit meiner Gesundheit steht es nun viel besser: ich brauche meine Brille, die ich zwanzig Jahre lang trug, nicht mehr; ich habe sie weggeworfen.“

Aus den Worten dieses Mannes können Sie die Ursache ersehen, die am Anfang und am Ende der ihm zuteil gewordenen glücklichen

Wendung steht. Er hatte den Entschluß gefaßt, in Gott seinen Vater zu erkennen. Hinter dem Wort „Vater“ aber stand für ihn eine weitreichende Bedeutung. Vater ist der Inbegriff für Liebe und Schutz, für Umsorgung und Wegweisung. Sorgen Sie vor, daß in Ihrem Leben dieselben Wunder geschehen.

Das Wunder der drei Schritte

In Ausübung meines geistlichen Amtes traute ich im amerikanischen Mittelwesten einmal ein sympathisches junges Paar. Schon nach kurzer Zeit jedoch trennten sich wider Erwarten die jungen Leute, die junge Ehefrau kehrte in ihr Elternhaus zurück. War ihre Liebe so plötzlich zerbrochen? Vermochten sie nicht miteinander zu leben? Was war geschehen?

In einem Gespräch, das später erst stattfand, gestand mir der junge Ehemann: „Tag und Nacht verfolgte mich der Gedanke, sie halte es mit anderen Männern. Ich war furchtbar eifersüchtig. Ich traute ihr nicht über den Weg. Immer mußte ich mir vorstellen, sie treffe sich in meiner Abwesenheit mit früheren Freunden. Keine Stunde ließ mich die Angst los, sie zu verlieren.“

Der junge Mann dachte schlecht von seiner Frau und erging sich in dementsprechenden Vorstellungen seiner von Furcht und Eifersucht angekränkelten Phantasie. Das stand ohne Zweifel im Widerspruch zu seinem Ehegelöbnis, durch das bekanntlich jeder Ehegatte die Verpflichtung übernimmt, den erwählten Ehepartner jederzeit zu lieben und zu ehren, zu umsorgen und ihm für immer treu zu sein. Im Widerspruch zu diesem Versprechen lebte er in ständiger Furcht und Eifersucht. Diese Gefühlshaltung und seine krankhaften Vorstellungen übertrugen sich unbewußt auf seine Frau und prägten sich entscheidend ihrem Unterbewußtsein ein. Da die junge Ehefrau mit den Gesetzen des Geistes und der dynamischen Kraft des Unterbewußtseins in keiner Weise vertraut war, war sie ununterbrochen der seelisch-geistigen und gefühlsmäßigen Negativsuggestion ihres Mannes ausgesetzt. So ergaben sich denn auch Umstände, die dem entgegenkamen, und es verwirklichte sich, was er geglaubt und gefürchtet hatte. Er sah darin die Bestätigung seiner bösen Ahnungen und in seiner Frau die Alleinschuldige. In Wirklichkeit jedoch war ihm nur nach seinem eigenen Glauben geschehen.

Die beiden jungen Leute lasen über meine Empfehlung eines meiner Bücher, *Die Macht Ihres Unterbewußtseins.* Daraus erfuhren sie erstmals von der dynamischen Kraft des Geistes und vom Zusammenspiel der geistigen Kräfte auf bewußter und unbewußter Ebene. Unter dem Eindruck ihrer neuerworbenen Erkenntnisse faßten die beiden den Entschluß, es noch einmal miteinander zu versuchen und ihr Zusammenleben neu zu gestalten. Sie machten es sich zur Aufgabe, jeden Morgen und Abend miteinander zu beten und das in dem zitierten Buch beschriebene Wunder der drei Schritte zu verwirklichen.

Erster Schritt: Am Anfang aller Dinge steht Gott. Darum beteten sie sofort nach dem Erwachen, Gott möge sie auf allen ihren Wegen leiten. Sie dachten voller Frieden, Harmonie, Liebe und Freude aneinander, an ihre Bekannten und an die ganze Menschheit.

Zweiter Schritt: Beim Frühstück beteten sie gemeinsam ein Tischgebet. Sie dankten Gott sowohl für Speise und Trank und den ihnen beschiedenen Überfluß als auch für alle übrigen Segnungen des Lebens, derer sie sich erfreuen durften. Sie vermieden es, sich bei Tisch über irgendwelche Probleme, die sie hätten entzweien können, über Sorgen oder strittige Punkte zu unterhalten. Diesem Grundsatz blieben sie auch bei allen anderen Mahlzeiten treu.

Dritter Schritt: Die beiden beteten, jede Nacht abwechselnd, einander laut vor. Sie bedienten sich dabei der Bibel und waren beglückt über die Wahrheit und den Reichtum dieser ihrer seelisch-geistigen Erbauung. Sie lasen insbesondere den 23., 27. und 91. Psalm, ferner das 11. Kapitel des Briefes an die Hebräer und das 13. Kapitel des 1. Briefes an die Korinther. Und immer beendeten sie ihr Gebet mit den schlichten Worten: „Wir danken dir, Vater, für alle Segnungen dieses Tages. Gott schenkt uns einen erquickenden Schlaf."

Beide faßten den festen Entschluß, nichts mehr zu tun, was den anderen kränken oder aufbringen könnte. Sie zeigten einander ihre Liebe und Wertschätzung und bemühten sich, einander durch Wort und Tat zu erfreuen. Mit der Zeit wurde ihnen alles dies zur festen Gewohnheit. Zugleich waren sie von dem innigen Wunsch beseelt, aus ihrer Ehe einen glücklichen Lebensbund zu machen.

Das sind sehr einfache, praktische Regeln. Aber dank dieser Regeln fanden die beiden jungen Menschen zu einer harmonischen Ehe und ihrem Glück.

Das wiedervereinigte Paar

Oft erinnere ich mich eines überaus seltsamen Vorfalls, dessen Zeuge ich in Dallas, Texas, wurde. Ein mir bis dahin unbekanntes Paar tauchte in meinem Hotel auf und ersuchte mich dringend um eine Aussprache.

Mann und Frau gaben sich reichlich verstört. Sie machten sich Sorgen über Dinge, die in ihrem Leben geschehen waren, und befürchteten, ihr „verpfuschtes" Leben lasse sich nicht mehr ändern. Das Ehepaar hatte sich ein paar Jahre zuvor wegen eines Grundstückes heftig gezankt. Beide hatten unnachgiebig auf ihrem Standpunkt beharrt und sich in blinden Ärger hineingesteigert. Am Höhepunkt dieses Zwistes reichten alle beide die Scheidung ein. Dem folgte ein langwieriges, von Streitigkeiten überdecktes Scheidungsverfahren. Ein Jahr verging, bis die Scheidung rechtskräftig ausgesprochen wurde. Dann hatten beide nichts Eiligeres zu tun, als sich sofort neu zu verheiraten. Aber eben – so versicherten mir jetzt Mann und Frau – dies war der größte Fehler ihres Lebens gewesen. Sie waren sich darin einig, daß sie ihre neuen Ehen lediglich – wie sie das nannten – „aus Protest gegeneinander" geschlossen hatten. Er und sie beteuerten: „Wir lieben einander noch immer. Was können wir tun? Was sollen wir tun?"

Ich riet ihnen, mit der ihr Gewissen bedrückenden Farce ihrer zu Unrecht geschlossenen Ehen Schluß zu machen, ihre derzeitigen Partner um Verständnis und Verzeihung zu bitten und zueinander zurückzukehren. Sie waren sich der Tatsache bewußt, daß sie mit ihren neuen Partnern in einer Lüge gelebt hatten, was jenen gegenüber weder gerecht noch fair war.

Die beiden Leute bedauerten ihre Fehler und gaben diese in schlichter Bescheidenheit und Zerknirschung zu. Ihr Hauptfehler bestand wohl darin, daß sie aus falschem Stolz und gekränkter Eigenliebe gehandelt hatten.

Die Liebe, die sie füreinander im Herzen trugen, führte sie wieder zusammen. Die „Protestehen" wurden gütlich getrennt – mit der Zustimmung und zum Segen aller Beteiligten. Das Paar war wieder vereinigt.

Liebe verbindet zwei Herzen, und dies ist ein unauflösbares Band. *„Was Gott zusammengefügt hat, das soll der Mensch nicht scheiden."* Matthäus 19, 6.

Die alleswandelnde Kraft der Liebe

Unlängst fragte mich eine junge Frau, ob ich es für möglich halte, daß jemand im Wege rein geistiger Beeinflussung eine Ehe zu zerrütten vermöchte. Wie ich erfahren mußte, stellte sie mir diese Frage nicht etwa rein theoretisch: es handelte sich um ihre eigene Ehe, die ihr eigener Vater ablehnte. Die junge Frau war mit einem Katholiken verheiratet, und die beiden liebten einander sehr. „Mein Vater jedoch", sagte sie mir, „gehört einer anderen Kirche an und steht allen Katholiken feindselig gegenüber."

Die Tochter befürchtete nun, die unversöhnliche Haltung ihres Vaters und die von ihm ausgehende haßerfüllte Atmosphäre könnten ihrer jungen Ehe auf die Dauer schaden, sie vielleicht sogar zerrütten. Diese Angst verfolgte sie ständig.

Nun ist zwar die Eltern zu lieben die Pflicht eines jeden Kindes. In einem solchen Fall aber muß zweifellos jeder Mensch dem Ruf seines Herzens folgen und sich auf die eigenen Kräfte besinnen. Ich versuchte sie davon zu überzeugen, daß die Macht ihres Vaters an den Grenzen ihres eigenen Denkens und Fühlens jegliche Kraft verliere. Das leuchtete ihr auch ein. Damit war gleichsam der Angstbann ihres Vaters gebrochen. Sie vergegenwärtigte sich in ihren Gebeten, daß es ja Gottes Liebe war, die sie von Anfang an mit ihrem Mann vereinigt hatte und sie darum auch weiterhin vereinigt hielt in ihrer allesumfassenden Umarmung. Tagtäglich sagte sich die junge Frau, daß ihrer beider Herz und Geist von Gottes Schönheit, Liebe und Harmonie durchdrungen seien; Gottes Liebe bestimme ihren Lebensweg. Indem sie regelmäßig betete, gelangte sie zur Überzeugung, daß sie und den Mann, den sie liebte, nichts entzweien könne.

Sie erkannte die erhebende Wahrheit, daß Negativsuggestionen anderer Menschen am Bollwerk der auf Liebe gegründeten eigenen Überzeugung wirkungslos abprallen. Liebe ist Herzenssache. Und da die beiden jungen Menschen einander liebten, sich gegenseitig achteten und guten Willens sich selbst und allen anderen gegenüber waren, gestaltete sich ihre Ehe mit jedem Tag glücklicher.

Die junge Frau betete zugleich um ein besseres, verständnisinniges Einvernehmen mit ihrem Vater. Und auch diese Gebete sollten erhört werden. Ihr Vater rückte von seinem festgefahrenen Vorurteil ab. „Er ist jetzt schon viel toleranter", sagte sie mir erfreut. „Er ist auf dem Weg, meinen Mann richtig gern zu haben."

Die Wandlung eines todgeweihten Gelegenheitsverbrechers

Als ich den Mann besuchte, traf ich ihn auf dem Sterbebett an. Er war am Ende seiner Kraft – er, ein chronischer Alkoholiker und Gelegenheitsverbrecher. Jetzt, an der Schwelle des Todes, gab er sich Rechenschaft über das Unrecht, das er begangen hatte. Er versuchte mit seinem Gewissen ins reine zu kommen, indem er mir seine Missetaten zerknirscht anvertraute, und stellte mir die bange Frage, ob er dafür nicht von Gott bestraft werde und nach seinem Tod die Hölle erdulden müsse.

Ich versuchte dem verzweifelten Mann begreiflich zu machen, daß Gott niemanden bestraft. Wir bestrafen uns vielmehr selbst, wenn wir – sei es durch Unwissenheit oder Gleichgültigkeit, sei es durch vorsätzliche Verletzung – gegen die elementarsten Lebensgesetze der Liebe, der Harmonie und des richtigen Handelns verstoßen. Zunächst müsse er, so erklärte ich ihm, sich selbst vergeben lernen und in seinem Herzen Gott empfangen: wenn er einmal zum Entschluß gefunden habe, ein neues, gottgefälliges Leben zu führen, werde er ein neuer Mensch und die sein Gewissen belastende Vergangenheit überwunden und ausgelöscht sein.

Am Ende dieses meines Besuches beteten wir zusammen. Er schien mir danach gelöst und glücklich zu sein. Diese sichtbare Wandlung war einzig und allein auf seinen neugeweckten Glauben zurückzuführen. Im Laufe des Gebetes hatte sich bei ihm die Überzeugung eingestellt, ihm sei verziehen worden und Gott sei mit ihm. Er atmete mit einem Stoßseufzer der Erleichterung auf und sagte in schlichter Entschiedenheit, er sei jetzt bereit für den Himmel. Dabei ist es bestimmt nicht wichtig, was er sich unter dem „Himmel" vorstellte.

Kurz darauf stellte sein Arzt eine bemerkenswerte Besserung seines Gesundheitszustandes fest. Dem folgte bald eine neue Diagnose, verbunden mit der Feststellung, daß er außer Lebensgefahr sei. Tatsächlich verließ der Mann zehn Tage später das Krankenhaus!

Heute ist der Mann, den ich einst am Totenbett besuchte, fünfundachtzig Jahre alt. Er erfreut sich noch immer der denkbar besten Gesundheit und ist – was für sein Glück bestimmt nicht geringer wiegt – ein bewußt in Gott lebender rechtschaffener Mann. Vollkommener hätte die seelisch-geistige und körperliche Wandlung eines von der schiefen Bahn ins Sterbebett gesunkenen Kranken nicht ausfallen können. Wie war das möglich?

Er hatte die Wahrheit über Gott empfangen und angenommen und sich mit all seinen Missetaten auf dem Gewissen, mit all seinen Haß- und Schuldgefühlen in Gottes Hand gegeben, wodurch er seine seelisch-geistige Befreiung vollzog. Sein Körper reagierte in einer an ein Wunder grenzenden Spontaneität: er vollzog genau jene Wendung zum Guten, die seiner neugewonnenen Geisteshaltung entsprach. Innere Befreiung und innerer Friede sind die heilenden Faktoren.

Das Gebet rettete ihm das Leben

Beurteilen Sie hier die Geschichte eines Mannes, der als ein sogenannter hoffnungsloser Fall eingestuft worden war. Er litt an einer akuten Blutvergiftung. Obwohl er sich in Spitalspflege befand und Antibiotika sowie mehrere Bluttransfusionen bekommen hatte, war eine Besserung seines Gesundheitszustandes nicht festzustellen. Im Gegenteil: sein Zustand verschlechterte sich zusehends, so daß sein Leben in Gefahr war. Schließlich gab man ihm kaum noch eine Überlebenschance.

Er kam auf seinen früheren Geschäftsteilhaber zu sprechen. „Ich verabscheue diesen Mann", sagte er, „er hat sich mir gegenüber von der schmutzigsten Seite gezeigt, einfach erbärmlich und gemein."

In diesen Worten ging gleichsam eine schwärende Seelenwunde auf. Deutlicher konnten Haß und Abscheu nicht zum Ausdruck kommen, als in der von ihm ausgesprochenen Befürchtung, er könne nicht ausschließen, daß er sich nach seiner Entlassung aus dem Spital ein Gewehr beschaffen und den Mann erschießen werde.

Es war offensichtlich, daß dieser schwerkranke Mann in Wahrheit im Begriff stand, sich selbst umzubringen. Obwohl er sich mit seinem „Todfeind", der ihn hintergangen und betrogen hatte, um keinen Preis mehr an den gleichen Tisch gesetzt hätte, widmete er ihm den Großteil seiner Gedanken. Er beschäftigte sich mit ihm im Geiste, in der

Seele, im Gehirn und im Herzen, bis in die Tiefe seiner Blutbahn und des Knochenmarks, jenes Zellgewebes, das der Bildung roter Blutkörperchen dient. Auf diese Art und Weise überließ er entgegen seinem besseren Wissen die Gewalt über seinen Geist, seinen Körper und alle lebenswichtigen Organe gerade jenem Mann, den er so abgründig haßte. Schritt für Schritt führte ich ihn zu dieser zunächst überraschend anmutenden Erkenntnis.

Er begriff, daß diesem Mann keinerlei Schuld an seiner Krankheit angelastet werden konnte; zumal ein jeder Mensch im Universum seines Geistes sein eigener Denker ist und darum für sich allein die Verantwortung trägt für all das, was er denkt, sich vorstellt und fühlt, sowie für die daraus sich ergebenden Konsequenzen. Ich riet ihm, zu beten und sich dabei an den Wortlaut des am Ende dieses Kapitels abgedruckten Gebetes zu halten.

Und der Mann genas sehr rasch. Mit seiner geistigen Hinwendung zu Gott verbesserte sich die Blutzusammensetzung des Kranken. Es geschehen tatsächlich Wunder, wenn Sie beten.

Die Macht Gottes

Das folgende Gebet hat vielen Menschen geholfen. Wenn Sie sich der geistigen Betrachtung der darin enthaltenen wunderbaren Wahrheiten widmen, wird es auch Ihnen gelingen, Ihr Leben zu verändern und ein neuer Mensch zu werden. Sie werden schon nach kurzer Zeit der Meditation erfahren, daß auch in Ihrem Leben noch Wunder geschehen.

„Gott ist allgegenwärtig und allmächtig, und ich bin ein Teil seiner selbst. Gottes Stärke ist meine Stärke. Seine Weisheit durchströmt meinen Geist. Diese neue Erkenntnis, derer ich mir jederzeit bewußt bin, befähigt und ermächtigt mich, mein Leben selbst in die Hand zu nehmen. Ich bin jetzt vereint mit dem einen universellen Geist, mit Gott. Seine Weisheit, Macht und Herrlichkeit durchdringen mich. Die lebenspendende Macht Gottes erfüllt die letzte Faser meines Körpers, jedes Teilchens meines Wesens. Ich bin heil, ich weiß es, gesund an Leib und Seele. Gott ist das Leben, und von diesem Leben ist mein

Leben. Ich bin in meinem Glauben bestärkt, erneuert, und meine Lebenskraft ist wiederhergestellt. Gott handelt und spricht in mir. Er ist mein Gott, ich bin eins mit ihm. Seine Wahrheit ist mir Schutz und Sicherheit, ich preise mich darum glücklich. Gottes Schutz kann ich vertrauen. Ich lebe in der geheimen Obhut des Allerhöchsten, und ich bleibe unter dem Schirm des Allermächtigsten.“

ZUSAMMENFASSUNG

1. Haß ist geistiges Gift. Als Gegenmittel müssen Verzeihung und Liebe aufgeboten werden, und alles wird gut.

2. Ändern Sie Ihre Auffassung: stellen Sie sich Gott als die Liebe vor. Gott ist für Sie – das müssen Sie erkennen – und nicht gegen Sie.

3. Ihre Geisteshaltung ist schlechthin die Ursache, Ihr Erleben die Wirkung.

4. Sie können sich vor leidvollen Erfahrungen durch die Vergegenwärtigung der Tatsache schützen, daß Gottes Liebe über Ihnen waltet, Sie umgibt und beschützt.

5. Glauben Sie von ganzem Herzen an die Wahrheiten des 91. Psalms, und Sie werden gefeit und unverletzbar sein.

6. Stellen Sie sich vor, Sie werden geliebt, geschätzt und umworben, und leben Sie in diesem Gefühl, und es wird Ihnen niemals an Freunden mangeln.

7. Haben Sie ein „minderbegabtes“ Kind, so gedenken Sie seiner im Gebet und vergegenwärtigen Sie sich meditierend die Weisheit Gottes, an der alle Kinder teilhaben.

8. Schreiben Sie die Freiheit im Geiste Ihrem Unterbewußtsein ein, und Ihr Wunsch nach Freiheit wird verwirklicht werden.

9. Ihre Glaubensvorstellung, die Sie von Gott haben, bestimmt entscheidend Ihr Lebensgeschick.

10. Ihre Glaubensvorstellung von Gott ist Ihr eigentlicher Glaube über sich selbst. „Der Mensch ist Ausdruck seines Glaubens.“

11. Ihr förmliches Glaubensbekenntnis hat wenig zu sagen. Tatsächliche Bedeutung kommt nur dem Glauben Ihres Herzens zu.

12. Gott ist die Freude und das Entzücken, der Friede, die Schönheit und die Liebe. Was von Gott wahr ist, ist auch von Ihnen wahr. Glauben Sie fest daran. Wenn Sie sich dieses Denken zur Gewohnheit machen, werden in Ihrem Leben Wunder geschehen!

13. Gehen Sie vertrauensvoll davon aus, daß Gott für alle Ihre Bedürfnisse sorgt, und das Glück wird mit Ihnen sein auf allen Ihren Wegen.

14. Ihre als Gewohnheit eingeschliffene Furcht kann sich dem Unterbewußtsein Ihres Partners mitteilen. Eignen Sie sich Denkgewohnheiten an, die auf das Schöne und Gute gegründet sind.

15. Der Ehebund zweier von Gottes Liebe vereinigter Menschen kann durch nichts und durch niemanden zerstört werden. Liebe ist ein unauflösbares Band, das für immer bindet.

16. Gott oder das Leben straft keinen Menschen. Wir bestrafen uns selbst, sei es durch Unwissenheit oder Gleichgültigkeit oder sei es durch vorsätzlichen Verstoß gegen die Gesetze der Harmonie, der Liebe und des richtigen Handelns.

17. Haß ist ein tödliches Gift. Dieses Gift vermag alle lebenswichtigen Organe zu zerstören.

KAPITEL 5

Das geheimnisvolle Gesetz der inneren Führung

Wer ist nicht manchmal zutiefst bestürzt, ratlos und voll Angst? Wer hat sich nicht schon in dieser oder jener Lebenslage besorgt gefragt, was jetzt zu tun sei? Wenn Ihnen das passiert, dann sollten Sie sich Ihrer inneren Stimme erinnern, die Sie auf allen Ihren Wegen leitet und Ihrem Leben die Richtung weist, die Ihnen den richtigen Plan Ihres Verhaltens offenbart und den richtigen Weg Ihres Handelns zeigt. Das Geheimnis der zum richtigen Handeln führenden inneren Wegweisung besteht darin, daß Sie sich im Geiste voll Vertrauen der richtigen Antwort verschreiben, ohne diese noch zu kennen, bis Sie von Ihrem Inneren her die richtige Antwort erfahren.

Die in der Tiefe Ihres Unterbewußtseins schlummernde unendliche Weisheit ist für alle Ihre Fragen und Probleme zugänglich und weiß darauf Antwort. Diese Antwort gibt sich Ihnen kund als ein inneres Gefühl, als eine sich zur Gewißheit verdichtende Ahnung: Sie fühlen sich von innen her gedrängt, am richtigen Ort, zur richtigen Zeit das richtige Wort zu sagen, die richtige Entscheidung zu treffen – kurz: das Richtige zu tun.

Folgen Sie Ihrer Intuition

Ein mir befreundeter Geistlicher fragte mich einmal um meinen Rat. Er hätte gerne gewußt, ob er den Ankauf eines zum Erwerb angebotenen Grundstücks in der Nachbarschaft der Kirche, der er vorstand, vor dem Kirchenrat befürworten sollte oder nicht. Ich wußte das auch nicht. Aber ich schlug ihm vor: „Wir wollen um Erleuchtung beten und der Wegweisung folgen, die uns zuteil werden wird.“

Zunächst geschah nichts, was ihm oder mir Klarheit hätte verschaffen können. Ein paar Tage später rief er mich an. Der Kirchenrat werde demnächst zusammentreten, sagte er mir. Dabei sei in der Frage des Ankaufs des besagten Grundstückes bindend zu beschließen. Während er noch sprach, um mir dies zu sagen, fühlte ich ganz deutlich, daß die Antwort nur nein lauten könne. Und indem er fortfuhr, fügte er bei, daß sich ihm in diesem Augenblick intuitiv ein Nein aufdränge. Von innen her hatte sich also auch bei ihm ein Gefühl eingestellt, das sich zur Gewißheit verdichtete und Antwort auf die Frage gab. Erst viel später sollten Dinge passieren, die schlagend bewiesen, daß die von ihm getroffene Entscheidung richtig war.

Es gibt immer eine Lösung

In einem recht verzweifelten Hörerbrief klagte eine Frau über ihren Kummer wegen eines ihrer Untermieter. Der Mann benahm sich derart ausgelassen, vulgär und rücksichtslos, daß sich alle übrigen Untermieter bitter beschwerten. Wilde Gelage und Krawalle in Trunkenheit waren an der Tagesordnung. Er weigerte sich jedoch entschieden auszuziehen.

Ausgehend von meiner Radiosendung, die sie ja kannte, ging ich in einem Brief auf ihre Frage ein. Im Sinne meiner Empfehlung beruhigte sie sich und nahm die Gewohnheit auf, für den Mann zu beten. Sie wandte sich an die seinem Unterbewußtsein innewohnende unendliche Weisheit, die ihn bestimmen möge, daß er sich in Frieden von ihr verabschiede und ausziehe. Im Vertrauen auf die sich ergebende Lösung sagte sie sich immer wieder vor: „Ich bin ihm nicht böse, ich laste ihm nichts an. Er wird von selber gehen. Und ich lasse ihn in Frieden ziehen und wünsche ihm aufrichtig, daß auch er den Frieden finde, Liebe und Glück."

Ihr im Gebet ausgesprochener Herzenswunsch ging auf einmal in Erfüllung. Wider Erwarten bezahlte der Mann plötzlich seine rückständige Miete und zog aus. Dabei gab es kein lautes Wort, nicht die geringste Auseinandersetzung. Es herrschten wieder Ruhe und Frieden, sowohl in der Wohnung als auch im Herzen der Frau. Deshalb war es auch kein Zufall, daß sie bald darauf einen ruhigen und geistig hochstehenden Mitbewohner fand.

Die Vorgangsweise eines erfolgreichen Geschäftsmannes

Ein als erfolgreich und dynamisch bekannter Geschäftsmann eröffnete mir eines Tages, auf welche Art er um Wegweisung zu beten pflegt. Er bedient sich einer Technik, die durch ihre Einfachheit besticht.

Bevor er am Morgen seine Arbeit aufnimmt, zieht er sich in sein Privatbüro zurück, wo er völlig ungestört ist. Mit geschlossenen Augen vergegenwärtigt er sich die wunderbaren Attribute Gottes, an denen er, wie er weiß, teilhat. Dies versetzt ihn in einen Zustand inneren Friedens und gibt ihm Selbstvertrauen und Kraft. Sodann spricht er das folgende einfache Gebet: „Vater, du, der du alles weißt, gib mir die Idee, die ich für mein Geschäft brauche." Danach stellt er sich vor, er habe bereits die gesuchte Lösung, er habe sie geistig parat. Und allmorgendlich schließt er seine geistige Einkehr mit den Worten: „Diese Lösung ist die richtige, ich nehme sie an und danke dafür."

Nach diesem Gebet wendet er sich seiner Tagesarbeit zu und beschäftigt sich routinemäßig mit allen Angelegenheiten, die gerade zu erledigen sind. Die gesuchte Lösung offenbart sich ihm in dem Augenblick, da er nicht im geringsten an sein Problem denkt. Er versicherte mir, daß ihm die Lösungen bisweilen völlig unvorbereitet, einfach spontan einfallen wie der Blitz. Und tatsächlich bezeugen seine Mitarbeiter und Geschäftspartner seine unwahrscheinliche Fähigkeit, auf allen Gebieten seiner Geschäftstätigkeit blitzschnell zu richtigen Lösungen zu gelangen.

Die Lösung eines besonderen Problems

Ein mir befreundeter Universitätsprofessor bedurfte zur Vervollständigung eines seiner wissenschaftlichen Werke, das praktisch schon vollendet war, dringend noch verschiedener Einzelheiten. Es handelte sich um historische Ereignisse und Daten aus der Zeit zwischen 1500 und 1000 vor Christus. Vergeblich hatte er die ihm zur Verfügung stehenden Werke der wissenschaftlichen Spezialliteratur durchstöbert. Gleichwohl konnte er nicht einmal sagen, wo die nötigen Angaben mit Sicherheit zu finden wären – vielleicht achttausend Meilen weit weg, im Britischen Museum, oder eventuell in der dreitausend Meilen entfernten New York Public Library. Aber er hätte, so versicherte er mir, nicht einmal genau gewußt, welche Werke er von den amtierenden Bibliothekaren verlangen sollte. Er war mehr oder weniger am Ende seiner Weisheit. Diese Schwierigkeiten drohten die Veröffentlichung seines Werkes um Wochen zu verzögern.

Ich schlug ihm zu tun vor, was in einem solchen Fall das beste ist. Er sollte sich vor dem Einschlafen körperlich und geistig entspannen und wie folgt meditieren: „Mein Unterbewußtsein weiß Antwort und verschafft mir die Informationen, die ich benötige." Sodann sollte er sich jeder anderen Überlegung verschließen und sich nur auf das eine Wort konzentrieren: Antwort. Und noch in dem entspannten Dämmerzustand allmählichen Hinübergleitens in den Schlaf sollte er sich im Geiste immer wieder dieses eine Schlüsselwort vorsagen.

Das Unterbewußtsein ist geradezu allwissend, es weiß Antwort, es kennt die richtige Lösung. Von dort her offenbart sich die Lösung im Traum oder als überwältigende Vorahnung oder schließlich auch, bisweilen, ganz einfach im Gefühl der inneren Sicherheit. Es stellt sich jenes an Gewißheit grenzende Gefühl ein, daß man geführt wird und auf dem richtigen Weg ist.

Die oben dargelegte Technik brachte den gewünschten Erfolg. Auf seinem gewohnten Weg zur Universität hatte der Professor plötzlich Lust, einen Umweg ins Geschäftsviertel zu machen, um nämlich einen bestimmten Buchhändler zu besuchen. Kaum hatte er den eher verwahrlosten Laden betreten und die Bücher auf den Regalen nahe der Eingangstür mit einem Blick überflogen, steuerte er zielbewußt ein Buch an, das ihm ins Auge stach. Er hielt das Werk in den Händen, das er, ohne es zu wissen, gesucht und am Morgen des dritten Tages nach der Aufnahme seiner Meditationsübung gefunden hatte!

Entspannung und Empfänglichkeit sind Voraussetzungen

Oft empfangen wir Eindrücke, die, von innen her kommend, göttlicher Führung zuzuschreiben sind. Wir sollten immer damit rechnen und für solche Wegweisung aufgeschlossen, empfänglich und jederzeit aufnahmebereit sein. Drängt sich uns ein inneres Gefühl, ein Leitbild oder eine Idee auf, so sollten wir uns davon bewußt Rechenschaft geben und uns solcher Wegweisung nicht verschließen.

Es gibt im wesentlichen immer nur zwei Gründe, warum wir uns der inneren Führung nicht gewahr werden. Zunächst vermögen wir sie nicht zu erkennen, wenn wir uns unter Druck fühlen; jegliche Spannung ist hinderlich. Zum anderen bleibt uns solche Erkenntnis versagt, wenn wir dafür in dem Augenblick, da sie sich uns kundgibt, nicht hellhörig genug sind. In einer von gesundem Selbstvertrauen getragenen glücklichen und heiteren Grundstimmung werden wir die blitzartig einfallenden Kundgebungen unserer Intuition nicht übersehen. Mehr noch: wir werden uns geradezu unter dem – natürlich nur subjektiven – Zwang fühlen, genau das auszuführen, wozu wir intuitiv gedrängt werden.

Sie müssen daher, wenn Sie um innere Führung beten wollen, die dafür notwendigen Voraussetzungen schaffen. Sie müssen sowohl körperlich als auch seelisch-geistig entspannt und emotional gelöst sein. Im Zustand körperlicher Spannung oder innerer Verkrampfung, unter dem Druck Ihrer Angst oder Ihrer Sorgen wird Ihnen nichts gelingen. Machen Sie sich zuerst geistig davon frei. Lockern Sie Ihren Körper. Entspannen Sie sich. Beruhigen Sie sich. Erst im Zustand innerer Ruhe schließt sich Ihr Bewußtsein auf und wird für die aus dem Unbewußten quellenden Eingebungen Ihrer Intuition zugänglich und empfänglich.

Die Goldgrube der Intuition

Das Wort „Intuition" bedeutet Eingebung oder – mit einem anderen Wort – Belehrung, die man von innen her erfährt. Sie entbehrt jeder Reflexion des Verstandes, jedes vergleichenden und prüfenden Denkens. Die intuitive Eingebung geht weit über den Verstand hinaus. Ihres Verstandes bedienen Sie sich erst, wenn es an die Durchführung Ihrer intuitiven Eingebungen geht. Die Intuition selbst dagegen ist ein spontanes Erfassen in einem Akt, ist spontane Antwort, die Ihnen – in Übereinstimmung mit Ihrem bewußten Denken – aus Ihrem Unbewußten zuteil wird.

Für berufstätige Menschen und deren Geschäftstätigkeit kommt der Kultivierung der intuitiven Befähigung schlechthin überragende Bedeutung zu. Vermöge ihrer Intuition wird oft genug mit einem Schlag erreicht, was mit Hilfe des abwägenden und kritisch prüfenden Verstandes lediglich nach Wochen oder Monaten konzentriertester Arbeit, fehlgeschlagener Versuche und endloser Irrtümer möglich gewesen wäre.

Wenn uns angesichts unüberwindlich erscheinender Schwierigkeiten und heilloser Verwirrung unser Verstand im Stich läßt, so bietet uns gerade in solchen Lebenslagen die Intuition unversehens die richtige Lösung an. Während sich noch unser Verstand in Überlegungen ergeht und mit analytischer Zergliederung, Entwicklung und Verwerfung eines Gedankens abquält, wird unsere subjektive Intuition immer mühelos und spontan freigesetzt. Sie erreicht unseren Intellekt wie ein Leuchtfeuer, sie taucht in unserem Bewußtdenken wie ein Leitstern auf. Die Intuition ist es auch, die sich uns gegenüber, dem Verstand weit voraus, als warnende Stimme gegen die Verwirklichung dieses oder jenes Planes ausspricht.

Die Fundgrube der Ideen

Die Intuition fördert unsere im Unbewußten schlummernden Ideen zutage. Aus dem Ideenschatz des Unterbewußtseins kann man Werbeslogans „beziehen", wie dies eine mir bekannte junge Dame, die als Werbetexterin arbeitete, bezeugt hat. Ihre Technik ist einfach. Wenn sie sich zur Ruhe legt, bittet sie im Geiste um den „richtigen Werbespruch" und schläft mit diesem Wort auf den Lippen ein im Vertrauen, daß dieser ihr einfallen werde. Und die Einfälle kommen, darauf beruht ihr Erfolg. „*... es bleibt nicht aus ...*" Zephanja 3, 5.

Auf die gleiche Art und Weise arbeitet eine mir bekannte Schriftstellerin aus Kalkutta. Sie verdanke, sagte sie mir, das Geheimnis ihrer schriftstellerischen Erfolge der Tatsache regelmäßigen und systematischen Betens. Sie lebte und betete in der Überzeugung, Gott leite sie auf allen ihren Wegen und befähige sie, mit ihren gottgegebenen Gaben die Welt zu erstaunen.

Ihr bevorzugtes Gebet lautete wie folgt: „Gott kennt alles. Gott ist mein höheres Selbst, ist der Geist in mir. Gott schreibt durch mich. Er gibt mir das Thema, die handelnden Personen, die Einfälle, die Einzelheiten. Er verknüpft die Fäden und löst sie folgerichtig. Ich danke für alle Lösungen, von denen ich weiß, daß sie mir kommen werden. Ich gleite hinüber in den Schlaf mit den Worten ‚mein Roman' auf den Lippen und sinke so in die Tiefe des Schlafs."

Diese Schriftstellerin wußte, daß ihre Suggestion „mein Roman" dem Unterbewußtsein gleichsam eingeätzt und dieses darum entsprechend reagieren würde. Meistens verspürte sie schon nach kurzer Zeit den inneren Drang zu schreiben. Und wenn sie sich dann an die Arbeit machte, flogen ihr die Einfälle und Formulierungen nur so zu.

Diese Beispiele beweisen die Wahrheit der Wunder durch göttliche Führung, derer wir alle teilhaftig werden können.

Er fand die richtige Anstellung

Ein kaufmännischer Angestellter beklagte sich bitter: „Ich suche einen richtigen Posten, ich renne von Büro zu Büro. Und komme doch immer nur vom Regen in die Traufe!"

Ich versuchte ihm zu helfen. Zunächst mußte er zur Einsicht gelangen, daß es für sein Problem eine Lösung gab, auch wenn er sie vorläufig nicht sah. Die seinem Unterbewußtsein innewohnende unendliche Weisheit wußte ja über seine Fähigkeiten Bescheid und auch darüber, wie und an welchem Platz er seine Anlagen zur Entfaltung würde bringen können. Ich machte meinen Einfluß auf ihn geltend, so daß er es sich zur Gewohnheit machte, wie folgt zu beten: „Ich glaube und nehme jenseits jeder Frage als wahr an, daß in meinem Unterbewußtsein eine schöpferische Intelligenz wirkt, die alles weiß und alles sieht. Ich werde jetzt geradewegs dorthin geleitet, wo mein Leben Sinn bekommt; ich weiß es. Ich stelle keine Fragen und akzeptiere den Weg, der mir kraft innerer Führung gewiesen wird. Daß ich auf der Welt bin, hat seinen Sinn; ich wünsche mir aus tiefstem Herzen, daß sich dieser Sinn jetzt erfüllt."

Er verabschiedete sich von mir erleichterten Herzens, ja in glücklicher Stimmung. Es dauerte nur kurze Zeit, bis er die richtige Anstellung fand, die ihn in jeder Hinsicht zufriedenstellte. Wem verdankt er, daß er die richtige Firma, den richtigen Posten und die richtigen Worte fand? Daß er einen guten Eindruck machte und engagiert wurde? Innere Führung wies ihm den Weg und leitete ihn.

Ein Gebet um göttliche Führung

„Ich weiß, daß die Nachfrage das Angebot bestimmt; das ist ein Gesetz. Ich habe die richtigen Beweggründe; ich wünsche aufrichtig, jederzeit das Richtige zu tun. Was ich brauche, wird mir zuteil. Ich befinde mich jetzt auf dem richtigen Platz. Ich setze meine Gaben auf die denkbar beste Weise ein und empfange den göttlichen Segen. Unendliche Weisheit leitet mich jetzt und wirkt in meinen Gedanken, Worten und Werken. Was immer ich unternehme, liegt in der Hand Gottes und geschieht einzig und allein vermöge seiner Führung.

Ich fühle und glaube, daß das Göttliche in mir meinen Weg erleuchtet; ich fühle, glaube und weiß das. Göttliche Weisheit inspiriert und leitet mich und waltet über mir bei allem, was ich unternehme; sie weiß augenblicklich Antwort auf alles, was ich wissen muß. Göttliche Liebe geht mir voran und bringt mich auf den Höhenweg inneren Friedens, der Liebe, Freude und des Glücks. Es ist wunderbar.“

ZUSAMMENFASSUNG

1. Verschreiben Sie sich geistig und gefühlsmäßig der Gewißheit, daß Ihnen die richtige Antwort zuteil werden wird. Und Sie werden diese erfahren.

2. Die Ihrem Unterbewußtsein innewohnende unendliche Weisheit weiß und sieht alles. Vertrauen Sie ihr und rufen Sie sie auf. Nur sie weiß Antwort auf Ihre Fragen. Und Sie werden sie erfahren.

3. Folgen Sie der Stimme innerer Führung, Ihrer Intuition. Sehr oft dringt sie spontan in Ihr Bewußtsein vor, unvermittelt, wie ein Blitz einfällt.

4. Vergegenwärtigen Sie sich jederzeit: es gibt immer eine Lösung. Gehen Sie von dieser Tatsache aus und entspannen Sie sich völlig. Wenn Sie dann in diesem Zustand körperlicher, geistiger und emotionaler Gelöstheit beten, werden Sie Wunder an sich erfahren.

5. Um innere Führung zu beten, heißt ein Gespräch führen, das sich auf zwei Bahnen bewegt: der Frage und der Antwort. Wenn Sie Ihr Innerstes in gläubigem Vertrauen auf eine Antwort um Rat fragen, so werden Sie eine Antwort erhalten.

6. Ihr Unterbewußtsein verweist Sie auf Lösungen, die Sie nicht kennen. Die Lösung mag in einem Buch stecken, auf das Sie völlig absichtslos gestoßen sind, oder aus einem Gespräch hervorgehen, das Sie zufällig mitanhörten. Zahllos sind die Möglichkeiten, Antwort zu erfahren.

7. Für die uns von innen her kommende Wegweisung müssen wir locker und aufgeschlossen, empfänglich und jederzeit aufnahmebereit sein. Das sind die Voraussetzungen dafür, daß wir die Eingebungen unserer Intuition bewußt erkennen und ihnen folgen können.

8. Weisheit und Wissen Ihres Unterbewußtseins drängen sich über die Bewußtseinsschwelle hinauf in Ihr Bewußtsein, wenn Ihr Bewußtleben frei von Spannungen ist und sich im Gleichgewicht des inneren Friedens hält. Entspannung ist das Schlüsselwort.

9. Sagen Sie sich in dem entspannten Dämmerzustand Ihres allmählichen Hinübergleitens in den Schlaf wie ein Schlummerlied immer wieder das Wort „Antwort" vor, bis Sie mit diesem Wort auf den Lippen einschlafen. Die richtige Antwort wird nicht ausbleiben.

10. Die Intuition geht weit über den Verstand hinaus. Ihres Verstandes sollen Sie sich erst bedienen, wenn es an die Durchführung Ihrer intuitiven Eingebungen geht.

11. Was immer Sie schreiben, sollte im Zeichen des Vertrauens darauf, daß Ihnen das Unterbewußtsein das Thema und alle Einzelheiten eingibt und Sie leitet, geschehen. Sie werden über die Ergebnisse erstaunt und erfreut sein.

12. Die Ihrem Unterbewußtsein innewohnende Weisheit wird Sie dorthin geleiten, wo Ihr Leben Sinn bekommt und Ihre verborgenen Gaben zur Entfaltung gebracht werden können.

13. Vertrauen Sie dem Gebet: „Göttliche Liebe geht mir voran und gestaltet meinen Lebensweg sinnvoll, glücklich und herrlich." Unter diesem Motto gehen Sie immer den Weg der Heiterkeit und des inneren Friedens.

KAPITEL 6

Das mächtige Gesetz der inneren Ermutigung

Im Unbewußten des Menschen schlummert die Angst. Dabei ist sie vielleicht nicht nur ein Erbgut unserer Väter und Urahnen. Ihre Wurzeln reichen vielleicht bis in die graue Vorzeit der Menschheitsgeschichte und bis zur Wiege des menschlichen Geistes zurück. Von diesem Erbgut primitiver Urangst sind Relikte im Unbewußten aller Menschen zurückgeblieben und geben den Boden für alle unsere Beängstigungen ab. Wir alle aber können lernen, so zu leben, daß wir nicht länger die leichte Beute und das Opfer unserer Angst sind. Sie können alle Ihre Beängstigungen an der Wurzel ausmerzen, indem Sie geistig und gefühlsmäßig mit Gottes Gegenwart in Ihnen eins werden. Indem Sie Gott und alles Gute lieben lernen und Gott vorbehaltlos vertrauen, werden Sie alle Angst überwinden und ein furchtloser, freier Mensch werden.

Wie sie sich von panischer Angst befreite

Vor mehreren Jahren rief mich eines Nachmittags ein mir bis dahin unbekanntes Mädchen namens Anna in meinem Hotel in New York City an. „Mein Vater ist kürzlich gestorben", sagte sie. „Ich weiß, daß er einen bedeutenden Betrag in barem Geld irgendwo im Haus versteckt hielt. Ich weiß aber nicht wo. Ich bin in tiefer Sorge, nein: verzweifelt. Denn ich benötige das Geld dringend zum Leben und kann es nicht finden."

Da das Mädchen seine unterbewußten Kräfte für sich nicht einzusetzen verstand, versprach ich ihm, in seiner Angelegenheit zu beten, und bat es auch, mich am folgenden Tag zu besuchen.

In der diesem Anruf folgenden Nacht hatte ich einen Traum. Ein Mann sagte zu mir: „Steh auf und schreibe das Folgende auf. Morgen siehst du ja Anna, meine Tochter."

Ich erwachte und tastete mich zu meinem Schreibtisch vor, durchstöberte die Schreibtischschublade nach dem Hotelbriefpapier und begann nach seinem Diktat zu schreiben. Ich bin ganz sicher, daß all das, was ich zu Papier brachte, nicht von mir stammte, weder von mir, Joseph Murphy, der ich ja noch halb schlief, noch von meinem noch traumbefangenen Unterbewußtsein. Ich glaube vielmehr, der Autor dieser Zeilen war der Vater des Mädchens, das ich am folgenden Tag treffen sollte.

Auch heute noch bin ich ganz entschieden davon überzeugt, daß es die Persönlichkeit des über den sogenannten Tod hinaus fortwirkenden Vaters war, der mir bis zu den letzten Einzelheiten Anweisungen gab, insbesondere über das Versteck in seinem Haus, wo er Geld und Wertpapiere gehortet hatte, aber auch über die jetzt seitens seiner Tochter notwendigen Schritte zur Sicherstellung dieses Vermögens und dergleichen mehr. Später haben sich diese Angaben als vollkommen richtig erwiesen.

Am folgenden Tag also traf ich, wie vereinbart, Anna. Ich erkannte sie auf den ersten Blick. Genau dieses Mädchen hatte ich in der Nacht vorher in meinem Traum gesehen. Das ist nicht so verwunderlich, wie es anmutet. Unser Unterbewußtsein läßt facettenartig aufleuchtend durch den Bewußtseinsspiegel aus der Tiefe des Unbewußten Inhalte ins Bewußtsein dringen, die als subjektive Tatsachen oder Erfahrungen begriffen und bekannt, aber dem Bewußtsein entzogen sind.

Dieses Mädchen litt tatsächlich unter panischer Angst. Eine solche Panik wäre vermeidbar gewesen; weil es nämlich unterbewußt ganz genau wußte, wo sich die Vermögenswerte befanden. Es hätte sich vertrauensvoll an das Unterbewußtsein wenden sollen, und die Antwort wäre nicht ausgeblieben. Die Erfahrung, die das Mädchen hier machte, hatte jedoch ihr Gutes. Es lernte die Gesetze des Geistes kennen und ist seither geradezu verwandelt: aus dem angstgetriebenen, unbeholfenen Mädchen ist eine junge Frau geworden, die zur Freiheit und zum Vollbesitz ihrer seelisch-geistigen Kräfte gefunden hat.

Sie befreite sich betend von ihrer Angst

Eine junge Dame gedachte sich in New York City als Musiklehrerin niederzulassen und eröffnete zu diesem Zweck erstmals ein eigenes Studio. Gleichzeitig ließ sie eine recht kostspielige Werbeaktion vom Stapel. Aber dennoch hatte sie Wochen nach der Eröffnung noch keinen einzigen Schüler.

Der Grund lag auf der Hand. Sie hatte Angst. Ihrer ganzen Geisteshaltung nach war sie auf einen Mißerfolg eingestellt. Sie fürchtete einerseits, es werde ihr als noch völlig unbekannter Lehrerin an Schülern mangeln, und andererseits, sie könnte beim Unterricht versagen. In ihrer Furcht lag die Ursache aller Sorgen und Nöte.

So konnte es nicht weitergehen. Das sah sie ein und änderte zunächst ihre geistige Grundeinstellung. Mit der bewußten Ausschaltung aller Zweifel und Beängstigungen sah sie ihre Chancen als debütierende Musiklehrerin in einem neuen Licht: die Weitergabe dessen, was sie konnte und wußte, mochte einer sehr großen Anzahl von Musikstudenten zum Vorteil gereichen. Es galt nun lediglich, die Schüler zu finden, und ihrer beruflichen Laufbahn stand nichts mehr im Wege. Auf dem Weg zum Erfolg wirkte die nachstehend geschilderte Technik Wunder.

Zweimal täglich stellte sie sich vor, sie erteile Unterricht und ihre Schüler seien begeistert bei der Sache, zufrieden mit ihr, der Lehrerin, und selber glücklich. Sie spielte die Rolle einer Schauspielerin in einem Stück, dem man den Titel geben müßte „Handle, als ob du es wärst, und du wirst es sein". Sie fühlte sich als die erfolgreiche Musiklehrerin, die sie sein wollte; sie spielte diese Rolle auf der Ebene ihrer Vorstellung als die Verkörperung ihres Ideals. Dadurch konzentrierte sie auf ihr Ideal ihre ganze Aufmerksamkeit, ihre ganze Kraft, ihr ganzes Sein. Indem sie fortfuhr, wuchs ihr nicht nur die Rolle auf den Leib, sondern die Rolle wurde ein Teil ihrer selbst, und zwar allmählich bis zu der Ausschließlichkeit und Vollkommenheit, die sie in die Lage versetzte, objektiv zur Geltung zu bringen, was sie sich subjektiv vorgestellt und gefühlsmäßig vollzogen hatte. Sie hatte bald mehr Musikschüler als sie selber zu unterrichten vermochte, und darum schon in kurzer Zeit einen Assistenten.

Wie sie sich ihr Leben in der Welt ihrer Vorstellung eingebildet hatte, so gestaltete sich ihr Leben ihrem Gefühl nach. Und entsprechend ihrer geänderten Einstellung und ihrem neuen Gefühl geschah es ihr.

Ein Garten gab ihm Mut und Kraft

Im Jahre 1958 hielt ich in Kapstadt, Südafrika, eine Reihe von Vorträgen. Einer meiner Zuhörer, ein hervorragender Rechtsanwalt, machte mich damals, da vom Thema des Verzeihens die Rede war, auf einen in einer *Argus* benannten Zeitung erschienenen Artikel aufmerksam. Im folgenden halte ich das Wesentliche dieser Veröffentlichung fest:

Oberstleutnant I. P. Carne berichtete aus der Zeit seines Lebens als Kriegsgefangener in Korea. Der britische Offizier hatte dort eineinhalb Jahre in Einzelhaft verbracht, und zwar unter derart harten Bedingungen, daß es den ihn nach seiner Befreiung betreuenden Ärzten unerklärlich erschien, wie der Mann überleben konnte. Trotz seines bitteren Loses war es ihm gelungen, sich von Haß freizuhalten und sich in seiner Vorstellung jene schöne Welt zu vergegenwärtigen, die er kannte und wiederzusehen hoffte. Tausendmal und mehr durchschritt er im Geiste den heimatlichen Garten und hörte vor seiner Haustüre das jubelnde Glockengeläute, das ihm, dem Heimkehrer, nach so langer Gefangenschaft „Willkommen daheim" und Frieden bedeutete. Oberstleutnant Carne sagte wörtlich: „Die Vorstellung dieser Szene hielt mich ein für allemal geistig am Leben. Der Gang durch den Garten bedeutete die Heimkehr zu den Lieben. Nicht einen einzigen Augenblick ließ ich diese Vorstellung los."

In seiner Lage hätte sich sicher so mancher von uns bitterem Haß und sinnloser Rachsucht zutreiben lassen. Statt dessen fand er Halt in der Vision eines schöneren Lebens. Er stellte sich bildhaft die Rückkehr zu seinen Angehörigen vor. Er spürte seine Erschütterung, fühlte seine Freude. Der ihm vorschwebende Garten rund um sein Haus stand in Blüte, und er sah darin Wachstum und keimende Frucht. Und hinter der Haustür erwarteten ihn seine Lieben. Alles das durchlebte er in seiner Phantasie, in seinem Gefühl. Leicht möglich, daß der eine oder andere in der gleichen Lage geisteskrank geworden oder vielleicht zugrunde gegangen wäre; ihn rettete seine Vision. Es war jene Vorstellung, die er, wie er ausdrücklich sagte, „nicht einen einzigen Augenblick losließ".

Oberstleutnant Carnes großes Geheimnis stand und fiel mit seiner geistigen Einstellung, der größte Not, Schmach und Pein nichts anzuhaben vermochten. Niemals ließ er sein im Geist hochgehaltenes Wunschbild durch die Flucht in negative Vorstellungen oder zerstörerisches Selbstgespräch im Stich, unbeirrt blieb er ihm treu. Als er tatsächlich glücklich heim nach England kam, da kam ihm die Bedeutung der tiefen Wahrheit zu Bewußtsein, nämlich daß wir im Leben der durch unsere Vision vorgegebenen Spur folgen.

Er befreite sich von seinem Schuld- und Angstkomplex

Ein junger Mann, der meinen in San Franzisko beim Zentrum für Geisteswissenschaften gehaltenen Vorträgen gefolgt war, sprach mich wie folgt an: „Ich bin geplagt durch Angstzustände, deren Ursache ich nicht kenne. Das geht so weit, daß ich nachts schweißgebadet und am ganzen Körper zitternd aufwache."

Er litt häufig unter krampfartigen Asthmaanfällen. Im Gespräch mit ihm trat aber bald auch zutage, daß er unter ernstzunehmenden Störungen seines Gemütslebens litt. Seit Jahren haßte er seinen Vater, weil dieser den Großteil seines Vermögens nicht ihm, sondern der Schwester hinterlassen hatte.

Infolge dieses unseligen Hasses entwickelte sich ein tiefgreifendes Schuldgefühl im Unterbewußtsein dieses Mannes, und der Schuld gesellte sich zwangsläufig die gleichfalls unbewußte Furcht vor Bestrafung zu. Es handelte sich um einen geradezu typischen Fall einer seelisch-geistigen Konfliktlage, die bei schweren neurotischen Störungen endet. Und seine Komplexe wiederum machten sich in Form von hohem Blutdruck und Asthmaanfällen auch körperlich geltend.

Angst verursacht Krankheit und Schmerzen. Liebe und guter Wille hingegen führen zu Gesundheit und Frieden. Der Schuld- und Angstkomplex dieses Mannes trat in den Symptomen seiner Krankheiten zutage. Der Mann war verkrampft, ihm fehlte der seelisch-geistige Friede; ihm fehlte es an Entspannung, um sich aus seiner Verkrampfung zu lösen.

Er erkannte jedoch, daß an ihm selbst die Ursache des Übels lag. Ursache waren sein Vaterhaß, sein Schuldgefühl, seine Selbstverurteilung und -bestrafung. Und da sein Vater längst nicht mehr unter den Lebenden weilte, mußte er auch erkennen, daß er durch seinen Haß nur sich selbst vergiftete.

Die Genesung dieses Mannes beginnt mit dem bewußten Akt der Verzeihung. Er vergab sich selbst. Zu vergeben heißt in diesem Zusammenhang vor allem etwas hergeben, etwas ablegen. Dem jungen Mann gelang es, seinen Schuld- und Angstkomplex abzulegen. Dazu verhalf ihm das folgende suggestive Gebet: „Ich vergebe meinem Vater aufrichtigen Herzens. Er handelte so, wie er es seiner Ansicht nach für richtig hielt. Ich billige seine Handlungsweise. Ich wünsche ihm Frieden, Freude und Harmonie. Ich bin aufrichtig. Was ich sage, meine ich."

Hand in Hand mit der Genesung seiner Seelenwunde ging die Besserung seines Gesundheitszustandes. Die Asthmaanfälle wurden seltener und blieben ganz aus, sein Blutdruck normalisierte sich. Der Mann lebt heute frei von jeglicher Angst.

Sie hörte auf, sich selbst den Weg zu verstellen

Im Brief einer Frau hieß es: „Ich weiß nicht, was ich tun soll. Ich fürchte mich vor jeder Entscheidung. Soll ich meine Stelle wechseln? Soll ich mein Haus behalten oder verkaufen? Soll ich den Mann, mit dem ich gehe, heiraten? Ich muß mich entscheiden. Aber welche Entscheidungen soll ich treffen?"

Das waren Fragen, die das Ausmaß ihrer Verwirrung erahnen ließen. Die Frau hatte Angst, das Falsche zu tun, und diese Angst brachte sie um die Möglichkeit, die richtigen Entscheidungen zu treffen. Darüber hinaus trat in dieser Angst ihre Unwissenheit über das Zusammenspiel der geistigen Kräfte auf bewußter und unbewußter Ebene zutage.

Ich erklärte ihr darum, daß sie bewußt auf ihr Unterbewußtsein einwirken könne und daß das Unterbewußtsein, sobald es einmal eine Idee angenommen hat, sich unverzüglich an deren Verwirklichung mache, indem die unbegrenzten seelisch-geistigen Kräfte zur Erreichung des Ziels eingesetzt werden. Die Frau nahm meine Erklärung bereitwillig an und begriff auch, daß es nur an unserem Denken liegt, unsere unbewußten Kräfte in den Dienst nützlicher oder schädlicher, guter oder schlechter Ideen zu stellen.

„Ich weiß mir keinen Rat!“ und „Ich weiß nicht, was ich tun soll; ich bin völlig durcheinander!“ stehen als Beispiele für Negativsuggestionen, durch die man sich jeglicher Möglichkeit einer richtigen Entscheidung beraubt. Solche Redensarten haben ihre Ursachen und bleiben nicht ohne Wirkung. Sie führen zu einer Art seelisch-geistigen Blocks. Hier mußte der Hebel angesetzt werden. So kam denn auch die Frau zu einer ersten klar überlegten Entscheidung. Sie legte Redensarten der oben geschilderten Art ab und gab sich bewußt Rechenschaft darüber, daß die ihrem Unterbewußtsein innewohnende unendliche Weisheit sie zu der richtigen Entscheidung führen werde.

Um dahin zu gelangen, betete sie wie folgt: „Gott oder die unendliche Weisheit ist allwissend. An dieser Weisheit hat mein Unterbewußtsein Anteil. Darum wird es mich zu richtigen Entscheidungen führen. Ob ich mein Haus behalte oder verkaufe, ob ich meine Stelle wechsle oder nicht, ob ich heirate oder nicht – Gott leitet mich und weiß die richtige Antwort; ihm und seiner unendlichen Weisheit, die meine Gaben und meine Bedürfnisse kennt, vertraue ich mich an. Mein Glück liegt in Gottes Hand, und er segnet mich.“

Keine ihrer Fragen blieb offen. Sie nahm die neue Stelle an und heiratete den Mann, den sie kannte. Dieser Mann nämlich war ihr neuer Arbeitgeber. Die beiden leben in ihrem Haus. So eng ihre Fragen miteinander verquickt waren, so perfekt stellte sich deren Lösung dar.

Denken Sie richtig?

Ihr Leben ist der äußere Ausdruck Ihrer Denkgewohnheiten. Ihr Handeln ist die Außenseite Ihres Denkens. Einsichtiges Denken führt zu einsichtigem Handeln. „Weise gedacht, weise getan.“ Handeln Sie einsichtig, weise, aufbauend, lebensbejahend? An der Antwort mögen Sie erkennen, ob Ihr Denken richtig ist.

Wenn Sie ein besonderes Problem haben und dessen Lösung anstreben, indem Sie um innere Führung bitten, so kommt es wesentlich darauf an, daß Sie auf Ihrem Weg zum Ziel an einem sich offensichtlich darbietenden Sprungbrett nicht blind vorbeigehen. Auch naheliegende oder angenehme Möglichkeiten zur Verwirklichung Ihrer Wünsche sind keineswegs abzulehnen. Auch werden Sie in jedem Fall vermeiden müssen, sich selbst im Wege zu stehen. Konzentrieren Sie sich auf den Gedanken, daß es eine Lösung gibt. Dabei dürfen Sie bewußt von der Tatsache ausgehen, daß Ihr Denken die dynamischen Kräfte Ihres Unterbewußtseins, das alles weiß, alles sieht und das Know-how der Wunscherfüllung kennt, aktiviert und Sie einer glücklichen Lösung zuführt.

Entscheiden Sie sich für Vertrauen und richtiges Denken

Die Möglichkeit und die Notwendigkeit, heute zu wählen, wem man dienen wird, hat schon die Bibel aufgezeigt. Tatsächlich liegt der Schlüssel zu Gesundheit und Glück, Frieden und Wohlergehen in der Hand eines jeden Menschen, weil ein jeder die Möglichkeit hat zu wählen. Wer richtig denken lernt, wird sich nicht länger für ein Leben in Armut und Enge, in Unglück und Elend entscheiden. Wer richtig denken gelernt hat, wird ganz im Gegenteil eindeutig und entschieden Glück und Frieden, Weisheit und Wohlergehen wählen.

Sobald Sie endgültig zu dieser Entscheidung gelangen und sich derselben immer bewußt sind, wird sich dies Ihrem Unterbewußtsein einprägen, und Sie werden seiner Hilfe teilhaftig, seiner unendlichen Macht und Weisheit. Sie werden von innen her geführt. Sie befinden sich auf dem Weg glücklichen Vollbringens.

Stellen Sie für sich, ohne auch nur eine Spur zögernden Zweifelns oder ängstlicher Bedenken, in positiver Weise und ganz entschieden die Behauptung auf: „Es gibt nur eine einzige schöpferische Macht, und zwar jene meines tieferen Ichs. Jedes Problem findet seine Lösung. Das weiß ich, das glaube ich und daran halte ich fest."

Indem Sie diese Wahrheiten festen Sinnes für sich in Anspruch nehmen, wird Ihnen in allem, was Sie unternehmen, innere Führung zuteil werden, und in Ihrem Leben werden Wunder geschehen.

Wie er das Gefühl, benachteiligt zu sein, überwand

Frustriert zu sein ist vor allem ein innerer Tatbestand. Verkürzt fühlen kann sich nur jemand, der in seinem Gemütsleben gestört ist, der in seelisch-geistiger Verwirrung lebt und dadurch der Erreichung seiner Lebensziele selbst entgegenarbeitet. Den Hintergrund des Gefühls, benachteiligt zu sein, bildet immer die Angst. Indem jemand glaubt, durch äußere Umstände behindert, blockiert, ja mattgesetzt zu sein, benimmt er sich selbst der Möglichkeit, seine Wünsche zu verwirklichen. Wer dies glaubt, denkt – um es hier mit anderen Worten zu sagen – abwegigerweise, die Außenwelt und seine Umwelt seien stärker als er selbst.

Ein nicht mehr ganz junger Ingenieur mag hier als typisches Beispiel für viele andere stehen. „Ich hatte“, sagte er zu mir, „mehr als fünfzehn Jahre lang für meinen Boß gearbeitet. Sosehr ich mich bemühte, so wenig bin ich vorwärtsgekommen. Ich habe meine Fähigkeiten und meine Kraft am falschen Platz verschwendet. Ich bin vom Leben nicht verwöhnt, aber ich komme ganz einfach in diesem Leben zu kurz! Ich kann meinen Boß nur verachten, diesen jämmerlichen Ignoranten. Und ich konnte nichts anderes tun als davonlaufen. Aber ich habe kein Glück, mein neuer Job ist noch schlechter. Ich kam vom Fegefeuer in die Hölle.“

Der Ingenieur fürchtete, ihm sei ein echtes berufliches Vorankommen aus rassischen Gründen für immer versagt. Alles, was er unternommen hatte, stand im Zeichen dieser Angst. Aus seinen freimütigen Worten erfuhr ich bald auch deren Ursache. Er hatte unter den unerbittlichen Erziehungsmethoden eines überaus puritanischen und herrschsüchtigen Vaters schwer gelitten. Das trug er seinem Vater nach, jahrelang hatte er ihm nicht einmal mehr geschrieben. Zwangsläufig entwickelte er infolge dieser animosen Haltung seinem eigenen Vater gegenüber einen Schuld- und Angstkomplex. Er meinte: „Gott zahlt es mir heim, denke ich.“

Die innere Auflehnung dieses Mannes gegen seinen Vater hatte zur Folge, daß er gegen jede Autorität rebellierte. Es liegt auf der Hand, daß ihm, der ihm Auflehnung und Protest zur Gewohnheit geworden waren, Fehler und Mißgriffe unterlaufen mußten. Die Verantwortung dafür jedoch maß er nicht sich selbst zu, sondern seinen beruflichen Vorgesetzten, insbesondere seinem Geschäftsherrn. Ihnen unterschob er alles, was an seinen eigenen Gedankengängen und Impulsen unannehmbar war, einfach weil sie für ihn die Autorität verkörperten, gegen die er sich auflehnte.

Ich brachte ihn im Gespräch Schritt für Schritt zur Einsicht, daß er die Ursache der von ihm erlittenen Zurücksetzungen nicht bei den anderen, sondern vielmehr bei sich selbst suchen müsse. Dies sah er ein, es fiel ihm wie Schuppen von den Augen. Er begriff, daß seiner immer wieder in Auflehnung, Haß und Verachtung einmündenden Verhaltensweise nichts anderes als Angst zugrunde lag und daß er diese Angst überwinden müsse, wenn er nicht länger der Entfaltung seiner persönlichen und beruflichen Fähigkeiten im Wege stehen wollte. Um dies zu ändern, beschloß er, jeden Morgen und Abend zu beten. Das Gebet lautete wie folgt: „Ich wünsche einem jeden, der wie ich in dieser Fabrik arbeitet, Gesundheit und Glück, Frieden und berufliche Genugtuung. Die Unternehmensleitung beglückwünscht mich zu meiner Arbeit. Dieses Bild präge ich mir ein. Ich weiß, es wird sich verwirklichen. Ich gebe mich freundlich und liebenswürdig, ich bin vom Willen zu echter, uneingeschränkter Zusammenarbeit beseelt. Ich halte mich an die goldene Regel und behandle jedermann so, wie auch ich selbst behandelt werden möchte. Was immer ich unternehme, geschieht unter der Führung der mich auf allen Wegen leitenden göttlichen Weisheit und zu meinem Besten."

Diesen Gedankengang prägte er sich regelmäßig und systematisch ein, bis er davon erfüllt war. Und mit seiner geistigen Neuorientierung hatte er auch keinen Grund mehr, sich zurückgesetzt zu fühlen; denn alles in seinem Leben wendete sich zum Guten.

In fünf Monaten fünf Arbeitsplätze

Ich hatte es mir zur Aufgabe gemacht, mich ganz besonders eines jungen Mannes anzunehmen, der, wie ich entdecken mußte, Angst nicht nur vor seinen Mitmenschen, sondern überhaupt vor dem Leben und seiner Zukunft hatte. Lebensangst und Zweifel an sich selbst beherrschten ihn, so daß er höchst gefährliche Ansichten vertrat. So meinte er, ein Arbeitsplatz sei wie der andere, jedoch könne er sicher sein, weder beim Abteilungschef noch bei den Arbeitern beliebt zu sein und überdies in Kürze wieder hinausgefeuert zu werden. Der junge Mann litt unter Schlaflosigkeit und melancholischen Anwandlungen, Trost suchte er im Alkohol. Träge, leichtsinnig, ungehobelt, unreif, wie er war, drückte er sich vor jeglicher Verantwortung. Er stand dem Leben beziehungslos gegenüber. Es mangelte ihm an der nötigen Einsicht und, vor allem, an einem Ziel.

Ich versuchte, ihm die Augen zu öffnen und ihn umzustimmen. Tiefverwurzelte Lebensangst belastete sein Gemütsleben und bestimmte wesentlich sein ganzes Denken und Tun. Oder war es etwa nicht eben diese Angsthaltung, die ihm das Leben im düstersten Licht zeigte und vergällte, so daß er immer schwermütiger und bitterer wurde? Was nützten da alle guten Nachrichten, die er hin und wieder von seiner Familie erhielt? Vermochten sie mehr als ein paar rasch vergängliche Augenblicksanwandlungen der Fröhlichkeit – ein paar Zufallslichter im Dunkeln – in sein von Schwermut und Depressionen heimgesuchtes Leben zu bringen? Und warum das alles? Das alles mußte nicht so sein.

Auf meine Anregung hin nahm er Abendkurse, um sich auf eine kaufmännische Laufbahn vorzubereiten. In der mit Umsicht geführten Schule erhielt er eine solide kaufmännische Grundausbildung, und er entwickelte vielleicht zum erstenmal in seinem Leben Ehrgeiz und persönliche Initiative. Von Anfang an hielt ihn das Gebet bei der Stange. Er betete regelmäßig, Gott möge ihn auf allen Wegen leiten, und steigerte sich in die feste Überzeugung hinein, daß er mit Gottes Hilfe und Leitung zu einer glücklichen Lösung aller seiner Probleme gelangen werde.

Im Laufe der Zeit erstarb in ihm der Mensch von einst, als den ich ihn angetroffen hatte, und ein neuer Mensch trat auf dem Schauplatz seines Lebens zutage: ausdauernd, begeistert, zielbewußt. Und glücklich und heiter – eine Persönlichkeit im seelisch-geistigen Gleichgewicht – traf ich ihn kürzlich an: er ist Filialleiter geworden, wo er als Arbeiter einst angefangen hatte.

Dieser Mann hat an sich erfahren, was der wahre Sinn jeglicher Unterweisung und Erziehung ist oder sein sollte, möge sie nun vom Staat, von einer religiösen Institution oder Privatinitiative ausgehen. Das Ziel ist eine positive Einstellung des Individuums zur Umwelt, zu den Mitmenschen und zum Leben mit allen Wechselfällen, die es bringt. Der erste Schritt dazu wird durch die Verbannung der uns bedrohenden Angst und durch die Änderung der von Angst bestimmten Grundhaltung vollzogen.

Wie Sie Ihre Wünsche verwirklichen können

Niemand kann zwei Herren dienen. Niemand kann erwarten, den Wunsch seines Herzens verwirklichen zu können, wenn zugleich der Glaube vorherrscht, es gebe eine Macht, die die Verwirklichung dieses Herzenswunsches vereitelt. Wer so denkt, schafft in sich einen Konflikt und spaltet seinen Geist entzwei. Zwiespältig, unentschieden und in sich selbst aufgerieben bleibt der Mensch dieser Denkungsart stehen, wo er ist; er kommt nicht vom Fleck und schon gar nicht an sein Ziel. Wir müssen eine geistige Einheit werden und als solche handeln. Die Unendlichkeit kann weder dividiert noch multipliziert werden. Die Unendlichkeit muß wesentlich eins sein: eine Einheit. Die Annahme zweier Unendlichkeiten ist völlig denkunmöglich. Sie müßten sich ja die Unendlichkeit gegenseitig streitig machen. Sie würden einander neutralisieren oder sich gegenseitig aufheben. Das Universum wäre in diesem Fall kein Kosmos, sondern ein Chaos. Die Einheit des Geistes ist eine Notwendigkeit mathematischer Folgerichtigkeit und Genauigkeit, weil es ein gegnerisches Lager der einen einzigen Macht des Geistes, der göttlicher Natur ist, nicht gibt. Gäbe es eine Macht, die es mit Gott oder dem unendlichen Einen aufnehmen könnte, würde Gott aufhören, das höchste Prinzip und allmächtig zu sein.

Sie brauchen nur um sich zu sehen, um zu erkennen, welche chaotische Verwirrung sich derer bemächtigt, die an zwei einander entgegengesetzte Mächte glauben. Immer im geistigen Zwiespalt, weil sie zwei Herren über sich anerkennen, tragen sie in sich einen Konflikt, der ihre Kraft und Stärke aufspaltet und lähmt. Lernen Sie unbeirrt geradeaus gehen, ohne Zögern, ohne Umweg. Glauben Sie nur an den einen allmächtigen Gott, an ihn, der Sie leitet. Und fassen Sie Mut und Vertrauen: Gott, der Ihnen den Herzenswunsch eingab, wird Ihnen auch zeigen, wie er verwirklicht werden kann.

Was eine persönliche Bestandsaufnahme erweist

Fühlen Sie sich mißverstanden? Leiden Sie unter Mißhelligkeiten, Verstimmungen und Reibereien im Umgang mit anderen? Derartige Anpassungsschwierigkeiten, die natürlich unbefriedigend sind, liegen an Ihnen höchst persönlich: Sie befinden sich – wohlverstanden nicht tatsächlich – in schlechter Gesellschaft, nämlich im Geiste. Früher war es die warnende Mutter, die Sie vor schlechtem Umgang zu schützen versuchte; und gehorchten Sie nicht, bekamen Sie eine gesunde Tracht Prügel. Nunmehr liegt es an Ihnen, sich vor unguten Elementen zu schützen. Und dies beginnt vor allem anderen auf geistiger Ebene. Es gilt, den Abstieg in die nächtigen Hinterhöfe Ihres Geistes zu vermeiden; denn auf jenen dunklen Hintertreppen begegnen Sie der Angst und dem schlechten Willen, der Verachtung und dem Haß, der Feindseligkeit und dem Kummer. Noch schlimmer als die Gesellschaft von Dieben wirkt sich ein solcher geistiger Umgang aus: Sie werden Ihres Gleichgewichts, Ihrer Gesundheit und des inneren Friedens beraubt.

Sie müssen sich in positiver Entschiedenheit ein für allemal weigern, sich auf den besagten Hintertreppen Ihres Geistes herumzutreiben und zu unterhalten. Mit Elementen, die Sie dort antreffen, haben Sie nichts zu schaffen, nicht einmal im Selbstgespräch, nicht einmal mit dem letzten Ihrer Gedanken. Im Gegenteil: Machen Sie es sich zur Gewohnheit, nur auf den Sonnenstraßen Ihres Geistes zu wandeln. Dort begegnen Sie Weggefährten von bleibender Liebenswürdigkeit und geistigem Wert. Sie heißen, wenn wir ihre Namen nennen: Vertrauen, Friede, Glaube, Liebe, Freude, guter Wille, Gesundheit, Glück, innere Führung, Intuition, geistige und materielle Fülle. Der Wahl Ihrer geistigen Weggefährten und Partner kommt größte Wichtigkeit zu. Sie wählen ja auch im Leben Ihre Bekannten und Freunde nicht x-beliebig, sondern nach den Kriterien ihrer Ehrlichkeit, Verläßlichkeit, Sauberkeit und überhaupt der menschlichen Integrität. Der gleiche Maßstab gilt für Ihre geistige Wahl.

Im übrigen erwählen Sie nicht nur Ihre Freunde; Sie wählen auch Ihre Arbeit und Lehrer aus, Ihre Bücher und Kleider, Ihre Wohnung, Ihre Nahrung. Sie wählen frei und entscheiden sich für das eine oder andere. Wenn Sie jedoch gewählt haben, so beweisen Sie durch Ihre getroffene Entscheidung, daß Sie das eine dem anderen vorziehen; mag es sich nun um die Auswahl eines Hutes, eines Buches oder Ihrer Nahrung handeln. So weit, so gut. Das ist jedermann klar.

Treffen Sie jedoch auch Ihre geistige Wahl. Machen Sie eine persönliche Inventur Ihres Geistes. Scheiden Sie alles Negative aus und halten Sie sich an das Positive Ihrer Wahl, nämlich Gesundheit und Glück, Frieden und Wohlergehen.

Einsicht erspart Ihnen viel Leid

Sie sollten Überzeugungen und Vorurteile, die falsch und fehl am Platz sind, dringend ablegen und zur Wahrheit finden; die Wahrheit bringt Ihnen Freiheit. Sie sind nicht das willenlose Opfer Ihrer fünf Sinne, obwohl dieser Fehlglaube weit verbreitet ist. Ebensowenig stimmt die Annahme, Sie seien äußeren Bedingungen und Umweltseinflüssen unterworfen und bedingungslos ausgeliefert. Sie können Ihre Verhältnisse dadurch ändern, daß Sie Ihre Geisteshaltung ändern. Ihr Denken und Fühlen gestalten Ihr Schicksal und greifen bestimmend Ihrer Zukunft voraus, ja nehmen diese geradezu vorweg. Sobald Sie diese Wahrheit einsehen, können Sie die Verantwortung für Fehlleistungen, Elend und Leid, oder was immer Ihnen widerfährt, nicht länger auf andere Leute abwälzen oder für sich die Ungunst der Verhältnisse, das sprichwörtliche „Pech“, in Anspruch nehmen.

Was Sie denken, fühlen, glauben und im Geiste – bewußt oder unbewußt – angenommen haben, bestimmt die Richtung, in der Ihr Leben verläuft, und legt Ihre Verhältnisse und Erfahrungen fest. Das müssen Sie klar erkennen, um diese Einsicht kommen Sie nicht herum. Haben Sie aber einmal zu dieser positiven Lebenseinstellung gefunden, so werden Sie von Angst und Ressentiments frei sein und nicht mehr daran denken, anderen fälschlicherweise Schuld zuzumessen. Es sind nicht die anderen, und es ist nicht das Pech: an Ihnen allein liegt es, Ihr Leben zu ändern.

Sie selbst sind Ihres Glückes Schmied

Jahrtausende sind im wechselvollen Wandel der Zeiten vergangen. Der Mensch hat sich im wesentlichen nicht geändert: er richtete sich in der Welt ein und suchte Halt außerhalb seiner selbst; in seiner Innenwelt jedoch richtete er sich denkbar schlecht ein, er lebte unter schwersten seelisch-geistigen Belastungen im Gefolge von Angst, Haß und Eifersucht, von Ressentiments und Depressionen jeder Art. Diese Tatsache ist maßgebend dem verhängnisvollen Irrglauben zuzuschreiben, fremde Menschen oder fremde Mächte würden Glück oder Unglück des Einzelmenschen machen. Lange genug haben die Menschen geglaubt, sie seien Opfer eines unerbittlichen Schicksals oder Spielbälle des Zufalls – „Pechvögel“ eher als „Glückskinder“ – und es gebe Mächte, die ihrem Wohlergehen feindlich entgegenwirken. Und auch jetzt noch haben so viele den Kopf voll von sonderbaren Vorstellungen und abergläubischen Überzeugungen, von tiefreichenden Beängstigungen und komplizierten Philosophien, die teuflische Wesen und übelwollende Mächte zum Mittelpunkt haben.

In Wahrheit jedoch ist das Denken die dynamisch-schöpferische Kraft des Menschen. Seine Denkgewohnheiten gedeihen ihm zu einem Leben des Wohlergehens oder verkürzen ihn auf ein Elendsdasein. Darum müssen wir uns aller fehlgerichteten und falschen Denkvorstellungen ein für allemal entledigen und uns bewußt werden, daß wir selbst es in der Hand haben, unser Leben glücklich und harmonisch zu gestalten oder uns dieses zur Hölle zu machen.

Wir können unser Unterbewußtsein positiv oder negativ beeinflussen. Das Unterbewußtsein ist unpersönlich und jedenfalls moralisch indifferent, es hat keine Meinung und hält sich nicht an ethische Normen. Denkt man daher Böses, so prägt sich dies dem Unterbewußtsein ein, und dies kommt infolge seiner dynamisch-schöpferischen Kraft zum Ausdruck: es findet seinen Niederschlag im Leben des einzelnen. Wer dagegen sein Denken auf das Gute lenkt und immer auf positive Ziele hin richtet, der wird infolge derselben gesetzmäßigen Dynamik des Unterbewußtseins im Leben Gutes erfahren und glücklich sein. So will es das Gesetz von Ursache und Wirkung, dem unabhängig vom persönlichen Willen des einzelnen universelle Geltung zukommt.

Bestrafung und Belohnung

Ob Sie im Leben „belohnt" oder „bestraft" werden, hängt davon ab, wie Sie denken. Treffen Sie eine Fehlentscheidung, so rufen Sie eine dementsprechende Reaktion Ihres mit mathematischer Genauigkeit registrierenden Unterbewußtseins auf den Plan und werden die Folgen Ihrer geistigen Fehleinstellung an sich erfahren müssen. Jede Ursache zeitigt ihre Wirkung, und jede Wirkung hat auch eine Rückwirkung zur Folge. Die ganze Natur unterliegt diesem Gesetz. Richtig zu handeln setzt richtiges Denken voraus.

Nicht Gott ist es, der Sie bestraft oder sich an Ihnen rächt. Ihre Lebenserfahrungen verlaufen nach den Ihr bewußtes und unbewußtes Geistesleben beherrschenden Gesetzen. Diese Gesetze können Sie selbst nicht ändern, sie sind Ihrer persönlichen Beeinflussung entzogen. Indem Sie aber den Inhalt Ihres Denkens ändern können, bestimmen Sie die Eindrücke, die sich Ihrem Unterbewußtsein einprägen, und die sich hieraus ergebenden Folgen. Denken Sie richtig, dann verläuft auch Ihr Leben richtig. Was Ihnen an Unerfreulichem widerfährt, kann Ihnen – völlig unzutreffenderweise – als Strafe oder gar Rache Gottes nur so lange erscheinen, als Sie die Ihr Geistesleben beherrschenden Gesetze nicht kennen. Da Sie jetzt die Funktionsweise Ihres Geistes kennen, sollten Sie gegen eine solche Fehlansicht gefeit sein. Oder sehen Sie etwa auch nur die geringste Möglichkeit, die Verantwortung oder irgend bösen Willen einem See anzulasten, nur weil – setzen wir den Fall – Ihr Freund, ein Nichtschwimmer, hineinfiel und ertrank? Sie könnten den See nicht der Rache bezichtigen, weil ja Wasser wahrhaftig ein unpersönliches Element ist.

> Ich sandte meine Seele ins Unsichtbare hinaus,
> damit sie etwas vom Leben nach dem Tod ergründe;
> doch bald schon kehrte sie zu mir nach Haus
> mit der Antwort: „Ich selbst bin Himmel und Hölle."
>
> *Omar Khayyam*

Der geheime Ort des Schutzes

Dies ist mein Rat: Versetzen Sie sich, sooft Sie können, in den Zustand geistiger Ruhe und Heiterkeit und gedenken Sie dann jener großen ewig gültigen Wahrheiten, die im Herzen aller Menschen lebendig sind. Sprechen Sie aus tiefer Überzeugung das nachstehende Gebet. Es sollte Ihnen zur bleibenden Gewohnheit und zur Freude werden. Wenn Ihnen dies gelingt, werden Sie sich verjüngt und neu gestärkt fühlen, und Sie werden von frischem Lebensmut, neuer Lebenskraft und einer nie gekannten Fülle geistiger Energie durchdrungen sein.

„Wer unter dem Schirm des Höchsten sitzt und unter dem Schatten des Allmächtigen bleibt ..." (Psalm 91, 1)

„... Ich sitze unter dem Schirm des Höchsten. Ich bleibe unter seinem Schutz. Der geheime Ort des Schutzes liegt in der Tiefe meines eigenen Geistes. Alle meine Gedanken gehen von meinem guten Willen aus und sind auf geistige Harmonie und inneren Frieden abgestimmt. Mein Geist, meine Seele ist ein Hort des Glücks, der Freude und Zuversicht. Dort finde ich immer Zuflucht, dort bin ich sicher und geborgen. Was ich auch immer denke, es soll zu meiner Freude, meinem Frieden und Wohlergehen beitragen. Mein Tun und Leben, mein ganzes Sein finden ihren Sinn im Geiste menschlicher Güte und brüderlicher Verbundenheit mit allen Menschen.

Alle Menschen, an die ich denke, sind Kinder Gottes. Ich lebe mit den Meinen und der ganzen Menschheit in Frieden. Was ich mir selbst an Gutem wünsche, soll auch meinen Mitmenschen beschieden sein. Ich lebe unter dem Schutz und dem Schirm Gottes, jetzt und für immer, und da herrscht Frieden, da waltet das Glück.“

ZUSAMMENFASSUNG

1. Merzen Sie alle Furcht in sich aus, indem Sie sich geistig-seelisch und gefühlsmäßig der Ihnen innewohnenden Gegenwart Gottes ständig bewußt sind.

2. Die schöpferische Macht Ihres Unterbewußtseins findet für jedes Problem die richtige Lösung.

3. Haß erzeugt Schuldgefühle, Angst vor Bestrafung oder geradezu ein Bedürfnis nach Selbstbestrafung. Vergeben Sie Ihren Mitmenschen, erst dann werden Sie frei.

4. Die Angst zu versagen öffnet dem Mißerfolg Tür und Tor. Rechnen Sie mit Ihrem Erfolg, dann werden Sie gewinnen.

5. Wenn Sie sich in Not oder in einer Zwangslage befinden, stellen Sie sich am Ziel Ihrer Wünsche vor und halten Sie getreulich daran fest. Sie werden das geistig anvisierte Ziel erreichen.

6. Angst bildet den Hintergrund so mancher körperlicher Beschwerden. Wer im Geiste von gutem Willen und Liebe durchdrungen ist, wird davon frei werden.

7. Sagen Sie niemals: „Ich habe Angst!“ oder: „Ich mag nicht mehr!“ Ihr Unterbewußtsein nimmt Sie beim Wort, und Sie bleiben Ihr eigener Gefangener.

8. Wenn Sie richtig denken, handeln Sie auch richtig.

9. Der Schlüssel zu Gesundheit, Glück und Frieden liegt in der Hand jedes Menschen. Sie können frei wählen. Entscheiden Sie sich für das Glück.

10. Niemand braucht sich zurückgesetzt zu fühlen. Vertrauen Sie auf Gott. Gott, der Ihnen einen Wunsch eingab, wird Ihnen auch den Weg des Vollbringens weisen. Es gibt nichts, was Gottes Allmacht gegenüberstände.

11. Fassen Sie Mut und Vertrauen, glauben Sie an sich und die in Ihnen schlummernden Kräfte. Die Änderung Ihrer Grundeinstellung vermag alles in Ihrem Leben zum Guten zu wenden.

12. Wer zwei Herren dient, lebt in ständigem Zwiespalt und kommt an kein Ziel. Anerkennen Sie nur eine Macht über sich: den einen Gott. Die Ausschließlichkeit Ihrer geistigen Ausrichtung befreit Sie von innerer Zerrissenheit und macht Sie stark.

13. Schlimmer als schlechte Gesellschaft wirkt sich für Sie schädlicher Umgang im Geiste aus. Machen Sie jetzt eine Bestandsaufnahme und scheiden Sie alles Negative aus.

14. Ihr Denken und Fühlen gestalten Ihr Schicksal. Verläuft es nicht wie gewünscht, sollten Sie die Schuld nicht bei anderen suchen: es liegt an Ihnen allein.

15. Der Mensch schafft sich auf dieser Welt selbst Himmel oder Hölle: dies hängt von seiner Denkungsweise und den sich daraus ergebenden Folgen ab.

16. Ob Sie im Leben „belohnt" oder „bestraft" werden, hängt davon ab, wie Sie denken. Dem Gesetz von Ursache und Wirkung kommt universelle Bedeutung zu. Denken Sie das Gute, so ziehen Sie das Gute an. Denken Sie Böses, so findet dies in Ihrem Leben seinen Niederschlag.

KAPITEL 7

Das wunderbare Gesetz der Sicherheit

Unsicherheit und mangelndes Selbstvertrauen hier, gesunde Selbstsicherheit und Zuversicht dort – dieser ins Auge fallende Unterschied ist maßgebend auf die grundsätzliche Lebensauffassung eines Menschen zurückzuführen. Ein hervorragender Arzt und Forscher, der an der University of California in Los Angeles tätig ist, erzählte mir einmal, er habe niemals einen Patienten mit einem stark ausgeprägten Selbstvertrauen angetroffen, der gleichzeitig unter Angstkomplexen, chronischer Aufregung oder geistigen Störungen welcher Art immer gelitten hätte. Wissenschaftler, der er war, brachte er hierfür keine unmittelbar seinem Fachgebiet entstammende Erklärung bei; er führte die innere Sicherheit eines Menschen vielmehr auf das Kriterium des Glaubens zurück, eines Glaubens an Gott nämlich, der sich durch alle Wechselfälle des Lebens hindurch unerschütterlich treu bleibt.

Natürlich müssen Sie wissen, daß Sie keineswegs ohnmächtig sind. Sie verfügen über unendlich reiche innere Kraftquellen, Sie sind stark. Davon darf jeder Mensch überzeugt sein. Gebricht es Ihnen jedoch an dieser Einsicht, so neigen Sie dazu, alles Problematische oder Schwierige, dem Sie in Ihrem Leben begegnen, in seiner Bedeutung zu überschätzen; weil Sie Ihren Problemen fälschlicherweise jene Wichtigkeit beimessen, die Sie sich selbst absprechen beziehungsweise nicht einzuräumen wagen. So beruht denn mangelndes Sicherheitsgefühl hauptsächlich auf einem grundlegenden Irrtum: Sie verwechseln Ursache und Wirkung. Sie sehen die äußeren Lebensumstände irrigerweise als Ursachen an und verkennen, daß sie – im Gegenteil – nur Wirkungen sind.

Wie man zum Gefühl innerer Sicherheit findet

Zunächst müssen Sie erkennen, daß es eine wirkliche Sicherheit nicht gibt – außer in Ihrem Gefühl der Verbundenheit mit Gott, der Quelle aller Segnungen. Indem Sie jedoch die in diesem Buch beschriebenen Grundsätze anwenden, können Sie sich ein sich praktisch bewährendes, gesundes und beglückendes Gefühl innerer Sicherheit aneignen. Alle Menschen tragen das Bedürfnis nach Sicherheit in sich. Allen ist aber auch der Drang eingegeben, der auf eine Vereinigung mit der unendlichen Macht hinausläuft. Verbinden Sie sich ihr – jetzt, heute! Sie werden sich sogleich gestärkt fühlen.

Es ist ein endloses Bad im unabsehbaren Ozean des Lebens. Der unendliche Geist umgibt und durchdringt Sie. Sie agieren und leben darin, Ihr ganzes Sein ist darin aufgehoben. Gott oder diese unendliche Macht ist allmächtig. Und wenn Sie sich mit ihr bewußt vereinigen und auch gefühlsmäßig verbinden, werden Sie allen in Ihnen schlummernden oder Sie bedrängenden Befürchtungen überlegen werden.

In Ihnen bettet sich das Unendliche in heiterer Ruhe ein: dies ist der wahre Zustand Ihres Geistes. Sie haben Anteil an der Macht und Weisheit des unendlichen Geistes und erfahren dies in Ihrem Leben, sobald Sie zur Kenntnis genommen haben, daß Gott und das Göttliche in Ihnen existieren und einander geistig verbunden sind. Wenn Sie diese geistige Verbindung eingehen, werden Sie ein beglückendes Gefühl innerer Sicherheit in sich verspüren und einen beseligenden Frieden entdecken, der menschliches Verstehen übersteigt.

Der Rechtsstreit ging um sein Vermögen

Hier möchte ich Ihnen einen Fall erzählen, der mir seinerzeit sehr naheging, weil er einen meiner Freunde betraf. Er war in einen äußerst unübersichtlichen, langwierigen Zivilprozeß verwickelt, der ihm bereits eine Menge Geld an Gerichtskosten und Anwaltshonoraren gekostet hatte. Seine Aussichten standen schlecht. Sein Rechtsanwalt hatte ihn wissen lassen, er habe kaum noch Chancen, den Prozeß zu gewinnen. Ein ungünstiger Ausgang des Rechtsstreites jedoch bedeutete, daß der Mann von heute auf morgen mehr oder weniger mittellos werden mußte. Er war verzweifelt. Er setzte mir eingehend den Fall auseinander und endete mit der hoffnungslosen Feststellung, er sehe, sollte er aller seiner zum Lebensunterhalt notwendigen Mittel beraubt werden, nur noch einen Ausweg, nämlich mit allem Schluß zu machen.

Ich versuchte ihm zu erklären, daß Überlegungen und Äußerungen solcher Hoffnungslosigkeit sich unweigerlich destruktiv auswirken mußten. Sicher würden sie ganz wesentlich dazu beitragen, den Prozeß zu verschleppen, ja für ihn ungünstig zu beeinflussen; handelte es sich doch dabei um Negativsuggestionen schlimmster Art. Jedesmal, wenn er diesen Gedankengang verfolgte und aussprach (wie dies wiederholt geschehen war), tat er eigentlich dies: er betete gegen seine Interessen – gegen anstatt für sich.

Ich stellte ihm eine einfache Frage: „Was würdest du sagen, wenn ich dir in diesem Augenblick versichern könnte, der Rechtsstreit sei zu deinen Gunsten rechtskräftig entschieden?"

„Ich wäre außer mir vor Freude", erwiderte er spontan, „und ewig dankbar. Zu wissen, daß ich von diesem schrecklichen Alptraum befreit wäre – es wäre zu schön!"

Mein Freund faßte neue Hoffnung. Er verstand sich dazu, sein ganzes Denken in Gleichklang mit seinem sehnlichsten Wunsch zu bringen und auf die Erreichung seines Zieles – den erfolgreichen Ausgang des anhängigen Prozesses – auszurichten. Ich schlug ihm den Wortlaut eines Gebetes vor: „Ich danke für die befriedigende Lösung meines Problems, die sich jetzt mit Gottes Weisheit und Hilfe anbahnt."

Dieses Gebet sprach er täglich mehrmals für sich. Er betete regelmäßig und insbesondere auch immer dann, wenn ihn angesichts neuer Schwierigkeiten oder offenkundiger Rückschläge Zweifel und Angst befielen. Er erstickte trübsinnige Anwandlungen im Keim, indem er sich an sein Gebet hielt. Dank dieser Vorgangsweise waren weitere Negativsuggestionen ausgeschlossen: er enthielt sich negativer Gedankengänge und ebensolcher Äußerungen. Er hatte sich nun in der Hand und erhärtete seine Überzeugung zur sicheren Gewißheit, daß die subjektive Wahrheit seines Denkens und Fühlens unweigerlich ihren objektiven Niederschlag finden müsse.

Es ist ja immer das, was man fühlt, das sich Geltung verschafft. Wie oft sagt man etwas und fühlt im Herzen anders; ungeachtet dieses Widerspruchs kommt im Leben doch immer nur das zum Ausdruck, was man fühlt. Das in der Innenwelt des Gefühls Erlebte drängt im Leben zum Durchbruch.

Dieser Mann lernte mit großer Disziplin die Technik anwenden, innerlich niemals etwas zu billigen, was er nicht zu erleben wünschte. Seine ganze Persönlichkeit – sein Denken, Fühlen und Sprechen – war auf den glücklichen Ausgang des Rechtsstreites eingestellt. Und es kam, wie es kommen mußte. Aus völlig unerwarteter Quelle ergaben sich auf einmal neue Beweise, die den Prozeßausgang zu seinen Gunsten entschieden. Der Rechtsfall wurde abgeschlossen, ohne daß er den geringsten finanziellen Verlust erlitten hätte.

Mein Freund hat an sich erfahren, daß seine Sicherheit von der inneren Ausrichtung auf Gott oder die unendliche Allgegenwart des Geistes abhängt, an der jeder Mensch Anteil hat. Sein Beispiel zeigt, was man in Übereinstimmung mit dieser unendlichen Macht, die die Welt bewegt, vermag.

Am Rande des Abgrundes

Den vorstehenden Titel entnehme ich dem Ausspruch eines noch sehr jungen Mannes: „Ich bin am Rande des Abgrundes", sagte er. „Denn ich leide an einer Blutkrankheit, die unheilbar ist."

Dies war seine feste Überzeugung. Angst und Zweifel zermürbten ihn und ließen ihn nicht mehr zur Ruhe kommen. Dazu kam der denkbar ungünstige Einfluß seiner nächsten Familienangehörigen, die ihn bei jeder Gelegenheit daran erinnerten, daß eine Heilung seiner Krankheit jedenfalls keine kurzfristige Angelegenheit und vielleicht sogar nie mehr möglich sei. Glücklicherweise erkannte der ihn behandelnde lebenserfahrene Arzt die Unhaltbarkeit der Lage dieses jungen Mannes im Kreis seiner Familie und ermutigte ihn, sich von seinen Verwandten zu trennen.

Zum ersten Male in seinem Leben hörte er von mir etwas über das Unbewußte. Ich erklärte ihm, daß die ihm seitens seiner Verwandten eingeflößten lebensverneinenden Feststellungen und seine eigenen pessimistischen Überzeugungen seiner Genesung entgegenwirkten; er müsse sich darum von beidem freimachen. Im übrigen fühle er sich nur deshalb so sehr gefährdet, weil er nicht wisse, daß die unendlich heilende Kraft, die ihn erschuf, ihn auch zu heilen vermöge. Freilich müsse er sein Unterbewußtsein in entsprechend positiver Weise ansprechen.

Der junge Mann lauschte sorgfältig, ja begierig meinen Worten: er sah darin eine neue Chance. Ich brachte ihm das folgende Gebet nahe, das er langsam und ruhig, gefühlsinnig und mit viel Liebe regelmäßig beten sollte:

„Schöpferische Weisheit erschuf mich. Sie regeneriert jetzt mein Blut. Ihre Heilkraft versteht zu heilen. Sie wandelt jede Zelle, jedes Blutkörperchen nach dem gottgewollten vollkommenen Plan. Ich höre und sehe meinen Arzt zu mir sagen, ich sei geheilt. Dieses Bild präge ich mir ein. Ich sehe ihn ganz deutlich vor mir, und ich höre seine mir vertraute Stimme. Er sagt: ‚Hans, du bist genesen! Es ist ein Wunder!' Ich weiß: Dieses Bild meiner vitalen Phantasie sinkt tief hinunter auf den Grund meines Unterbewußtseins, wo es Wurzeln schlägt und Früchte bringen wird. Ich weiß, daß die unendliche Heilkraft mich jetzt heilt. Sie heilt mich ungeachtet aller logisch-schlüssigen Gegenbeweise. Ich fühle das, ich glaube das, und ich bin im Begriff, mein Ziel, vollkommen gesund zu sein, zu erreichen."

Der junge Mann wiederholte dieses Gebet vier- oder fünfmal täglich, insbesondere immer vor dem Einschlafen. Im Hinblick auf die Krankengeschichte und seine früheren Gewohnheiten erschien es natürlich fast unvermeidlich, daß er bisweilen wieder dem alten Takt verfiel, das hieß: sich seiner wiederholten Rückschläge sowie des Verdiktes seiner Verwandten zu erinnern und sich in Sorgen und Verzweiflung aufzureiben. Aber mit der Zeit lernte er, wenn ihn solche Gedanken bedrängten, sein Denken und Fühlen zu steuern. Derartigen Anwandlungen begegnete er mit einem entschiedenen „Halt!" und der nachfolgenden suggestiven Formel: „Ich bin der Herr und Meister meiner Gedanken, Vorstellungen und Gefühle, sie unterliegen meinem Gebot. Ich lenke alles in mir auf Gott und seine heilkräftige Macht. Und die Saat dieser Einstellung geht im Humus meines Unterbewußtseins auf. Ich fühle mich Gott innig verbunden und gehe auf im Denken und Fühlen: ‚Mein Vater, ich danke dir!' Ich gedenke Gottes und danke ihm täglich hundertmal, tausendmal."

Innerhalb von drei Monaten erholte sich der junge Mann so, daß er geheilt erschien, und dabei ist es geblieben. Dank Meditation und

Gebet hatte er sich positives Denken zur Gewohnheit gemacht und seinen Wunsch nach Genesung dem dynamisch-schöpferischen Unterbewußtsein eingepflanzt. Dieses Beispiel bezeugt die Wahrheit des Bibelwortes (Matthäus 9, 22): *„Dein Glaube hat dir geholfen ...“*

Wir ersehen daraus, daß Sicherheit nicht durch äußerliche Mittel befestigt werden kann; sie wird nicht von der Größe des Bankkontos, des Grund- und Aktienbesitzes oder anderer Vermögenswerte bestimmt. Wahre Sicherheit beruht auf dem inneren Sicherheitsgefühl, das Ihrem Glauben an Gott und dem tiefen Vertrauen erfließt, jederzeit und überall mit Gottes Liebe und Fürsorge rechnen zu können.

Sicherheit wird nicht von Gesetzes wegen gewährleistet

Kein Staat, keine Regierung, mag sie auch von den besten Absichten geleitet sein, kann Ihnen Frieden, Glück, Wohlergehen oder Sicherheit garantieren. Ebensowenig können Sie selber alle Wechselfälle Ihres Lebens und die großen Ereignisse, in die Ihr Leben verflochten ist, vorhersehen oder bestimmen. Es ereignen sich Naturkatastrophen, wie Erdbeben und Überschwemmungen, die über Nacht ganze Städte zerstören und Hab und Gut Tausender von Menschen vernichten. Kriege brechen aus, politische Unruhen und Streiks; und wer schon nicht unmittelbar davon in Mitleidenschaft gezogen wird, muß gleichwohl mit nachteiligen wirtschaftlichen Folgen, sei es am eigenen Vermögen, sei es an der eigenen Landeswährung, rechnen. Wirtschaftstragödien internationaler Tragweite können zu einem Börsenkrach führen, und schon allein die Angst vor einem drohenden Krieg kann in aller Welt katastrophale wirtschaftliche Folgen des Niedergangs nach sich ziehen.

Aller materieller Besitz ist tatsächlich vergänglich. Wir können heute reich und morgen arm sein. Ungeachtet des äußeren Anscheins bietet Ihnen weder Ihr Geld auf der Bank noch Ihr Wertpapierbesitz echte Sicherheit. Im Grunde genommen steht und fällt alles mit dem Vertrauen. Sogar der Wert einer Zwanzigernote hängt schließlich von der Integrität der Regierung und ihrer Fähigkeit ab, Währung und Wirtschaft gesund zu erhalten, ganz abgesehen jetzt von ihrer Abhängigkeit vom internationalen Wirtschaftsgeschehen. Noch deutlicher tritt dies beim Bankscheck oder etwa gar beim Privatscheck zutage, der unter Umständen wahrhaftig nur ein Stück wertlosen Papiers ist. Oder hängt etwa sein Wert nicht wesentlich von der Bonität und Ehrlichkeit des Ausstellers oder von Ihrem Vertrauen, das Sie Ihrer Bank geben, ab?

Es muß nicht unbedingt eine Ölquelle sein

Um den obenerwähnten Wechselfällen und unvorhersehbaren Katastrophen größeren oder kleineren Ausmaßes zu begegnen und immer gewachsen zu sein, bedarf es keiner unzumutbaren Anstrengungen. Widmen Sie täglich ein paar Minuten Ihrer Zeit und Aufmerksamkeit dem, was wir Meditation und wissenschaftliches Gebet nennen. Machen Sie sich beide zur Gewohnheit. Sie ändern dadurch Ihre geistige Einstellung. Sie schalten auf das unbedingt Positive um. Ausgehend von dieser Grundhaltung werden Sie und wollen Sie nicht mehr leiden, was immer auch kommen mag.

Gehen Sie Ihren Weg im Bewußtsein, daß Gott immer für Sie sorgt. Sie müssen wissen und fühlen, daß Gottes schützende Allgegenwart über Ihnen waltet. Bei dieser Einstellung können Sie – das sollten Sie sich immer vor Augen halten – keine wirklichen Verluste erleiden. Trocknet Ihre Ölquelle aus, so werden Sie eine andere Einkommensquelle entdecken, die Ihnen nicht weniger einbringt.

Es gilt nur, Ihrer Mentalität das Bewußtsein der nie versiegenden Fürsorge Gottes als entscheidende Tatsache einzupflanzen. Gelingt Ihnen das, so können Sie nicht der Armut anheimfallen. Gleichgültig, welchen Wandel Ihr Vermögen oder Ihr Einkommen mitmachen mögen, werden Sie immer mehr als genug haben, um ein glückliches Leben zu führen.

Wie er aus Hoch und Tief zu einem ausgeglichenen Leben fand

Gerade vor ein paar Wochen sprach ich mit einem Mann, einem Börsenmakler, der sich über das unberechenbare Auf und Ab seines Lebens bitter beklagte. „Manchmal mache ich an der Aktienbörse ein kleines Vermögen", versicherte er mir. „Aber bald darauf muß ich dann wieder große Verluste hinnehmen. In ähnlicher Weise erfreue ich mich zu Zeiten einer ungebrochenen und zähen Gesundheit, aber anscheinend nur, um dann in bald schon regelmäßigen Intervallen ins Krankenhaus hinüberzuwechseln und dort die verschiedensten Beschwerden auszukurieren. Glück und Unglück geben einander die Hand, das scheint mein Los zu sein. Aber es ist schwer einzusehen. Kann man denn gar nichts dagegen tun?"

„Ganz bestimmt kann man etwas dagegen tun", entgegnete ich ihm. Und ich bemühte mich, ihm die Augen zu öffnen. Es sei gar nicht so schwer, sagte ich ihm, ein ausgeglichenes Leben im Zeichen der Heiterkeit und Gelöstheit zu führen und sich auch wirtschaftlich an dessen Sonnenseite aufzuhalten. Zugegebenermaßen würden freilich die meisten Leute heute in einem wahren Taumel des Überschwangs und morgen, wenn nur das geringste schiefgeht, am Tiefpunkt schwerster Gemütsdepressionen dahinleben: sie hören nicht auf, nach dem „blauen Montag" in den strahlenden Dienstag und dann wieder in einen „schwarzen Tag" hineinzuschlittern.

Und noch etwas: Wäre denn unser Leben nicht völlig belanglos und schal, monoton und langweilig, wenn es uns nicht auch zu Wettbewerb und Anstrengung herausforderte? Wenn wir uns nicht auch unerwarteten Wechselfällen und ernsten Problemen gegenübersähen? Und müssen nicht nahezu alle Menschen in ihrem Leben einmal oder auch öfter mit außerordentlichen Zwangs- und Notlagen sowie persönlichen Tragödien fertigwerden? Dessenungeachtet aber ist es möglich, unser Gemütsleben so zu steuern, daß wir nicht Gefahr laufen, in unserer Hochstimmung zu übertreiben oder, demgegenüber, an den erlittenen Rückschlägen zu verzweifeln.

Dieser Mann mußte zunächst sein Gefühls- und Geistesleben sinnvoll steuern lernen. Er sah sehr bald ein, daß er ungeachtet der äußeren Umstände dem Leben mit Fassung und Gleichmut ins Auge sehen müsse.

Mark Aurel, der römische Kaiser und philosophierende Schriftsteller, hatte die Ansicht vertreten: „Nichts geschieht einem Menschen, das er nicht von Natur aus zu ertragen vermöchte." Und auf Hawaii wird den Touristen heute noch eine Hütte gezeigt, in der der große Schriftsteller Robert Louis Stevenson sein Meisterwerk, *Die Schatzinsel,* geschrieben hatte, obwohl er an akuter Tuberkulose leidend war.

Ich bat meinen Bekannten, sich den nachfolgenden Gedankengang zu eigen zu machen, der ihm innere Sicherheit und Stärke verleihen werde:

„Wer festen Herzens ist, dem bewahrst du Frieden; denn er verläßt sich auf dich. Darum verlaßt euch auf den Herrn immerdar; denn Gott der Herr ist ein Fels ewiglich.“ Jesaja 26, 3–4.

„Ich weiß: Meine Herzenswünsche sind mir von Gott, der in mir wohnt, eingegeben. Gott will, daß ich glücklich bin. Gottes Wille ist Leben, Liebe, Wahrheit und Schönheit. Dieses Gute nehme ich jetzt an. Ich bin mit dem Göttlichen in Verbindung. In mir drückt sich Gott aus. Ich bin auf allen meinen Wegen von Gott geleitet. Deshalb weiß ich mich auf dem richtigen Platz, wo immer ich auch bin; und was ich tue, tue ich gern. Die Meinungen der Menschen stelle ich zurück; denn ich habe am Göttlichen und an der göttlichen Weisheit geistigen Anteil. In meinem Geist kommt der vollkommene Plan Gottes zur Entfaltung. Ich befinde mich immer im Gleichgewicht ruhiger Heiterkeit, weil ich weiß, daß Gott für alles, was ich brauche, die richtige Lösung bereithält. Der Herr ist mein Hirte, nichts wird mir fehlen. Ich bin dynamisch, ich bin schöpferisch, göttliche Kraft ist in mir. Ich spüre in mir den Rhythmus Gottes. Ich höre seine Frohbotschaft der Liebe.“

Mein Bekannter meditierte täglich mehrmals über diesen Wahrheiten und prägte sich diese betend tief ein. Dank seiner neuen Auffassung vom Menschen in seiner Verbundenheit mit Gott gestaltete sich sein Leben entsprechend: ausgeglichen und glücklich.

Wie sie ihren Verlust und ihre Angst vor Verlust überwand

Eine junge Frau klagte mir ihr Leid. Ihr Vater hatte sie um ihren Erbteil verkürzt. „Kurz vor seinem Tode“, sagte sie mir, „änderte mein Vater sein Testament und hinterließ nahezu alles meinem Bruder. Dabei hätte zur Hälfte ich erben sollen. Nun habe ich bis auf den Pflichtteil alles verloren.“

Abgesehen von der gefühlsmäßigen Enttäuschung empfand die junge Frau tief den Verlust und litt darunter. Auch fürchtete sie sich vor der Zukunft. Ich erklärte ihr, daß der Glaube an Gott und das Vertrauen in das Gute für Angst keinen Raum mehr lassen. Dahin zu gelangen, sei eine Frage der geistigen Einstellung. Im übrigen könne sie niemals etwas verlieren, solange sie den Verlust geistig nicht akzeptiere, weil schließlich alle Lebenserfahrungen geistig durchlebt werden müßten.

Nehmen wir einmal an, ich hätte meine Uhr verloren. Tatsächlich bedeutet dies, daß sie irgendwo sein muß, nur weiß ich nicht wo. Sie könnte mir auf der Straße vom Handgelenk gefallen sein, ich könnte sie auch in einer Telephonzelle liegen gelassen haben, oder vielleicht auch hat ein Taschendieb sie mir entwendet. Was immer mit der Uhr geschah, die unendliche Weisheit Gottes weiß genau, wo sich meine Uhr befindet. Die Allgegenwart des unendlichen Geistes wohnt allen stofflichen Dingen im Universum inne, jedem Teil und jedem Teilchen. Letztlich ist die Uhr eine Idee dieses unendlichen Geistes. Sie kann nicht verlorengehen. Und sollte selbst meine Uhr vernichtet worden sein, so ändert dies nichts an der Tatsache, daß der geistgesegnete Mensch Millionen von Uhren schaffen kann. Mit anderen Worten: Gott kann nichts verlieren.

Meine Erklärung weckte ihr Interesse, und sie faßte den festen Entschluß, alles zu tun, um ihr tiefverwurzeltes Unsicherheitsgefühl und ihre Angst vor Verlust zu überwinden. Erstens mußte sie verstehen lernen, daß ohne unsere geistige Zustimmung – indem wir nämlich einen Verlust befürchten oder an einen solchen glauben – uns nichts verlorengehen oder weggenommen werden kann. Zweitens mußte sie in aller Entschiedenheit ihre geistige Wahl treffen und wissen, daß sich ihre Entscheidung für Gottes Reichtum und Fülle kraft ständiger bewußter Vergegenwärtigung ihrem Unterbewußtsein einprägen und vermöge der dynamisch-schöpferischen Kraft des Unbewußten in ihrem Leben verwirklichen würde. Drittens hieß es der Auffassung, daß sie des Reichtums Gottes teilhaftig würde, immer treu zu bleiben und im Herzen zu spüren, daß ihr Glaube an Gott und an die Verheißungen Gottes Erfüllung finden würde.

Sie begann sich auf Gott einzustellen. Diese neue Geisteshaltung zerstreute sehr bald ihr Gefühl, benachteiligt worden zu sein, und ihre Angst vor Verlust. Und das nachfolgende Gebet sollte sozusagen den vierten Schritt darstellen, durch den die junge Frau ihren seelisch-geistigen und emotionalen Konflikt überwand:

„Durch Stillesein und Hoffen würdet ihr stark sein…“ Jesaja 30,15.

„Ich weiß: Mein Gefühl der inneren Sicherheit beruht auf meinem Wissen, daß Gott für mich sorgt, und ich habe vollkommenes Vertrauen in seine Führung. Meine größte Sicherheit ist auf mein Wissen und Fühlen gegründet, daß Gott allgegenwärtig ist. Gott ist die Quelle allen Lebens und aller Segnungen des Lebens. Ich weiß und fühle das vom Grunde meines Herzens her. Gott ist in mir, er wacht über mir, er sorgt für mich, er hilft mir, Gott liebt mich. Was ich denke, wird sich erfüllen, denn alle gottgegebenen Wünsche gehen in Erfüllung. Er hat mein Bewußtleben erneuert, er hat meine Seele erneuert. Gottes Güte und Gottes Gnade begleiten mich bis an das Ende meiner Tage; denn ich habe mich ein für allemal entschieden, seelisch und geistig mit Gott vereint zu bleiben bis an das Ende meiner Tage."

Ein Monat nach dem Tag, da die junge Frau zum erstenmal das obenabgedruckte Gebet gesprochen hatte, wurde sie zu einem großen Empfang in Los Angeles eingeladen. Bei dieser Gelegenheit lernte sie einen prominenten Arzt kennen. Zwei Monate danach waren die beiden verheiratet. Der Arzt bewunderte an ihr – wie er wörtlich sagte – ihre in allem sichtbare hochgeistige Einstellung und zeigte sich von ihrer bei Frauen so seltenen ruhigen Ausgeglichenheit und ihrem unerschütterlichen Selbstvertrauen tief beeindruckt. Konnte ihr Gebet auf eine schönere und überzeugendere Art in Erfüllung gehen? Und war es etwas anderes als ihr Glaube, der sie zum Glück führte?

Folgerichtigkeit beherrscht das Leben. Insofern geht es im Leben überaus fair zu. Unsere leidvollen Erfahrungen – Krankheit, Gefühlsaufruhr, Streit und Unglück –, die uns zu Zeiten auf dieser Welt nicht erspart bleiben, stellen die Folgen mißbräuchlichen Denkens und fehlgerichteter oder falscher Überzeugungen dar.

Ihr Weg in die bessere Zukunft

Nehmen Sie sich vor, geistig zu arbeiten. Machen Sie sich auf, sich auf Gott abzustimmen. Sagen Sie sich: „Meine auf Gott eingestimmte Seele jubelt befreit."

Gott der Allmächtige ist in Ihnen. Sie haben alles für sich, um ein erfülltes und glückliches Leben zu führen. Die ganze wunderbare Machtfülle Gottes steht Ihnen zur Verfügung. Sie sollten seine Weisheit, seine Kraft und Herrlichkeit in Ihrem Leben verwirklichen.

Gebrauchen Sie Ihre Muskeln nicht, so werden sie unweigerlich verkümmern. Dasselbe geschieht, wenn Sie Ihre seelisch-geistigen Kräfte brachliegen lassen. Ihre Grundeinstellung im allgemeinen und ebenso Ihre Gedankengänge und Beweggründe im besonderen müssen auf Gott zulaufen; gegenteiligenfalls ist Ihre Verbindung mit Gott unterbrochen, Sie gleiten zwangsläufig von Ihrem Weg ab und treiben im Gefälle der Schwermut und Depression, der Angst und Zerrissenheit Ihrem eigenen Elend zu.

Gehen Sie in sich. Das Königreich Gottes ist in Ihnen: seine Macht, Weisheit und Stärke; mit seiner Hilfe sind Sie allen Schwierigkeiten und Bedrohungen des Lebens gewachsen. So steht denn auch in der Bibel geschrieben: *„Aber die vom Volk, die ihren Gott kennen, werden sich ermannen und danach handeln.“* Daniel 11, 32.

„Siehe, ich, der Herr, bin der Gott alles Fleisches, sollte mir etwas unmöglich sein?“ Jeremia 32, 27.

ZUSAMMENFASSUNG

1. Ihre Sorgen und Beängstigungen sind auf den Umstand zurückzuführen, daß Sie versäumt haben, sich auf das Unendliche, das weder Angst noch Widerstand kennt, einzustellen.
2. Es gibt keine wirkliche Sicherheit außer auf Grund Ihres Gefühls der Verbundenheit mit Gott.
3. Ihr Denken und Fühlen müssen mit Ihren Lebenszielen übereinstimmen, andernfalls bleiben Ihre Gebete Lippenbekenntnisse und können nicht erhört werden.
4. Wenn Sie innerlich in Abrede stellen, was Sie nach außen hin bekennen, so kann Ihnen nicht geholfen werden. Ein Kranker wird auf diese Art nie gesund.
5. Das wahre Gefühl der Sicherheit hängt nicht von Vermögenswerten oder überhaupt materiellen Reichtümern ab. Es beruht auf dem Glauben an Gott und echtem Gottvertrauen, denn von ihm kommt alles Gute.
6. Weder ein Staat noch eine Regierung können Ihnen Sicherheit, Glück und Frieden garantieren. Sie schaffen sich durch Anwendung der Gesetze Ihres Geistes selber Ihre Sicherheit und Gesundheit, Ihr Wohlergehen und Glück.
7. Sie schützen sich in Ihren wirtschaftlichen Unternehmungen durch das Bewußtsein, daß Gott immer für Sie sorgt und Sie vor allem Unheil schützt.
8. Göttliches Gesetz beherrscht Ihr Leben. Sie sind mit dem Göttlichen in Verbindung. Gott leitet Sie auf allen Wegen. Wenn Sie sich dieses Gebet zur Gewohnheit machen, werden Sie leidvolles Auf und Ab in Ihrem Leben vermeiden und ausgeglichen und glücklich sein.
9. Angst kann durch das Vertrauen in Gott und seine nie versiegende Fürsorge ersetzt werden. *„Durch Stillesein und Hoffen würdet ihr stark sein ...“*
10. Sie können ein glückliches und erfülltes Leben führen, indem Sie sich Gott verbinden und im Bewußtsein leben, daß Gottes Macht, Weisheit und Stärke allen Schwierigkeiten überlegen sind. Beginnen Sie, beginnt Gott. *„Ich und mein Vater sind eins.“*

KAPITEL 8

Das geheimnisvolle Gesetz der geistigen Nahrung

Ich habe Menschen gekannt, die in ihrer Nahrung überaus wählerisch waren und sich an eine nach ernährungswissenschaftlichen Gesichtspunkten erstellte ausgewogene Diät hielten; und gleichwohl erkrankten sie an Geschwüren harmloser oder schlimmster Art, an Arthritis und anderen Krankheiten.

Wie jedermann zugeben wird, gibt es auch Kriterien der geistigen Nahrung. Darüber hinaus jedoch müssen Sie sich die Tatsache vergegenwärtigen, daß Ihre Lebenserfahrungen und -umstände ebenfalls irgendwoher „gespeist" werden: dies besorgt Ihr Denken. Es sind Ihre Denkgewohnheiten, die die Nahrung oder gleichsam den Kraftstoff abgeben für das, was in Ihrem Leben geschieht. Eine Denkungsweise, die der Angst und Sorge, dem Protest oder der Lebensverneinung verhaftet ist, stellt jene geistige Nahrung dar, die unweigerlich zu Verzweiflung und Mißerfolg, Krankheit und Elend führt.

Alle Lebewesen suchen die für sie lebensnotwendige Nahrung. Und wo es an der richtigen Nahrung gebricht, dort ist jegliches Leben unmöglich. Wissenschaftler bestätigen uns, daß sich die Tierwelt sehr konsequent an dieses Prinzip hält: das Tier lebt nicht in Gegenden, wo es seine Nahrung nicht findet. Das Leben blüht dort, wo sich reiche Nahrung darbietet.

Auch Elend und Leiden sind auf Nahrung angewiesen. Sie finden diese mannigfach in jeglicher Form negativen Denkens.

Sie sind, was Sie geistig in sich aufnehmen

Wer kennt nicht das Sprichwort „Zeige mir deine Freunde, und ich sage dir, wer du bist"? Dieses Sprichwort hat seine Abwandlung gefunden: „Zeige mir, was du ißt, und ich sage dir, wer du bist." Das war weder ein Scherz noch ein Zufall. Gemeint ist: „Du bist, was du ißt." Dieses Wort ist sicher nicht unrichtig, wenn man es richtig versteht: hier ist von geistiger Nahrung die Rede.

Sie sind tatsächlich, was Sie seelisch-geistig zu sich nehmen. Kreist Ihr Denken um Gott und ist es durchdrungen von gutem Willen, Liebe, Freude und gesunder Lebensbejahung, so stellt dies die Nahrung und zugleich den Nährboden für Gesundheit, Glück und Erfolg dar. Wählen Sie Ihre geistige Nahrung sorgfältig aus. Nehmen Sie nur das Positive in sich auf. Das ist eine Garantie, das Positive anzuziehen und dadurch das Leben glücklich zu gestalten.

Dagegen sind Haß und Neid, Feindseligkeit und Eifersucht jene Nahrung, die Ihnen geistig und körperlich schadet. Mit einer hartnäckig im Negativen beharrenden Geisteseinstellung können Sie keinen Erfolg haben. Und derart abträgliche geistige Nahrung zerstört Ihre Gesundheit, insbesondere sind Sie im Gefolge negativen Denkens für die verschiedensten Krankheiten psychosomatischer Natur anfällig. Dabei können Sie noch so gut und erlesen essen, ja selbst eine vom Arzt verordnete Diät befolgen; das schützt Sie vor den Folgen schädlicher geistiger Nahrung nicht. Negatives Denken vergällt Ihnen alles. Sogar was Sie essen, schlägt Ihnen schlecht an.

Was immer Sie zu sich nehmen – körperliche und geistige Nahrung –, es muß auf der Grundlage guten Willens, der Freude und Dankbarkeit geschehen. Dann erst bekommt Ihnen auch das Essen gut. Dann erst wird es Ihnen zu Gesundheit und Vitalität ausschlagen. Dann wird Ihnen das Brot, das Sie essen, nicht zu Gift, sondern zu Fleisch und Blut. „Du bist, was du ißt."

Die Wichtigkeit der Nahrung

Die Nahrung im allgemeinen und die richtige Nahrung im besonderen sind für unser leibliches Wohl von großer Bedeutung. Mehr denn je weisen heutzutage Ärzte und Ernährungsfachleute auf die Gefahren hin, die zum Beispiel mit der Fettleibigkeit verbunden sind. Die Fettleibigkeit stört die Funktion unserer lebenswichtigsten Organe, besonders des Herzens, der Lunge, der Leber und der Nieren. Wir alle wissen, daß Vitaminmangel zu Mangelkrankheiten führt (Avitaminosen). Beriberi beispielsweise tritt infolge Mangels an Vitamin B_1 auf und führt zu Nervenentzündungen und Nervenlähmungen, Wassersucht und allgemeinem Verfall. Mangelt es an Vitamin A, so kann dies Tagsichtigkeit, mithin Nachtblindheit, ferner Bindehautentzündungen und andere Augenkrankheiten, eine Beeinträchtigung der Knochen und Zähne, erhöhte Anfälligkeit gegenüber Infektionen und dergleichen mehr zur Folge haben. Schließlich vermag der Mangel an bestimmten Vitaminen, Mineralien und Elementen nicht nur körperliche Erkrankungen, sondern auch geistige Störungen auszulösen. Und natürlich erfährt jede werdende Mutter, welche Bedeutung gerade in der Zeit der Schwangerschaft der hinreichenden Zufuhr von Kalzium zukommt, das auch einer der im allgemeinen lebenswichtigsten Mineralstoffe ist. Ebenso sollten wir nie versäumen, unserem Körper genügend Eiweißstoffe zuzuführen; denn Protein ist bekanntlich der Lebensstoff schlechthin.

Alles dies ist zweifellos sehr wichtig. Andererseits sollten Sie Ihrer seelisch-geistigen Nahrung keine geringere Wichtigkeit beimessen.

Das Brot der Liebe und des Friedens

Ich kannte einen Ernährungswissenschaftler, der ein hervorragendes einschlägiges Werk verfaßt hatte. Das Buch war einerseits streng wissenschaftlich und entbehrte andererseits doch nicht des gesunden Menschenverstandes. Der Verfasser allerdings war sehr unglücklich: er litt unter akuten Magengeschwüren. Sein Arzt hatte ihm eine einfache Schonkost verordnet. Seit acht Monaten lebte er strikt nach seinem Diätplan. Eine Besserung war aber nicht eingetreten. Das konnte doch nicht am Regime liegen, das ein Arzt für einen an Magengeschwüren leidenden Ernährungswissenschaftler zusammengestellt hatte. Oder doch? Oder hatte sein Leiden eine andere Ursache?

Ich ging der Sache auf den Grund. Im Gespräch erfuhr ich Tatsachen, die für sich selbst sprachen: Der Mann war ein eifriger Radiohörer und Zeitungsleser. Aber er gehörte nicht zu jenem Schlag sich passiv verhaltender Teilnehmer, die alles hinnehmen, was ihnen vorgesetzt wird. Er gehörte zum anderen Extrem: er regte sich auf, wenn er von Verbrechen, menschlichem Leiden und menschlicher Ungerechtigkeit oder Unzulänglichkeit erfuhr, und pflegte dann regelmäßig seiner Empörung dadurch Luft zu verschaffen, daß er geharnischte Protestbriefe auf Programmdirektionen des Rundfunks, Zeitungsredaktionen, Regierungsmitglieder, Parlamentarier, Behördenvorstände und dergleichen mehr losließ. All diesen Leuten sagte er seine mehr als nur gepfefferte Meinung. Dazu kam, daß er sich im Büro nicht weniger aufregte. Alles, was sich dort an Differenzen zutrug und an Intrigen, Eifersüchteleien und Angestelltenhader abspielte, ging ihm unsagbar auf die Nerven. Ist es da noch verwunderlich, daß seine Magengeschwüre nicht verheilten?

In Ergänzung zu der ihm ärztlich verordneten Diät stellte er sich auch geistig und emotionell auf „Schonkost“ um. Dieses sein neues „Regime“ läßt sich wie folgt zusammenfassen: „Ich schalte um. Alles, was im Laufe eine Tages an negativen Eindrücken auf mich zukommt, hat auch irgendeine positive Seite. Von jetzt an will ich mich durch Zeitungs- und Radionachrichten, Werbeslogans und überhaupt kritikwürdig anmutende Meinungsäußerungen Dritter nicht mehr zu Reaktionen negativer Art hinreißen lassen. Jeder Versuchung in dieser Richtung komme ich künftighin zuvor, indem ich mir vergegenwärtige, was demgegenüber wichtiger ist. Ich sage mir: ‚Gott denkt, spricht und handelt jetzt durch mich. Ein Strom des Friedens, der von ihm seinen Ursprung nimmt, geht mir durch Geist und Seele und macht mich dem Menschen am Ziel gleich, der ich sein möchte. Mein Ziel ist innerer Friede, ist menschliche Harmonie.‘“

Dieses „Regime“ wurde ihm zur täglichen geistigen Nahrung, er „aß“ das Brot der Liebe und des Friedens. Dank seiner neuen Geisteshaltung in Verbindung mit der ihm verordneten Diät genas er rasch von seinem Leiden und erlitt seither keinen Rückfall mehr.

Ihre seelisch-geistige Nahrung

Wenn die Bibel vom Essen spricht, ist sehr oft von der geistigen Nahrung die Rede. *„... daß er sättigt die durstende Seele und die Hungrigen füllt mit Gutem“* (Psalm 107, 9).

Am Guten sollten Sie sich sättigen. Und wie Sie nichts Verdorbenes oder Schlechtes essen wollen, so sollten Sie auch nichts Abträgliches denken. Böswilligkeit und Vorurteil, Zynismus und Haß entstammen dem Repertoire negativen Denkens.

Namhafte Ärzte und auch Forscher anderer Wissenszweige haben darauf hingewiesen, daß sich unser Körper infolge ständiger Regeneration der Zellen alle elf Monate erneuert. In ähnlicher Weise vermögen wir eine geistige Erneuerung mitzumachen, wenn wir uns an die unvergänglichen Wahrheiten und an die geistigen Lebenswerte halten. Über das Nervensystem gelangen die Schwingungen unseres Denkens zu den in ständiger Neubildung begriffenen Zellen unseres Körpers, und diese schwingen gleichsam in den von unserem Denken ausgelösten geistigen Obertönen mit. Darum auch konnte Hiob sagen (19, 26): *„Und ist meine Haut noch so zerschlagen und mein Fleisch dahingeschwunden, so werde ich doch Gott sehen."*

Wie das tägliche Brot brauchen Sie Ihre seelisch-geistige Nahrung. Was von außen her tagtäglich auf Sie einstürmt, ist kaum die Quelle, aus der sie sich geistig ernähren oder erneuern können. Das ist nur möglich, wenn Sie sich Gott zuwenden und von seiner Wahrheit gänzlich erfüllt sind. In diesem Bestreben wird Sie häufiges Beten wie nichts anderes unterstützen, etwa ein Gebet folgenden Wortlautes: „Ich bin jetzt von Gott geführt. Seine Liebe erfüllt meine Seele. Gott inspiriert mich und erhellt meinen Lebensweg. Gegenüber jedermann strahle ich guten Willen und Liebe aus. Mein Leben verläuft jederzeit unter göttlichem Gesetz."

Dieses kurze, schlichte Gebet nährt Sie an Geist und Seele und vermag, wenn Sie es sich zur Gewohnheit machen, Wunder in Ihrem Leben zu wirken.

Sein intellektuelles Wissen wurde eine Gewißheit des Herzens

In San Francisco war ich einmal einem Mann begegnet, der mich sowohl durch sein Gehaben als auch durch eine rasch hingeworfene Bemerkung veranlaßte, auf seinen Fall einzugehen.

„Ich habe mehr oder weniger alles gelesen, was über die geistige Heilung geschrieben wurde", sagte er.

„Ich habe auch selbst mehrere Artikel über die aus dem Unbewußten erfließende Heilkraft und deren Anwendung veröffentlicht; ich war aber bis heute nicht in der Lage, ein chronisches Leiden loszuwerden, das ich seit langem vergeblich bekämpft habe."

Der Mann litt unter einer chronischen Dickdarmentzündung. Wie ich im Laufe des weiteren Gesprächs entnehmen konnte, war er tatsächlich sehr belesen und in psychologischen Fragen recht beschlagen. Aber er hatte den Stoff nicht verdaut. Was er da über die Heilkraft des Unbewußten gelesen und geschrieben hatte, hätte jedoch notwendigerweise durch Meditation und Reflexion verinnerlicht werden sollen. Ohne eine derartige geistige Verarbeitung kann dem Unterbewußtsein nichts einverleibt werden.

Über sein Spezialgebiet hinaus hatte er sich mit den Lehren der verschiedensten Weltreligionen befaßt und eine große Anzahl geistig hochstehender Werke verschlungen. Ihm waren aber auch ausgefallenere Themenkreise, wie zum Beispiel die okkulte Zahlenkunde und Astrologie, nicht fremd. Der ganze aufgepfropfte Bildungsballast hatte ihn jedoch in eine heillose Verwirrung gestürzt. Wurde irgendwo in Kalifornien eine neue Sekte oder ein höchst eigenartiger neuer Kult gegründet, war er von Anfang an mit dabei. Der Mann, dem ich begegnet war, litt ohne Zweifel unter ernstzunehmenden geistigen und emotionalen Störungen: er befand sich nicht im Gleichgewicht.

Ich legte ihn auf eine einfache taktische Vorgangsweise fest. Er möge sich, schlug ich ihm vor, für das ewig Wahre entscheiden und daran festhalten. Dabei müsse er trachten, alle seine Gedankengänge und Entscheidungen sowie auch sein vielschillerndes Wissen mit dem nachfolgenden Leitgedanken in Einklang zu bringen: „... *Was wahrhaftig ist, was ehrbar, was gerecht, was rein, was lieblich, was wohllautet, ist etwa eine Tugend, ist etwa ein Lob, dem denket nach!*" Phil. 4, 8.

Er nahm meinen Vorschlag bereitwillig an, weil er einsah, daß er auf diese Art imstande war, das Edle und Gottgefällige zu wählen. Alles, was mit dem Inhalt des biblischen Leitsatzes nicht übereinstimmte, lehnte er ganz entschieden als unwürdig für das in seinem Geist bereitete Haus Gottes ab. Mehrmals täglich erhärtete er seine neuerworbene Geisteshaltung in folgendem Gebet:

„*Wer unter dem Schirm des Höchsten sitzt und unter dem Schatten des Allmächtigen bleibt ...*" (Psalm 91, 1)

„Ich sitze unter dem Schirm des Höchsten. Ich bleibe unter seinem Schutz. Der geheime Ort des Schutzes liegt in der Tiefe meines eigenen Geistes. Alle meine Gedanken gehen von meinem guten Willen aus und sind auf geistige Harmonie und inneren Frieden abgestimmt. Mein Geist, meine Seele sind ein Hort des Glücks, der Freude und Zuversicht. Dort finde ich immer Zuflucht, dort bin ich sicher und geborgen. Was ich auch immer denke, es soll zu meiner Freude, meinem Frieden und Wohlergehen beitragen. Mein Tun und Leben, mein ganzes Sein, finden ihren Sinn im Geiste menschlicher Güte und brüderlicher Verbundenheit mit allen Menschen.

Alle Menschen, an die ich denke, sind Kinder Gottes. Ich lebe mit den Meinen und der ganzen Menschheit in Frieden. Was ich mir selbst an Gutem wünsche, soll auch meinen Mitmenschen beschieden sein. Ich lebe unter dem Schutz und Schirm Gottes, jetzt und für immer, und da herrscht Frieden, da waltet das Glück."

Der einst so verwirrt anmutende Mann war bald nicht mehr wiederzuerkennen. Er gelangte zu einem klaren Wissen. Im weiteren Verlauf der Zeit wurde ihm darüber hinaus sein intellektuelles Wissen eine Gewißheit seines Herzens. Und von seiner chronischen Kolitis war er genesen!

Dank seiner Vorstellungskraft geheilt

Ich hatte einen sonderbaren Bekannten, der in New York wohnte und niemals sein Haus verließ. Er setzte keinen Fuß auf die Straße, ja nicht einmal in den Hof des Hauses. Trug er sich mit der Absicht auszugehen, so konnte er sich dazu nicht entschließen; unter einem inneren Zwang fielen ihm regelmäßig die fürchterlichsten Dinge ein, die ihm „da draußen" zustoßen könnten. Da draußen würde er schwindlig und ohnmächtig werden.

Er litt an einer schweren Neurose. In der Fachsprache wird dieses der Platzangst verwandte Unvermögen, freie Plätze zu überschreiten, Agoraphobie genannt. Die Zwangsneurose dieses Mannes ging auf ein frühes Kindheitserlebnis zurück: im Alter von kaum fünf Jahren war er einmal von zu Hause weggelaufen und hatte sich im Walde verirrt, wo er erst nach vielstündiger Suche wiedergefunden und geborgen werden konnte. Er erinnerte sich noch an dieses Erlebnis. Ein Gutteil der als Kind damals durchstandenen Angst hatte er in sein

Erwachsenenleben übernommen, wenn auch ins Unbewußte verdrängt. Dort schwelten der schreckliche Erlebnisinhalt und die damit verbundene Angst weiter und verschafften sich in dem obengeschilderten neurotischen Zug symptomatisch Ausdruck.

Er vermochte sich von dem bis anhin unverarbeiteten Gemütskonflikt durch bewußte und richtige Steuerung seiner Phantasie zu befreien. Auf meine Anregung hin machte er sich dreimal täglich die Vorstellung zur Gewohnheit, er sitze friedlich lesend in einem Omnibus oder er mache Einkäufe, einmal in einer Buchhandlung, ein andermal in einem Lebensmittelgeschäft, einmal allein, ein andermal mit Freunden. Die wiederholte Vorstellung dieser Phantasieerlebnisse gaben ihm im Laufe der Zeit das Gefühl erlebter Wirklichkeit.

Die bildhafte Vorstellung lebensnaher konkreter Situationen prägte sich langsam, aber sicher den tiefsten Schichten seines Bewußtseins, das heißt also dem Unbewußten, ein und merzte dort seinen tiefverwurzelten Angstkomplex, der ihm jahrelang das Leben vergällt hatte, für immer aus. So einfach wie die Methode, so klar war deren Wirkung: was er sich vorstellte und in der Einbildung gefühlsmäßig durchlebte, verwirklichte sich in seinem Leben.

Das dankbare Herz

Sprechen Sie so oft wie möglich das nachstehende Gebet. Sie werden sich dadurch Gott nahe fühlen, und Ihre körperliche und geistige Nahrung wird zu Ihrem Besten ausschlagen.

„Ich messe der Tatsache, daß Gott in mir gegenwärtig ist, die allergrößte Wichtigkeit bei. Ich danke aufrichtig für alle Segnungen, die ich empfangen habe. Ich danke für all das Gute, dessen ich mich in meinem Leben erfreue. Ich lebe im Gefühl dankbarer Freude. Mein dankbares Herz schlägt im Pulsschlag göttlicher Antwort. Tagtäglich danke ich für mein Wissen um die Gesetze des Geistes. Dankbarkeit ist zuallererst ein Herzensbedürfnis – das weiß ich –, und dann erst vermag ich sie auszusprechen. Meine Dankbarkeit kommt aus dem Herzen. In meinem Herzen öffnet sich das Schatzhaus der Unendlichkeit, an der ich teilhabe; mein aufjubelndes Herz bezeugt meinen Glauben an die Erhörung meiner Gebete. Ich bin wahrlich dankbar, denn ich habe Gott inmitten meiner selbst gefunden. Ich suchte Gott, er erhörte mich und befreite mich von allen meinen Ängsten. Wer dankbaren Herzens ist, befindet sich mit dem Unendlichen im Einklang und geht vor Freude über, Gott in seiner Allgegenwart zu schauen. Ich danke für alles."

ZUSAMMENFASSUNG

1. Ihr Denken ist die geistige Nahrung, die alle Lebenserfahrungen und Lebensumstände „speist".
2. Krankheit, Schmerzen und Elend sind die Folge lebensverneinender Denkgewohnheiten. Krankheit und Elend sind wie die Tiere auf ihre Nahrung angewiesen.
3. Sie sind, was Sie seelisch-geistig in sich aufnehmen. Nehmen Sie Ihre Nahrung mit Freude und Dankbarkeit zu sich.
4. Die Ernährung unseres Körpers ist wichtig, aber höhere Bedeutung kommt unserer seelisch-geistigen Nahrung zu.
5. Was tagtäglich an Negativem von außen her auf Sie einstürmt, können Sie durch Ihre geistige Einstellung zu Ihrem Besten wenden.
6. Ihr Körper erneuert sich alle elf Monate. Wenn Sie sich an die unvergänglichen Wahrheiten und die geistigen Werte des Lebens halten, werden Sie sich geistig erneuern und verjüngt fühlen.
7. Billigung durch den Verstand genügt nicht. Die Wahrheiten, die Sie bewußt akzeptieren, müssen emotional verarbeitet und gefühlsmäßig als wahr empfunden werden; erst dann passen sie sich dem Unbewußten ein.
8. Ihr intellektuelles Wissen muß sich dem Unbewußten einverleiben, sodann wird intellektuelles Wissen eine Gewißheit des Herzens. Jetzt können Ihre Gebete erhört werden.
9. Sie befreien sich von Ihrer Angst, indem Sie Ihre gesamte Aufmerksamkeit auf all das lenken, was wahr, edel, erhaben und gottähnlich ist. Wappnen Sie sich gegen jede Angst durch die Vergegenwärtigung Ihres Glaubens an Gott. Die Angst wird das nicht überleben.
10. Angst ernährt sich aus Vorstellungen angekränkelter Phantasie. Sie stellen sich einfach vor, daß Sie genau das tun, wovor Sie sich fürchten. Diese Gewohnheit bedeutet das Ende jeder Angst.
11. Das dankbare Herz ist immer Gott nahe. Danken Sie ihm, lobpreisen Sie ihn.

KAPITEL 9

Das große Gesetz der Liebe

Wenn Sie gesund und tatkräftig bleiben möchten, dann müssen Sie vor allem anerkennen, daß es nur eine einzige unteilbare Macht gibt; ihre Quelle ist die Liebe. Nichts widersteht dieser Macht. Sie ist das alles beherrschende Lebensprinzip, das keine Beeinträchtigung kennt und die Welt für immer beherrschen wird.

Und Sie sind mit dieser Gottesmacht eins. Das gilt es für Sie zu erkennen. Dann befinden Sie sich mit dem Lebensprinzip der Liebe, dieser Gottesmacht, im Einklang, und mächtige Hilfe wird Ihnen im Leben zuteil.

Wer liebt, bindet sich

Liebe braucht ein Ziel. Sie stellt eine gefühlsmäßige Bindung dar. Es kann die Musik, die Kunst, ein großes Unternehmen oder eine Aufgabe sein, die Sie lieben. Es kann ein Ideal sein oder Ihr Idol. Sie können in den mächtigen Bann der ewigen Wahrheiten geraten. Sie können der Faszination einer Wissenschaft verfallen. Sie können dies oder jenes lieben. (Auf Liebe von Mensch zu Mensch werden wir noch zu sprechen kommen.)

Einsteins große Liebe war die Mathematik, und er ergründete ihre Geheimnisse. Das ist es, was Liebe vermag. Andere erforschen den Himmel, weil die Astronomie sie in ihren Bann gezogen hat, und diese Männer der Wissenschaft entdecken für uns die Geheimnisse der Gestirne im Universum.

Möchten Sie ein neuer Mensch werden?

Möchten Sie Ihr altes, abgetragenes Ich verlassen? Ihre altmodisch gewordenen Vorstellungen, das eingeschliffene Geleise Ihres fehlgeleiteten Denkens?

Sind Sie denn auch bereit für neue Gesichtspunkte, für eine neue Vorstellungswelt, für neue Ideen? Sind Sie dafür aufgeschlossen und empfänglich?

Wenn Sie das sind oder sein wollen, dann kommen Sie nicht umhin, zuallererst alle Ihre Vorurteile und Vorbehalte aufzugeben und Gefühlen der Mißgunst und der Eifersucht, des Ärgers, des Hasses und der Furcht überlegen zu werden. Wenn Sie von Paris nach Rom fahren wollen, müssen Sie zuerst einmal Paris verlassen. Ganz ähnlich verhält es sich, wenn Sie ein neuer Mensch werden wollen. Sie müssen zuerst einmal Ihre alten Fehler ablegen, das heißt vor allem, von Angst und Haß frei werden. Sodann müssen Sie sich auf Ihr neues Ziel einstellen. Ihr Ziel ist Gesundheit und innerer Friede, guter Wille, Liebe und Freude. Wenden Sie Ihre ganze Aufmerksamkeit diesem Ziel zu. Lebensfreude erwartet Sie.

Warum der Sänger dreimal durchfiel

Ich kannte einen heute berühmten Sänger, als er noch am Anfang seiner Laufbahn stand, und ich erinnere mich noch sehr lebhaft der verzagten Worte, die er mir gegenüber fallenließ: „Ich spüre, ich werde durchfallen. Ich werde das Wort nicht finden, ich werde den Ton nicht treffen."

Seine ganze Phantasie lief auf die Vorstellung des Scheiterns hinaus. Er hielt gleichsam daran fest, als ob dies sein innigster Wunsch gewesen wäre; obwohl dies selbstverständlich nicht zutraf. Aber seine der Angst verhaftete Vorstellung genügte: er fiel durch. Er fiel dreimal durch.

Er mußte sich zuerst eine neue Auffassung über sich selbst aneignen, sozusagen sein neues größeres Ich lieben lernen – das neue Ich jenes großen Sängers, der er werden wollte und heute auch ist. Er gewann eine neue Vorstellung von sich, eine dementsprechende Gefühlseinstellung und damit eine neue Wertschätzung seiner selbst.

Er zog sich täglich drei- oder viermal in sein Zimmer zurück, wo er völlig ungestört war, machte es sich in seinem Sessel bequem und trachtete, sich körperlich zu entspannen. Im Zustand körperlicher Entspannung ist man seelisch-geistig empfänglicher für Suggestionen jeder Art. Entspannt konzentrierte er sich dann auf den nachfolgenden Gedankengang: „Ich bin vollständig entspannt und locker. Ich bin im Gleichgewicht, ich bin ruhig und heiter. Ich freue mich auf meine Konzertreihe. Ich singe schön. Ich vollbringe eine Glanzleistung. Der Veranstalter der Konzertreihe beglückwünscht mich zu meinem Erfolg. Ich bin zufrieden. Ich habe meinen inneren Frieden."

Er machte sich diese Entspannungs- und Suggestionsübung zur Gewohnheit, insbesondere auch immer vor dem Schlafengehen. Der Inhalt seiner Vorstellung wurde ihm dank dieser regelmäßigen Übungen zur Gewißheit. Seine neue Sicherheit bewährte sich auch im Konzertsaal. Seine Leistungen überzeugten das Publikum, dessen Beifall ihm seither treu geblieben ist – so sicher, wie er heute der glänzende und berühmte Sänger ist, der er werden wollte.

Die Liebe zu Gott und was darunter zu verstehen ist

Gott und das Gute bedeuten schlechthin dasselbe. Wenn Sie sich einem Leben der Aufrichtigkeit und echter Menschenliebe, der Gerechtigkeit, des guten Willens und gesunder Lebensfreude verschreiben, so daß Sie sich damit geistig und emotional identifizieren, dann lieben Sie Gott. Das ergibt sich zwangsläufig aus der Tatsache, daß Sie das Gute lieben.

Sie lieben Gott, wenn Sie von seiner großen Wahrheit fasziniert und eingenommen sind, der Wahrheit nämlich, daß Gott die eine einzige, unteilbare Macht ist. Gott zu lieben heißt, sich nur seiner Macht und Herrlichkeit unterzuordnen und nur ihr ergeben zu sein und ausschließlich diese eine einzige Macht zu verehren. Das schließt die Ablehnung in sich, irgendeine andere geistige Macht in dieser Welt anzuerkennen. Gott ist allmächtig. Diese Wahrheit gilt es für Sie mit aller Entschiedenheit zu erkennen und ohne jede Einschränkung als wahr anzuerkennen, und zwar im wörtlichen und denkbar praktischen Sinn des Wortes. Nur in dieser vorbehaltlosen Art ist man tatsächlich der einen einzigen Macht ergeben. Das eben heißt Gott lieben.

Nehmen Sie sich bisweilen die Zeit, zu entspannen und über diese faszinierende, Ihre Stellungnahme erheischende, für Sie lebenswichtige und größte aller Wahrheiten in ruhiger innerer Sammlung nachzudenken.

Liebe und Furcht schließen einander aus

Als ich in der Londoner Caxton Hall aus meinem Buch *Die Macht Ihres Unterbewußtseins* vorlas, wandte sich in der Pause eine Schauspielerin an mich. Sie sagte zu mir: „Ich habe Sie feststellen gehört, daß Liebe und Furcht einander ausschließen. Ich bin Schauspielerin und liebe das Theater über alles. Anderseits leide ich unter Angstzuständen und Depressionen. Vielleicht liegt es daran, daß ich keine besseren Rollen bekomme."

Ich forderte sie auf, eine angenehmere, noblere und größere Auffassung ihrer selbst zu gewinnen. Das müsse sie lernen.

Unter dem Eindruck weiterer Gespräche entschied sich die junge Frau, das in sich zu lieben, was wirklich das größere und edlere Ich eines jeden Menschen ausmacht: die Gegenwart des allmächtigen Gottes in ihr. Sie wurde sich der Tatsache bewußt, daß in ihr nahezu unbegrenzte Entwicklungsmöglichkeiten schlummerten und daß diese ihr tatsächlich innewohnenden Kräfte bisher noch ungeweckt waren und darum nicht zum Ausdruck hatten kommen können. Diese Erkenntnis beeindruckte sie tief, so daß sie regelmäßig und systematisch zu beten begann. Ihr Gebet lautete wie folgt: „Ich bin zu allem befähigt mit Hilfe der Gottesmacht, die mich durchströmt. Gott denkt, spricht und handelt durch mich. Ich bin eine erfolgreiche, begabte Schauspielerin. Gott ist immer erfolgreich, und ich bin mit Gott eins. Ich bin ein Kind Gottes; was für ihn wahr ist, ist auch für mich wahr."

Und immer, wenn sie Angst und Zweifel befielen, sagte sie sich: „Gottes Liebe erfüllt meine Seele. Gott ist mit mir." Dank dieser schlichten, aber von tiefer Überzeugung getragenen Gebete vermochte sie sich von ihren Angstzuständen und Unsicherheitsgefühlen im Laufe weniger Wochen vollständig zu befreien.

Seither hat es die Schauspielerin auf dem von ihr erwählten Weg zu Erfolg, Anerkennung und auch finanzieller Sorglosigkeit gebracht.

Das Vertrauen in die Macht Gottes hat ihre Vorstellung bestimmt und sie bis in die Tiefe ihrer Seele durchdrungen, so daß sie sich an der Idee begeisterte, eine große Schauspielerin zu sein. Diese Begeisterung brachte sie dahin, mit ihrem Ideal eins zu werden. Es handelte sich nicht um den Versuch, mit Mühe und um jeden Preis schließlich ihrem Ideal gleichzukommen. Das wäre im Hinblick auf den psychologischen Vorgang völlig falsch gedacht oder formuliert. Es war vielmehr so, daß das Ideal sie in den Bann schlug und für sich einnahm. Das ist es, was Liebe vermag. Und die Liebe nahm in sich alle Furcht auf und hob sie auf. Liebe und Furcht können nicht unter einem Dach leben, sie schließen einander aus.

Liebe überwindet alle Eifersucht

Shakespeare kennzeichnete die Eifersucht in seinem *Othello* mit den Worten: „Oh, bewahrt euch, Herr, vor Eifersucht, dem grüngeaugten Scheusal, das besudelt die Speise, die es nährt." Und Milton sagte zu diesem Thema: „Eifersucht ist des zu Unrecht verletzten Liebhabers Hölle."

Tatsächlich vergiftet, wer eifersüchtig ist, sein eigenes Festessen, um es dann zu verspeisen. Eifersucht ist geistiges Gift. Die Ursache der Eifersucht ist immer Furcht. Eifersüchtige Menschen erheben den Anspruch, daß ausschließlich sie selbst geliebt und bewundert werden. Sie dulden weder die Bewunderung Dritter noch den Wettbewerb von seiten Dritter. Sie wachen argwöhnisch über die Treue ihrer Partner, sei es des Mannes oder der Frau, sei es des Liebhabers oder der Geliebten, eines Freundes oder einer Freundin. Immer liegt der Eifersucht ein tiefsitzendes Gefühl der Angst oder des Mißtrauens gegenüber dem Partner zugrunde, dazu kommen meistens noch verdrängte Schuldgefühle und mangelndes Selbstvertrauen.

Ein Mann beklagte sich einmal mir gegenüber, seine Frau sei ungewöhnlich eifersüchtig. Sie erging sich ständig in Vorwürfen und Anschuldigungen, er halte es mit anderen Frauen. Sie beharrte hartnäckig auf ihrer Behauptung, daß es da eine andere gebe, nur wisse sie nichts davon. Unglücklicherweise hielt sich die Frau für ein Medium und praktizierte mittels des Ouija-Brettes das automatische Schreiben: auf Grund der so erlangten Botschaften wurde sie in ihrer Eifersucht bestärkt.

Auf die Bitte des Mannes hin sprach ich mich mit der unglücklichen Frau aus. Ich setzte ihr in allen Einzelheiten auseinander, warum sie ihren Ehemann verdächtigte und beschuldigen zu müssen glaubte, um sie selbst zur notwendigen Schlußfolgerung zu führen: daß nämlich ihre Eifersucht ebenso wie die vermeintliche Bestätigung ihres Verdachtes ihrem eigenen Unbewußten entstammte. Was man eindringlich genug dem Unterbewußtsein einredet, nimmt es an. Wenn sich daher beim sogenannten automatischen Schreiben die geringfügigsten, nicht mehr wahrnehmbaren Bewegungen der Hand oder der Finger dem Ouija-Brettchen mitteilen, so spricht sich das Unbewußte aus, und zwar in dem Sinn, in dem man es durch sein Denken beeinflußt hat. Oder jetzt mit anderen Worten: Die Frau hatte auf diese Art Selbstgespräche geführt und sich selber in ihre Eifersucht hineingesteigert. Das sah sie ein.

Im Gespräch mit dem Ehemann hatte ich erfahren, daß er wegen ernster Erschöpfungserscheinungen in ärztlicher Behandlung stand. Da nun die Frau ihren Irrtum sowie die sich daraus ergebenden gefährlichen Folgen erkannte, beschloß sie aufrichtig, ihrem Mann von neuem liebevoll zu begegnen. Und beide Eheleute kamen überein, immer nur in Liebe und Freundlichkeit aneinander zu denken und sich geistig vollkommen auf den ehelichen Frieden einzustellen. Der gute Wille des Paares vermochte die negative Grundeinstellung der Frau zu beseitigen. Das Paar fand seinen Frieden und ein neues Glück.

Die psychologische Erklärung der Ursachen ihres Gemütskonfliktes hatte die Frau zur Einsicht gebracht und von ihrer Eifersucht kuriert, indem sie ihrem Mann vertrauen lernte. Wo Liebe und Vertrauen walten, gibt es keine Eifersucht.

Der Herr gibt das Wachstum

Wer das im Titel zitierte Bibelwort auf eine wissenschaftliche Grundlage stellen will, sieht im Herrn, der das Wachstum gibt, das dem Unbewußten innewohnende Gesetz. Nach diesem Gesetz kommt all das zum Wachstum, was man dem Unterbewußtsein einverleibt hat. Es handelt sich um das persönlichem Einfluß entzogene Gesetz von Ursache und Wirkung.

Ich erklärte die Bedeutung des Bibelwortes dem Inhaber eines Realitätenbüros. Der Mann hatte seit vier Jahren kein Grundstück mehr verkauft. Seine ganze Aufmerksamkeit und Tätigkeit standen im Zeichen des seine Existenz bedrohenden Geschäftsrückgangs. Er konnte an nichts anderes mehr denken als an das Scheitern seiner Verkaufsbemühungen, an seine erschütterte Finanzlage: er war zahlungsunfähig und befürchtete das Schlimmste. Während es geschäftlich bergab ging und sich seine finanzielle Lage immer gefährlicher zuspitzte, griff das Unglück auch auf sein Privatleben über. Er litt nicht nur schwerst unter dem Prestigeverlust, den er hinzunehmen hatte, sondern erkrankte auch körperlich. Und nach ihm erkrankten auch seine Frau und eines seiner Kinder.

Er sah ein, daß er aus dem Geleise seines pessimistischen Denkens ausbrechen mußte. Natürlich war es auch lohnender und begeisternder, sein ganzes Denken auf Erfolg und Wohlergehen einzustellen und gleichzeitig in den Dienst des Bestrebens zu spannen, seine Kunden besser zufriedenzustellen und ihnen einen optimalen Service zu bieten. Das leuchtete ihm ein. Dabei sollte ihm das folgende Gebet helfen, das er im Zustand körperlicher Entspannung und heiterer Gemütsverfassung mehrmals täglich beten sollte:

„Ich glaube aus ganzem Herzen, daß mir Gesundheit und Friede, Erfolg in meinen Geschäften und Wohlstand beschieden sein werden. Ich verleibe mir jetzt eine geistige Auffassung ein, die unter dem Zeichen des Friedens, der Harmonie und innerer Führung steht und ganz auf Erfolg und Wohlergehen eingestellt ist. Ich glaube und weiß, daß diese meine Auffassung segensreich wie Saatgut in meinem Geist aufgehen und in meinem Leben zum Ausdruck kommen wird. Mir geschieht wie einem Gärtner: was ich säe, werde ich ernten. Mein Denken ist Gott gefällig – dies ist meine Saat, die ihre Früchte tragen wird. Ich säe das Gute, und mein Leben wird sich zum besten wenden. Ich richte mein ganzes Denken darauf ein und konzentriere mich regelmäßig und systematisch auf diesen Gedankengang. Ich weiß: Mein Unterbewußtsein wird, was ich ihm einpräge, zur Entfaltung bringen. Ich werde die wunderbaren Früchte dessen, was ich jetzt im Begriffe bin zu säen, dereinst genießen. Ich gestalte diesen Gedankengang zur Wirklichkeit, indem ich seine Verwirklichung fühle. Ich glaube an das Gesetz geistigen Wachstums ebenso wie an die unbestreitbare Tatsache, daß das dem Ackerboden anvertraute Saatgut dreißigfach, sechzigfach, hundertfach Frucht trägt. Wie Saatkörner im fruchtbaren Erdreich aufgehen, so gehen meine Gedanken im Dunkel des Unbewußten auf. Und wie die Saat über dem Ackerboden aufgeht, fruchttragend im Licht, so wird sich die Saat meines Denkens in meinem Leben verwirklichen. Daran denke ich immer wieder; und wenn ich so denke, ist Gott in mir, weil ich das Gute denke. Gott gibt das Wachstum."

Der Börsenmakler bediente sich dazu noch einer Art Kurzfassung des obenstehenden Gebetes; immer nämlich, wenn ihn Angst oder Zweifel befielen, entzog er sich sofort deren Einfluß, indem er sagte: „Gott gibt das Wachstum auf allen Äckern."

Das Realitätenbüro dieses Mannes kam bald wieder in Schwung. In Kürze hatte er mehr zu tun, als er allein noch bewältigen konnte, und er stellte zu seiner Unterstützung innerhalb eines Monats drei neue Mitarbeiter ein.

Wie sie ihre Prüfung bestand

Eine Studentin, die meine Vorlesungen über die Macht des Unbewußten besuchte, berichtete mir über eine interessante Probe aufs Exempel.

Sie hatte kurz zuvor eine Prüfung zu bestehen gehabt, vor der sie sich derart gefürchtet hatte, daß ihr – so sagte sie – „die Knie schlotterten". Sosehr sie sich auch fürchtete, so entschieden aber beschloß sie, dagegen etwas zu unternehmen. In diesem Bestreben wurde sie durch ihre Überlegung bestärkt, daß ihre Angst ja geradezu als ein Signal, etwas tun zu müssen, aufzufassen sei.

Sie tat etwas dagegen, indem sie sich sagte: „Der Herr ist mein Hirte. Gott kennt keine Furcht. Gott ist gegenwärtig, hier bei mir. Gott ist meine Zuflucht, meine Stärke. Der Friede Gottes durchströmt mich. Mir wohnt Gottes Liebe inne und zerstreut alle Furcht. In mir sind Friede und harmonische Ausgeglichenheit. Ich bin entspannt, völlig locker. Ich werde alle Prüfungsfragen nach Gottes Fügung beantworten. Seine unendliche Weisheit wird mich alles wissen lassen, was ich wissen muß."

Sie befand sich nicht länger im Spannungsfeld lähmender Angst. Auf dem Boden ihrer Furcht hatte sie ihren Glauben an Gott und das Gute eingepflanzt. Daß ihr dies gelang, war wesentlich dem Umstand zuzuschreiben, daß sie nicht – wie dies so manche in einer solchen

Situation tun – in der Pendelbewegung der Angst am gleichen Fleck im Kreise ging, sondern sich dieser Angst dadurch entzog, daß sie etwas dagegen unternahm. Dank ihrem Gebet überwand sie ihre Prüfungsangst. Es versteht sich von selbst, daß sie ihre Prüfung bestand. Nicht unerwähnt aber möchte ich lassen, daß sie dabei sogar mit sehr gutem Erfolg abschnitt.

Sie dürfen sich der Angst nicht ergeben

Angst und Sorgen sind als Modellfälle negativem Denken zuzuordnen. Niemand ist bisweilen dafür nicht anfällig. Das macht aber auch nichts. Es kommt nur darauf an, daß man Anfechtungen der Angst nicht geradezu pflegt und gleichsam hätschelt; man darf sich ihnen nicht ergeben. Dies geschieht aber, wenn man solche Regungen längere Zeit mit sich herumträgt und dadurch, daß nichts dagegen unternommen wird, widerstandslos hinnimmt. In diesem Fall gehen Angst und Sorge bald unter die Haut, ja noch viel tiefer, nämlich bis auf den Grund des Gefühlslebens. Sie infizieren das Gemüt und führen zu ernstzunehmenden Gefühlskonflikten, die sich im Leben unweigerlich auswirken.

Lassen Sie es nie so weit kommen. Dann können Ihnen Angst und Sorgen auch niemals etwas anhaben. Sie stellen eine mögliche Gefahr für Sie dar, freilich auch nicht mehr, jedenfalls solange sie nicht verwirklicht sind. Ihre Regungen der Angst können sich jedoch nicht verwirklichen, außer sie griffen auf Ihr Gefühl über und prägten sich auf diese Weise dem Unbewußten ein. Dies also gilt es zu vermeiden; weil ja alles, was sich dem Unbewußten einprägt, im Leben eines Menschen zum Ausdruck kommt.

Wachsen Sie geistig über sich selbst hinaus

Die Angst ist ein aggressives, zu Zwangsgewalt und Terror drängendes Prinzip, das gebrandmarkt gehört. Die Angst ist aber nur mächtig jenen gegenüber, die sich von ihr einschüchtern lassen und sich ihr in die Hand geben.

Stellen Sie sich darunter getrost einen ebenso aufgeblasenen wie gewalttätigen Eindringling vor, der sich auf der Ebene Ihres Geistes- und Gefühlslebens zu Unrecht Respekt anmaßt und von Ihnen Unterwerfung fordert. Vielleicht schrecken Sie vor der Vorstellung zurück, besagten Unhold innerhalb der Bannmeile Ihres Geistes anzutreffen. Vielleicht auch zaudern Sie, dem Eindringling zu begegnen und ihn unschädlich zu machen, weil Sie nicht sicher sind, welche Folgen Sie dafür würden in Kauf nehmen müssen.

Angst gedeiht im dunklen Schlagschatten geistiger Unaufgeklärtheit und Unwissenheit. Wer die Gesetze des Geistes und dessen Funktion kennt, zieht diese Angst mit einem Griff empor ins Licht aufgeklärter Vernunft. Da zeigt es sich denn, daß sie das Licht scheut: im Licht zerstreut sie sich wie Spreu im Wind.

Sie sind Ihr eigener Herr und Meister. Einzig und allein in Ihrer Hand liegt es nämlich, Ihr Geistes- und Gefühlsleben zu steuern. Es ist sinnwidrig, gefährlich und dumm, ein unwissendes, blindes und stupides Ungeheuer – wie dies die Angst ist – sozusagen als Sturmbock Ihrer Unternehmungen wüten und Ihr Leben verheeren zu lassen. Das darf Ihnen nicht passieren. Sie sind ganz einfach zu aufgeklärt, zu überlegen, als daß Ihnen so etwas passieren könnte. Ihr Glaube an Gott ist stärker als jede Furcht. Furcht ist ins Gegenteil verkehrter Glaube, ist eine Anballung nächtig-unheilvoller Schatten, die Ihren Geist verfinstern. Kurzum: Angst ist ins Gegenteil verkehrter Glaube an das Falsche. Wachsen Sie geistig über sich selbst hinaus. Rufen Sie Ihr Vertrauen auf Gott wach. Bieten Sie seine Kraft und Stärke auf.

Nichts und niemand ist jenem ebenbürtig, der mit Gott eins ist. Wenn Sie in der Sicherheit, die Ihnen diese Gewißheit gibt, leben, werden Sie sich zu jeder Zeit auf allen Ihren Wegen beschützt und geführt fühlen, unangefochten von jeglicher Angst und siegreich in jeder Gefahr.

Im Dschungel verloren

Als ich zehn Jahre alt war, ging ich im Dschungel verloren, wie dies eben nur einem unbedachten und ziemlich neugierigen Kind zustoßen kann.

Ich erinnere mich genau dieses meines Erlebnisses: Zuerst hatte ich schreckliche Angst. Dann aber regte sich in mir bis zur Gewißheit der Glaube, Gott werde mich in seine Obhut nehmen und aus dem undurchdringlichen Wald heil herausführen. Gleichzeitig spürte ich mich in einer überwältigenden, an Zwang grenzenden Weise gedrängt, mich in einer bestimmten Richtung durchzuschlagen. Der innere Drang oder die Tendenz meines Unbewußten, der ich folgte, erwies sich als völlig richtig, denn ich lief zwei Tage später geradezu in die Arme eines ausgesandten Suchtrupps und wurde so auf eine wunderbare Weise gerettet. Diese innere Führung hatte ich zweifellos der Eingebung meines Unterbewußtseins zu verdanken, das den Ausweg aus dem Dschungel kannte.

Denken Sie aber, wenn Sie die Ihnen innewohnenden unbewußten Kräfte einsetzen wollen, immer daran, daß das Unbewußte stets von vorhandenen Voraussetzungen ausgeht und auf das daraus sich ergebende Ende des Vollbringens hinzielt. Es zieht gleichsam aus den ihm selbst gegebenen Prämissen die logische und folgerichtige Schlußfolgerung.

Angst soll man nicht durch Angst bekämpfen wollen

Niemals sollten Sie Angst durch Angst bekämpfen wollen. Statt dessen stellen Sie sich der Sie bedrängenden Angst mit der ihr klar entgegengerichteten Lobpreisung der Allgegenwart und Macht Gottes. Vor der Macht Gottes erweist sich jegliche Furcht als machtlos. Sprechen Sie sich Mut zu, indem Sie zu sich sagen: „Der Herr ist die Kraft meines Lebens. Wen sollte ich fürchten?"

Fürchten Sie eine Krankheit, die Sie befallen hat, Gemütskonflikte, unter denen Sie leiden? Irgendwelche Störungen körperlicher oder geistiger Natur? Wenn Sie in sich und damit Ihrem Leiden auf den Grund gehen, werden Sie entdecken, daß Sie einem Denkfehler fälschlicherweise eine Bedeutung zumessen, die er nicht hat, obgleich er sie einzuschüchtern vermag. Lassen Sie sich von Denkfehlern nicht tyrannisieren. Ein falscher Gedankengang soll Sie nicht ins Bockshorn jagen. Stellen Sie sich dem entgegen. Ändern Sie Ihr Denken. Erkennen Sie, daß der Boden für jegliche Krankheit oder Störung auf der Ebene Ihres eigenen Geistes bereitet wird. Von dorther nimmt Ihr Leiden seinen Ursprung, nicht von außen her.

Sie müssen Ihr Denken ändern. Eignen Sie sich die Erkenntnis an, daß die unendliche Heilkraft, die Sie erschuf, Sie auch heilt. Wenn Sie sich diese Erkenntnis immer wieder bewußt vor Augen halten und zum Inhalt Ihrer Denkgewohnheiten machen, wird sich das Leitbild

Ihres Denkens auf das Unbewußte übertragen, und folgerichtig wird die Heilung eintreten. Der Inhalt Ihrer gegenwärtigen Überzeugung ist für Ihr Leben und Ihre Zukunft bestimmend.

Ihr Denken war der Angst verhaftet

Eine junge Frau machte ihrem lange aufgestauten Unmut mit folgendem Ausruf Luft: „Ich platze fast vor Wut. Ich könnte diese Helene umbringen!"

Offenbar hatte besagte Helene Unwahrheiten über sie verbreitet und versucht, sie an ihrem Arbeitsplatz unmöglich zu machen. Wie jedoch ihre spontane und selbstverständlich unhaltbare Äußerung beweist, war sie selbst daran nicht unschuldig. Sie räumte ihrer Arbeitskollegin eine Macht ein, die diese in Wirklichkeit nicht hatte. Die Schwierigkeiten ergaben sich aus ihrer eigenen Denkweise. Traf dies aber zu, so konnte sie schwerlich ihrer Arbeitskollegin vorwerfen, was letztlich ihrem eigenen verwirrten Denken entstammte. Das leuchtete der jungen Frau ein. Es fiel ihr auf einmal wie Schuppen von den Augen. Ihr Denken war der Angst verhaftet. Und diese Angst wühlte sie auf und brachte sie völlig durcheinander. Diese Angst schüchterte sie ein, terrorisierte sie und flößte ihr immer noch mehr Angst ein. Sie ging im Kreise, am Gängelband ihrer eigenen Angst. Diese Angst entstammte ihrem eigenen falschen Vorstellen und Denken, sie selbst hatte sie gezüchtet. Alles, was sich daraus an Spannungen, Mißverständnissen und unliebsamen Vorfällen ergab, mußte sie sich selbst zuschreiben.

Sie faßte den Entschluß, ihrem Angstdenken ein Ende zu setzen und dem sie bedrängenden Ungeheuer mit dem Schwert geistiger Hellsicht den Todesstoß zu versetzen. Sie konzentrierte sich geistig auf die einfache Wahrheit: „Gott existiert. Allgegenwärtig erfüllt er meine Seele, allgegenwärtig bestimmt er mein Leben."

Sie räumte Helene nicht länger eine Macht über sie ein, die diese nicht hatte. Sie lehnte strikt den Gedanken ab, sie könnte wegen ihrer Arbeitskollegin unter Migräne, Verdauungsstörungen, Nervosität oder Schlaflosigkeit leiden. Sie verlegte sich ganz auf die Macht ihres eigenen Denkens – im vollen Bewußtsein, daß nur einzig und allein sie selber ihr Bewußtsein steuern konnte und daß kein anderer Mensch die Macht besaß, sie aus der Fassung zu bringen und in ihrem gläubigen Vertrauen auf Gott und an das Gute zu erschüttern.

Die junge Frau vermochte sich von ihrer Angst zu befreien. Ihr Geistes- und Gemütsleben kamen wieder ins Gleichgewicht. Und in kürzester Zeit litt sie nicht mehr unter Migräneanfällen oder den anderen psychisch bedingten Krankheitssymptomen, die ihr einst so zugesetzt hatten; zugleich hörten auch die Spannungen an ihrem Arbeitsplatz auf.

Neben anderen Gebeten hielt sich die junge Frau besonders an das folgende: „Gott bringt in mein Leben Schönheit, Friede und Harmonie. Ich bin ein Nachkomme des Unendlichen und ein Kind der Ewigkeit. Ich halte mich nah an Gott, meinen himmlischen Vater. Er liebt mich und sorgt für mich. Weil ich mich ihm zuwende, wendet er sich mir zu. Alle Schatten weichen. In mir und um mich herum wird es hell, wird Licht."

Der heilende Balsam der Liebe

Nachstehend finden Sie ein Gebet, das Ihnen immer helfen wird, aller Furcht überlegen zu werden. Sinnen Sie häufig über diese Wahrheiten nach und sprechen Sie sie in gläubigem Gebet. Sie werden sehen, daß sie von einem tiefen Gefühl inneren Friedens und gelassener Heiterkeit erfüllt sein werden.

„Gottes Liebe durchströmt mich. Ich bin eingebettet in den Frieden Gottes. Alles ist gut. Göttliche Liebe umgibt mich und entfaltet sich in mir. Diese unendliche Liebe ist meinem Herzen eingraviert, ist meinem ganzen Innenleben eingeschrieben. Ich strahle Liebe aus. Ich strahle sie in Gedanken, Worten und Werken aus. Durch diese Liebe werden in mir die Eigenschaften Gottes geweckt. Liebe bedeutet Freude, Friede und Freiheit. Ich preise die Liebe. Die Liebe bedeutet und ist die Freiheit. Sie öffnet die Gefängnistore und schließt alle Kerker des Geistes auf. Die Liebe schenkt allen Bedrängten Freiheit. Gegenüber allen meinen Mitmenschen strahle ich Liebe aus, denn in einem jeden stellt sich die Liebe Gottes dar. Ich begegne meinen Mitmenschen als Gottes Kindern. Ich glaube und weiß, daß göttliche Liebe mich jetzt heilt. Ich bin vom Gesetz der Liebe geleitet. Die Liebe gestaltet mein Leben und meine Beziehungen zur Umwelt harmonisch und glücklich. *„Gott ist Liebe; und wer in der Liebe bleibt, der bleibt in Gott und Gott in ihm."* 1. Johannes 4, 16.

ZUSAMMENFASSUNG

1. Wer liebt, bindet sich gefühlsmäßig. Liebe braucht ein Ziel.

2. Wenn Sie von aller Angst befreit sein wollen, müssen Sie Ihre Vorurteile und Vorbehalte aufgeben und die Gefühle der Eifersucht, des Ärgers und des Hasses überwinden.

3. Gewinnen Sie eine neue Auffassung von sich selbst, eine neue Wertschätzung. Lernen Sie Ihr größeres Ich lieben.

4. Liebe zu Gott bedeutet, daß Sie sich geistig und emotional dem verbinden, was schön und rein, edel und Gott gefällig ist. Gott zu lieben heißt, einzig nur seine Macht und Herrlichkeit zu verehren.

5. Zu lieben heißt an Gott glauben und ihm ergeben zu sein. Angst ist dagegen der ins Gegenteil verkehrte Glaube an das Falsche. Die Angst verfinstert den Geist. Liebe und Angst schließen einander aus.

6. Wer eifersüchtig ist, ist voller Angst; es mangelt ihm an Selbstvertrauen und einer gesunden Wertschätzung seiner selbst. Liebe und Vertrauen vermögen die Eifersucht zu zerstreuen.

7. Ihr Unterbewußtsein bringt alles, was Sie ihm einprägen, zur Entfaltung. Gravieren Sie ihm Liebe und guten Willen, Glauben, Vertrauen und Heiterkeit ein.

8. Sie überwinden alle Furcht, und sollten selbst Ihre Knie zittern, durch die Erkenntnis, daß Gott nichts zu fürchten braucht und Sie mit ihm eins sind.

9. Anfechtungen der Angst können Ihnen nichts anhaben – unter der Voraussetzung, daß Sie sich ihnen nicht ergeben; sie dürfen nicht auf Ihr Gefühlsleben übergreifen.

10. Die Angst entstammt Ihrem eigenen Denken. Lassen Sie nicht zu, daß Sie von ihr eingeschüchtert und tyrannisiert werden. Verleiben Sie sich an ihrer Statt Liebe und den Glauben an Gott ein.

11. Wer sich im Dschungel dieser Welt oder auch im geistigen Dickicht der Angst und Verwirrung verliert, muß wissen, daß Gott den Ausweg kennt. Er wird Ihnen diesen zeigen.

12. Angst soll man nicht durch Angst bekämpfen wollen. Begegnen Sie der Angst mit der erklärten Lobpreisung Gottes: „Gott ist eine einzige, allgegenwärtige Macht. Es ist darum nichts zu fürchten."

13. Setzen Sie Ihrem der Angst verhafteten Denken ein Ende. Anfechtungen der Angst versetzen Sie mit dem Schwert geistiger Hellsicht den Todesstoß.

14. *„... wer in der Liebe bleibt, der bleibt in Gott und Gott in ihm."* 1. Johannes 4, 16.

KAPITEL 10

Das positive Gesetz der Gefühlskontrolle

In den Inschriften des Apollontempels in Delphi ist uns das Wort der alten Griechen überliefert worden, das wir alle kennen: „Mensch, erkenne dich selbst!“

Wenn Sie sich solcher Selbsterkenntnis widmen, werden Sie den individuellen Menschen als eine Einheit sehen, die einmal vom physischen Körper, sodann vom Gefühlsleben und ferner vom Geistesleben her bestimmt ist. Es liegt nun an Ihnen, sich so zu erziehen und zu schulen, daß Sie Ihr körperliches, geistiges und emotionales Leben auf einen gemeinsamen Nenner und unter Ihre Kontrolle bringen, um Ihr Leben zu einer Gott entsprechenden Verwirklichung des Guten zu gestalten.

Ihr Körper verfügt aus sich selbst weder über eigene Initiative noch über eigene Intelligenz; auch ist er eines Willensaktes aus sich selbst heraus und für sich selbst nicht fähig. Er gehorcht in jeder Hinsicht Ihren Intentionen und Weisungen.

Sehen Sie doch einmal Ihren Körper völlig anders als bisher: als eine Art Tonbandgerät, das der Aufzeichnung und Wiedergabe jetzt aber nicht von Schall, sondern Ihres Gefühls- und Geisteslebens dient. Sie spielen auf ihm Ihre Gefühlsregungen und Überzeugungen ab. Ihr Tonbandgerät zeichnet durchaus nur auf, was Sie wollen, und es wird getreu wiedergeben, was Sie aufgezeichnet haben. Sie können nun also eine Melodie der Liebe und Schönheit oder auch einen Abgesang der Sorge und des Elends aufnehmen; Ihr Tonbandgerät wird jedenfalls nicht wiedergeben, was nicht aufgezeichnet wurde.

Wie die moderne Medizin lehrt, kommen Ärger und Trübsinn, Eifersucht und Haß sowie andere Störungen Ihres Gemütslebens in Form der verschiedensten Krankheiten körperlich zum Ausdruck. Daran ist nicht zu zweifeln. Es ist daher für Ihr Lebensglück wichtig und notwendig, daß Sie die geistige und emotionale Seite Ihres Lebens zu kontrollieren lernen. Dank dieser Kontrolle werden Sie in der Lage sein, das Gute anzusteuern und die in Ihnen verborgenen Schätze zutage zu fördern.

Die emotionale Reife

Denken Sie einen Augenblick lang über eine geradezu erstaunliche Tatsache nach: Körperliche Gesundheit können Sie sich nicht kaufen, selbst wenn Sie noch soviel Geld hätten. Nichtsdestoweniger können Sie vermöge Ihrer seelisch-geistigen Reichtümer jene so kostbare Gesundheit erlangen, die Sie mit allem Geld der Welt nicht kaufen können. Wer allerdings die Macht des Geistes kennt und weiß, was die vorbehaltlose seelisch-geistige Ausrichtung auf inneren Frieden und harmonische Ausgeglichenheit vermag, der findet daran nichts Erstaunliches. Aber freilich weiß er auch, wie wichtig es ist, die gefühlsmäßige und geistige Reife zu erlangen.

Diese Reife wird niemandem geschenkt. Es geht nicht ohne Kontrolle. Sie müssen sich geistig und emotional steuern lernen. Sind Sie nicht bereit, sich zu solcher Selbstdisziplin und Schulung zu verstehen, wird man Ihnen die emotionale Reife, derer ein Erwachsener nicht entbehren kann, mit Recht absprechen. Die emotionale Reife aber erlangt man nicht mit den Jahren. Es gibt genug Erwachsene, die ihren fünfzigsten Geburtstag hinter sich haben, in ihrem Gefühlsleben aber in den Kinderschuhen steckengeblieben sind.

Als gefühlsmäßig reif gelten Sie, wenn Sie ein ausgeglichenes Gefühlsleben haben und Ihre Gefühlsregungen lebensfördernd, aufbauend und sinnvoll einzusetzen verstehen.

Die richtige Auffassung über sich selbst

Eine falsche Auffassung, die Sie geistig beherrscht und in Fesseln hält, ist ein zwar selbst auferlegtes, aber Ihr drückendstes Joch. Größte Wichtigkeit kommt den Auffassungen zu, die Sie über sich selbst haben. Sie lösen bestimmte Gefühle in Ihnen aus. Sie färben unmittelbar auf Ihr Gemütsleben ab. Dieses beeinflußt maßgebend Ihr Leben. So entscheiden denn Ihre Auffassungen nicht nur über Ihr Gefühlsleben, sondern letztlich auch über die Frage, ob Sie zum Guten hin leben oder nicht.

Gefühle der Ablehnung oder Feindseligkeit, ja schon nur des Ärgers, werden auf Ihr Verhalten gegenüber der betroffenen Person nachteilig abfärben. Sie verschaffen sich in allen Ihren Handlungen Geltung, und zwar in einer Weise, die sich möglicherweise von dem, was Sie anstreben, stark unterscheidet. Sie möchten gerne freundlich, umgänglich und herzlich sein, und Sie geben sich gleichwohl unliebenswürdig, zynisch und bitter. Sie möchten im Leben gesund, glücklich und erfolgreich sein, dessenungeachtet geht Ihnen alles daneben.

Die Leser dieses Buches sind sich jetzt sicher ihrer Fähigkeiten bewußt, selbst wählen und sich für eine Auffassung des guten Willens und inneren Friedens entscheiden zu können. Verschreiben Sie sich aus ganzem Herzen der Auffassung des Friedens und der Liebe. Diese Auffassung wird Ihr ganzes Denken beherrschen, Ihr Gefühlsleben steuern und in allen Ihren Handlungen entsprechenden Ausdruck finden.

Wie sie ihre Depressionen überwand

Hier möchte ich den Fall einer jungen Mutter aufgreifen, der ihr einziges Kind gestorben war. Dieser Schlag hatte sie zutiefst erschüttert. Sie verfiel einem Zustand hoffnungsloser Melancholie und litt unter schwersten Depressionen. Ihr Kummer trat bald auch in körperlichen Krankheitssymptomen zutage. Sie litt unter vermindertem Sehvermögen und schwersten Migräneanfällen.

Diese Frau hatte vor ihrer Verehelichung den Beruf einer Krankenschwester ausgeübt. Darum schlug ich ihr vor, das örtliche Krankenhaus aufzusuchen und ihre im Hinblick auf den ständigen Personalmangel sicher willkommenen Dienste der dortigen Kinderabteilung anzubieten. Sie beherzigte meinen Rat und wurde auch sofort engagiert. Hier nun befanden sich genug bemitleidenswerte Kinder, die sie liebevoll pflegen, hätscheln und aufpäppeln konnte. Sie betätigte sich in ihrem neuen Wirkungskreis mit Freude und großer Hingabe. Hier konnte sich ihre aufgestaute Mutterliebe ausleben. Hier betreute sie Kinder, die ihrer Liebe dringend bedurften. Auf diese Art gelang es ihr, ihre überflüssig gewordene Liebe zum eigenen Kind beziehungsweise die derselben zugrunde liegende psychische Energie in andere Bahnen zu lenken und in einer sinnvollen und nützlichen Tätigkeit freizusetzen, die den von ihr betreuten Kindern zugute kam.

Eine derartige Umsetzung der ins Unbewußte verdrängten Energie bezeichnet man als Sublimation. Sie fand ihre Erfüllung und ihr Glück in einer sozial nützlichen, gottgefälligen Betätigung. Mit der Lösung ihres Gefühlskonfliktes wurde sie auch körperlich wieder gesund. Sie ist heute wieder eine strahlende junge Frau, glücklich und frei.

Wie sie ihrem Ärger beikam

Eine eher erheiternde Geschichte steuerte eine andere junge Frau bei, eine regelmäßige Hörerin meiner Vorlesungen über die Macht des Unbewußten. Das Verhalten ihrer Nachbarn, gestand sie mir, bringe sie bisweilen in die Versuchung, sich zu Temperamentsausbrüchen und Wutanfällen hinreißen zu lassen.

Wie aber reagierte die Frau? Ging ihr der Ärger unter die Haut? Konnte sie zulassen, daß Ärger und Wut auf ihr Gefühlsleben übergreifen und ins Unbewußte verdrängt würden? Eine solche Lösung, die keine ist, lehnte diese Frau ab. Sie zog es vor, Ihre Energie in körperlicher Tätigkeit freizusetzen. Es fand sich immer ein Fenster, das gewaschen, ein Fußboden, der geschrubbt werden mußte, oder irgendeine andere Arbeit im Haushalt oder im Garten. Bei solcher Arbeit sagte sie sich, während sie putzte und fegte: „Ich reinige meinen Geist mit den Wassern der Liebe und des Lebens." Und wenn sie sich im Garten abreagierte, pflegte sie laut vor sich hinzusprechen: „Ich grabe den Garten Gottes um und pflanze ihm Gottes Ideen ein."

Es handelt sich hier zwar um eine überaus simple, aber durchaus wirksame Methode, unannehmbare Gefühlsregungen abzureagieren und in eine nützliche körperliche Tätigkeit umzusetzen.

Eine geistige Momentaufnahme

In einem anregenden Gespräch mit einem jungen Mann, der in Paris Geisteswissenschaften studiert hatte, kam er auf eine Technik zu sprechen, die ihm beste Dienste leistete.

Er trachtete seine Empfindungen, seine Vorstellungen und sein Denken ebenso wie seine Gefühle dadurch unter Kontrolle zu halten, daß er diese – wie er sich ausdrückte – „mit photographischer Schärfe geistig aufzunehmen" pflegte. In ähnlicher Weise versuchte er auch seine Äußerungen, ja sogar den Tonfall seiner Stimme festzunageln, um sich auf diese Art über seine Verfassung Rechenschaft geben zu können. Wurde in seiner quasi-photographischen Momentaufnahme etwas Negatives sichtbar, so sagte er sich: „Das kommt nicht von Gott. Das ist falsch, destruktiv. Ich will mich Gott zuwenden, der in mir ist, und versuchen, von seinem Standpunkt der Weisheit und Wahrheit aus zu denken und zu fühlen."

Diese Technik war ihm im Laufe der Zeit zu einem Bedürfnis und zur Gewohnheit geworden. Ärgerte er sich über irgend etwas, so entzog er sich einer derartigen Gefühlsregung sofort, indem er zu sich sagte: „Das entspricht nicht der Art, in der die mir innewohnende unendliche Weisheit denkt, sich ausspricht oder handelt. Ich will jetzt vom Standpunkt Gottes und seiner Liebe aus denken, sprechen und handeln."

Welcher Technik man sich in solchen Lagen bedient, ist sicher nicht entscheidend. Es kommt nur wesentlich darauf an, daß man in der richtigen Richtung tatsächlich etwas tut; und in diesem Zusammenhang sind oft gerade die einfachsten Methoden die wirksamsten. Versuchen doch auch Sie, immer dann, wenn Sie Gefahr laufen, ärgerlich oder aufbrausend, deprimiert oder verzweifelt zu sein, an Gott, seine Liebe und seinen Frieden zu denken. Das zwingt Sie zu innerer Disziplin und führt Sie zur geistigen und gefühlsmäßigen Reife.

Sie können Ihre Gefühle unter Kontrolle halten

Zunächst wollen wir uns einmal Rechenschaft darüber geben, was denn eigentlich Gefühle sind und wie sie entstehen.

Setzen wir den Fall, Sie sähen einen Krüppel: das ließe Sie kaum kalt, Sie fühlten Mitleid für den Mann. Würden Sie anderseits Ihrem Kind beim Spielen zusehen, so überkäme Sie gewiß ein lebhaftes Gefühl der Liebe und des Glücks. Sehen ist ein (bewußt werdendes) Erlebnis der sinnlichen Wahrnehmung, in der psychologischen Fachsprache eine Empfindung, im besonderen eine Sinnesempfindung. Was immer Sie wahrnehmen, sogleich stellt sich dazu ein Gefühl ein. Das trifft aber auch zu, wenn Sie sich etwas nur vorstellen oder denken. Wenn Sie sich eines unangenehmen Erlebnisses erinnern, wenn Sie sich eine Feuersbrunst vorstellen oder wenn Sie an den Krieg oder auch nur an Ihren Chef denken, so löst dies in Ihnen sofort entsprechende Gefühle aus.

Sie müssen also wissen, daß alles, was Sie empfinden, sich vorstellen oder denken, von Gefühlsbewegungen begleitet ist. Das Gefühl ist die Ich-Seite eines jeden Erlebens, es ist eine Reaktion der Seele auf alle von außen oder innen empfangenen Reize. Und immer ist da zuerst eine zu Bewußtsein gekommene Empfindung, ein Gedankengang eines bestimmten Inhalts oder ein geistiges Vorstellungsbild, die die Gefühlsregungen auslösen. Jegliches Gefühl erfließt daher einem Inhalt Ihres Bewußtseins oder einer geistigen Idee. Wenn Sie daher Ihr Gefühlsleben steuern wollen, müssen Sie Ihr Vorstellen und Denken kontrollieren.

Indem Sie den Inhalt Ihres Denkens festlegen und selber gestalten können, sind Sie imstande, Angst durch Liebe, Böswilligkeit durch guten Willen, Traurigkeit durch Freude und Unausgeglichenheit durch inneren Frieden zu ersetzen. Schalten Sie Ihr Denken, sobald sich ein negatives Gefühl in Ihnen regt, sofort auf das Positive um. Dadurch pflanzen Sie Ihrem Geist und Ihrem Gemüt die Liebe ein. Anstatt sich der Angst zu ergeben, sagen Sie sich: „Ich befinde mich im Einklang mit Gott und habe nichts zu fürchten."

Darum sollte Ihrem Denken eine Auffassung, die den Glauben und das Vertrauen, die Liebe und den Frieden über alles stellt, zugrunde liegen und zur Gewohnheit werden. Für lebenshemmendes und zerstörerisches Denken ist dann kein Raum mehr.

Mächtiger ist die Liebe

Ein Pilot der amerikanischen Luftwaffe, der gerade erst vom vietnamesischen Kriegsschauplatz zurückgekehrt war, gestand mir freimütig ein, daß er über den feindlichen Linien oft Angst hatte.

Er erzählte mir aber auch, wie er mitten im Kriegsgetümmel und ungeachtet seiner Pflichterfüllung als Soldat seiner Angst Herr wurde. Er sagte sich immer und immer wieder dies: „Gottes Liebe waltet über mir, meiner Besatzung und unserem Flugzeug. Seine Liebe gibt uns die Richtung an. Er führt und schützt uns. Wir sind seiner Gegenwart anvertraut."

Dieses Gebet prägte sich tief in seiner Seele ein und erfüllte ihn mit Liebe und Glauben. Und er verlor seine Furcht über dem übermächtigen Gefühl der Liebe. „... *die völlige Liebe treibt die Furcht aus.*" 1. Johannes 4, 18.

Das Gefühlsleben und seine Auswirkungen

Sicher haben Sie schon bemerkt, wie sich Angst im Gesichtsausdruck und in den Augen zeigt oder wie sie sich auf das Herz, das Verdauungssystem und andere Organe auswirkt. Erinnern Sie sich nur der Beschwerden, die Sie angesichts einer schlechten Nachricht oder eines seelischen Schocks mitmachen mußten! Und sicher haben Sie auch schon die geradezu erstaunliche Wendung an sich erlebt, wenn sich auf einmal herausstellte, daß ein Mißverständnis vorlag und Ihr Kummer grundlos war.

Jede unter einem negativen Aspekt ausgelöste Gemütsbewegung ist destruktiv und beeinträchtigt die vitalen Kräfte Ihres Körpers. Wer ständig Kummer und Sorgen hat, leidet meistens auch an Verdauungsstörungen. Das hindert indessen nicht, daß sich angesichts überaus erfreulicher Lebenserfahrungen die Verdauung selbst eines chronischen Schwarzsehers normalisiert, weil sowohl die Blutzirkulation als auch die Drüsenabsonderung im Verdauungstrakt wieder normal funktionieren.

Negative Gefühlsregungen kann man weder überwinden noch auf andere Bahnen umlenken, indem man sie verdrängt oder unterdrückt. Wenn Sie Gefühlsregungen oder überhaupt innere Strebungen, die Sie aus irgendeinem Grund ablehnen, verdrängen, so staut sich die diesen Regungen zugrunde liegende Energie, jetzt freilich Ihrem Bewußtsein entzogen, in Ihrem Unbewußten an und bleibt dort als eine buchstäblich explosive Anhäufung zurück. Der Druck steigt beständig an – genau wie in einem bei geschlossenen Ventilen überheizten Boiler – und führt schließlich unvermeidlich zu einer Explosion.

Die psychosomatische Schule der modernen Medizin hat längst nachgewiesen, daß nicht nur geistige Störungen, sondern auch so viele körperliche Krankheitssymptome wie zum Beispiel Arthritis, Asthma und Herzbeschwerden, darüber hinaus aber sogar auch Unglücksfälle im besonderen sowie das Scheitern eines Menschen im allgemeinen auf ins Unbewußte verdrängte oder unterdrückte Gefühle zurückzuführen sind. Dabei kann es sich um Erlebnisinhalte handeln, die weit zurück in der Jugend, ja selbst in der frühen Kindheit eines Menschen lagen. Gefühlsregungen und Strebungen, die im Leben nicht richtig verarbeitet werden konnten und daher unterdrückt und ins Unbewußte verdrängt wurden, bleiben dort als schwelender Konflikt- und gefährlicher Explosivstoff vorhanden, auch wenn man sich dessen nicht bewußt ist. Was aber in Ihrem Unterbewußtsein aufbewahrt ist, drängt sich in Ihr Leben – morgen, übermorgen, früher oder später.

Das positive Gefühl des Glaubens und Vertrauens

Unterdrückte oder verdrängte Gefühle leben in der dunklen Tiefe des Unbewußten fort und stellen eine latente Gefahr für Ihr Gemütsleben sowie für Ihre geistige und körperliche Gesundheit dar. Es gilt daher, Heimsuchungen dieser Art vorzubeugen. Zu diesem Zweck bietet sich Ihnen eine einfache Technik an, die, auf psychologischer Grundlage beruhend, ihre Wirkung nicht verfehlen wird. Es handelt sich um die Anwendung des Prinzips der Substitution.

Kommt Ihnen ein negativer Gedanke, so sollten Sie diesen nicht bekämpfen; ersetzen Sie ihn einfach dadurch, daß Sie etwas Positives denken. Sagen Sie sich: „Ich glaube an Gott und das Gute. Gottes Liebe waltet jederzeit über mir."

Sie werden sehen, daß ein solches Machtwort des Glaubens negative Vorstellungen und Gedanken zu nichts auflöst, so wie das Licht die Dunkelheit aufhebt.

Wenn Sie jedoch von Unruhe, Angst und Sorgen geplagt sind, so widmen Sie sich der geistigen Betrachtung der nachfolgenden Bibelworte. Beten Sie:

„Der Herr ist mein Hirte, mir wird nichts mangeln." Psalm 23, 1.
„ . . . ich fürchte kein Unglück; denn du bist bei mir." Psalm 23, 4.

„Gott ist . . . eine Hilfe in den großen Nöten, die uns getroffen haben.“ Psalm 46, 2. *„Der Herr ist mein Licht und mein Heil; vor wem sollte ich mich fürchten? Der Herr ist meines Lebens Kraft; vor wem sollte mir grauen?“* Psalm 27, 1.

Denken Sie über diese großen Heilswahrheiten nach und halten Sie geistig daran fest. Dadurch werden Sie unvermeidlich positive Gefühle des Glaubens und des Vertrauens in Ihnen auslösen, und dieses positive Gefühl wird jegliche negative Gefühlsregung aufheben und aus Ihrer Welt schaffen.

Beobachten Sie Ihre Reaktionen?

Erst kürzlich fragte ich einen Mann, der an Magengeschwüren und hohem Blutdruck litt und sich darüber bei mir beklagte, ob er eine gute Beobachtungsgabe habe und, da er dies bejahte, ob er auch sich selbst zu beobachten pflege. Ob er wisse, wie er gegenüber seinen Mitmenschen im allgemeinen und beispielsweise gegenüber seinen Geschäftspartnern im besonderen sowie auch angesichts bestimmter Vorkommnisse wie zum Beispiel Radio- und Zeitungsmeldungen reagiere. Ob er denn nicht bemerkt habe, daß er in gewissen Situationen nach einem mehr oder weniger gleichbleibenden Verhaltensmuster reagiere.

„Nein“, erwiderte er, „dergleichen habe ich an mir nicht bemerkt.“

Er schien sich zu nehmen, wie er war, und damit abzufinden. Für seelisch-geistiges Wachstum zeigte er weder Verständnis noch Ehrgeiz. Dessenungeachtet begann er nachzudenken, um sich über seine jeweiligen Reaktionen Rechenschaft zu geben. Nach kurzer Zeit räumte er ein, daß er sich gerade über so manche Zeitungsartikel und Sendungen des Fernsehens immens aufrege. Er habe sich, gestand er etwas kleinlaut, des öfteren zu ätzenden Schmähbriefen hinreißen lassen.

Es liegt auf der Hand, daß dieser Mann, jenseits irgendeiner Kontrolle, völlig wie eine Maschine reagierte. Wie hätte er es mangels Aufklärung und besseren Wissens auch anders vermocht?

Aber hatten nun die Journalisten, Redakteure und Produzenten der von ihm gallig kritisierten Veröffentlichungen immer unrecht, und war er immer im Recht? Stand denn das fest? Und vor allem:

kam es denn darauf an? Nein, eben darauf kam es nicht an. Das versuchte ich ihm auseinanderzusetzen. Denn was für ihn, einen kranken Mann, wirklich zählte, war die Tatsache, daß er sich durch seine Gefühlsausbrüche, die regelmäßig der Kritik und der Ablehnung erflossen, selber schadete und sich seiner Gesundheit, Vitalität und seines inneren Friedens beraubte. Im übrigen wies ich ihn darauf hin, daß doch auch die von ihm kritisierten Leute das Recht und die Freiheit hätten, ihre Meinung zu äußern und ihre Überzeugungen zu vertreten, ob diese nun richtig oder falsch seien. Soviel Toleranz, sagte ich, müsse er aufbringen.

Er sah das ein und faßte den Entschluß, die Dinge fortan unter einem neuen Aspekt sehen zu wollen. Einerseits billigte er diesen Leuten das Recht zu, alles zu sagen, was sie für wahr und richtig hielten. Anderseits nahm er an, sie würden ihm ebenfalls das Recht einräumen, eine gegenteilige Meinung frei zu äußern. Dieser Standpunkt leuchtete ihm als vernünftig und recht und billig ein, zumal er auf Freiheit und gegenseitiger Respektierung begründet war. Er erkannte, daß Haßgefühle gegenüber Menschen, die eine andere Meinung vertreten, fehl am Platz und ein Zeichen emotionaler Unreife sind.

Bei dieser Ansicht blieb er. Das folgende Gebet hat ihm dabei geholfen:

„Von jetzt an werde ich richtig denken, richtig fühlen, richtig handeln. Ich werde das Richtige tun und im Lot des Richtigen sein. Ich denke, spreche und schreibe ohne Voreingenommenheit, ohne Vorurteile. Ich reagiere nicht länger wie ein unwissender Fanatiker, sondern aus dem Zentrum des mir innewohnenden göttlichen Geistes heraus. Es ist mein tiefster Herzenswunsch, daß alle Menschen in Freiheit, im Vollgenuß ihres Lebensrechtes und ihres Rechtes auf Glückserfüllung leben können. Ich halte mich an die goldene Regel und das Gesetz der Liebe."

Im Laufe weniger Wochen klangen die Magengeschwüre dieses Mannes ab, und auch sein Blutdruck normalisierte sich vollkommen. Der Untersuchungsbefund seines Arztes ergab, daß der Mann von seinen Beschwerden genesen war. Die Änderung seiner geistigen Einstellung vermochte alles zum Guten zu wenden.

Sie leben in zwei verschiedenen Welten

Der Schauplatz Ihres Lebens ist einerseits die Außenwelt und anderseits Ihre Innenwelt. Sie leben da und dort in einem Leben gleichzeitig. Die Außenwelt ist sichtbar und existiert objektiv. Die Innenwelt hingegen ist unsichtbar und etwas Subjektives. Die Außenwelt nehmen wir durch unsere fünf Sinne wahr, und jedermann hat mit Ihnen daran teil. (Bei jeder Sinnesempfindung ist aber auch bereits – im Akt des Bewußtwerdens und im Gefühlston – das subjektive Ich eingeschaltet, und darum fallen die von der Außenwelt empfangenen Eindrücke subjektiv verschieden aus.) Demgegenüber ist die Innenwelt objektiv unsichtbar und nur in der Innenschau wahrnehmbar: Ihre Empfindungen (insofern sie bewußt werden) so gut wie Ihre Vorstellungen, Ihr Denken so gut wie Ihr Fühlen und Wollen sowie auch – neben dem Bewußten – das Unbewußte. Diese Innenwelt Ihres psychischen Ichs jedoch gehört Ihnen allein.

Stellen Sie sich die Frage, wo sich Ihr Leben wirklich abspielt, wo Sie zu Hause sind. Leben Sie in jener Welt, die Sie durch Ihre Sinnesorgane wahrnehmen? Oder spielt sich Ihr Leben entscheidend in Ihrer inneren Erlebniswelt ab? Es ist klar, daß die Antwort zugunsten der Innenwelt ausfallen muß. Denn dort durchleben Sie Glück und Leid, Freude und Schmerz.

Nehmen wir an, Sie wären zu einem Festessen eingeladen. Was immer Sie dort sehen, hören, schmecken, riechen und berühren, entstammt der Außenwelt. Alles, was Sie denken und fühlen, was Sie gern oder nicht gern haben, erfließt Ihrer inneren Erlebniswelt. Ihr Erlebnis hat zwei Seiten, geradeso, als ob Sie zwei verschiedenen Festtafeln beiwohnten: das Festessen als Vorgang in der Außenwelt und das Festessen als Vorgang Ihrer inneren Erlebniswelt; von beidem sind Sie Zeuge.

Die entscheidenden Eindrücke empfangen Sie immer auf der Seite Ihres Bewußt- und Gefühlslebens. Ihr inneres Erleben prägt und beherrscht Sie, reißt Sie hin und her, zieht Sie hinab oder hebt Sie empor.

Die innere Wandlung

Um sich zu ändern, muß man bei seinem Inneren beginnen. Man muß sich durch richtiges Denken geistig steuern und das Gefühlsleben reinigen lernen. Geistiges Wachstum und emotionale Reife erreichen Sie nur durch eine tiefgreifende Veränderung Ihrer Persönlichkeit.

Wir alle kennen die Möglichkeit, Stoffe zu verändern. Beispielsweise wird Alkohol durch Vergärung von Zucker gewonnen. Radium zerfällt unter Aussendung von Strahlen langsam in Blei. Die Nahrung, die der Mensch zu sich nimmt, wird infolge biochemischer Prozesse in die für den menschlichen Organismus und das menschliche Leben notwendigen Aufbaustoffe umgesetzt.

Ganz ähnlich einer stofflichen Veränderung muß sich Ihre innere Persönlichkeit als Subjekt Ihres inneren Erlebens wandeln.

Das Geschehen in der Außenwelt erfahren Sie auf Grund äußerer Reize auf dem Wege Ihrer Empfindungen. Sie empfangen Eindrücke, die Ihnen bewußt werden und die einen bestimmten Gefühlston haben. Der Inhalt Ihrer Empfindung – das Empfundene – fällt nicht gleich aus wie bei einem anderen Menschen. Darüber hinaus aber können Sie selbst je nach Ihrer geistigen und gefühlsmäßigen Einstellung Ihre Empfindungen in dieser oder jener Weise verarbeiten. Nehmen Sie an, Sie begegneten einem Menschen, den Sie auf den ersten Blick lieben und bewundern; Sie haben von ihm bestimmte Eindrücke. Setzen Sie demgegenüber den Fall, Sie träfen eine Person, die Sie förmlich abstößt; die von Ihnen empfangenen Eindrücke sind völlig verschiedener Art. Jemand anderer würde vielleicht gerade gegenteilig empfinden und genau umgekehrt reagieren. Ferner: Ist Ihr Mann oder Ihre Tochter – die sich jetzt, während Sie lesen, im gleichen Raum wie Sie aufhalten und einer anderen Beschäftigung nachgehen – für Sie nicht das, als was Sie Ihren Mann oder Ihre Tochter begreifen? Sie sind für Sie das, was Sie von Ihnen denken. Mit einem Wort: Sie empfangen Ihre Eindrücke von der Außenwelt durch den Filter Ihres Geistes.

Größte Wichtigkeit kommt den Eindrücken zu, die Sie von den Menschen Ihrer Umwelt haben. Ihre Eindrücke können Sie beeinflussen, ja Sie können sie verändern – unter der Voraussetzung, daß Sie sich selbst ändern: Ihr Denken, Ihr Fühlen und Wollen. Um Ihr Leben zu ändern, müssen Sie vor allem Ihre Gefühlsreaktionen verändern. Neigen Sie dazu, in einer mehr oder weniger eingeschliffenen Weise zu reagieren? Neigen Sie zu Optimismus oder Pessimismus?

Sind Sie aufgeschlossen für Liebe und Glück, oder ist Ihr Leben dem Ärger und Kummer verhaftet? Wenn Sie zu negativen Gefühlsreaktionen neigen, so geraten Sie unfehlbar in den Sog depressiven Trübsinns sowie körperlicher Krankheit. Einer solchen Entwicklung müssen Sie in Ihrem Alltagsleben vorbeugen. Lassen Sie niemals zu, daß sich Ihr tagtägliches Leben in negativen Reaktionen verkettet.

Eine vollständige innere Wandlung ist aber nur möglich, wenn Sie jeglichen negativen Gedanken von sich abweisen. Dabei hilft Ihnen Ihr Glaube an Gottes Liebe und Ihr Gebet um ein Leben in Liebe. Das Gebet vermag aus Ihnen einen neuen, besseren Menschen zu machen - in geistiger, moralischer und körperlicher Hinsicht. „Wer betend ein besseres Ich anstrebt, dessen Gebet wird erhört" (George Meredith).

Beten ist ein wunderwirkendes Allheilmittel für jeden Kummer, jede Not. *„Kommet her zu mir alle, die ihr mühselig und beladen seid; ich will euch erquicken."* Matthäus 11, 28.

Zum Ausklang möchte ich hier einen Spruch burmesischer Weisheit wiedergeben: „Die Gedanken des Herzens machen den Reichtum eines Menschen aus."

Gebet um innere Wandlung

„Wer geduldig ist, der ist weise; wer aber ungeduldig ist, offenbart seine Torheit." Sprüche 14, 29.

„Ich bin immer ausgeglichen, ruhig und heiter. Gottes Friede durchströmt meinen Geist und meine Seele, mein ganzes Wesen. Ich bin guten Willens und wünsche aufrichtig allen Menschen den Frieden.

Ich weiß, daß die Liebe zum Guten meine Seele erfüllt und alle Furcht zerstreut. Ich lebe jetzt in der freudigen Erwartung des Guten. Mein Geist ist frei von Zweifeln und Sorgen. Da diese Worte mir aus der Seele kommen, löschen sie jeden negativen Gedanken und jedes negative Gefühl in mir aus. Ich hege in meinem Herzen keinen Groll, gegen niemanden. Ich öffne mein Herz Gott, der allgegenwärtig ist. Mein ganzes Sein ist von innen heraus erleuchtet.

Die Verdrießlichkeiten des Lebens berühren mich fortan nicht mehr. Treten Zweifel, Angst und Sorge an mich heran, so verwehrt ihnen mein Glaube den Zutritt – mein tiefer Glaube an das Wahre, Gute und Schöne, mein Glaube an Gott."

ZUSAMMENFASSUNG

1. Sie müssen Ihr Denken, Ihr Fühlen und Ihre Reaktionen im täglichen Leben steuern und kontrollieren lernen.

2. Sie sind gefühlsmäßig reif, wenn Sie aus dem Zentrum des Ihnen innewohnenden göttlichen Geistes – Ihrem gottgegebenen höheren Ich – heraus denken, sprechen, fühlen und handeln.

3. Eine falsche Auffassung, die Sie geistig beherrscht und in Fesseln hält, ist Ihr schlimmstes Joch. Verschreiben Sie sich aus ganzem Herzen der Auffassung des Friedens und der Liebe.

4. Liebe ist gefühlsmäßige Bindung. Strahlen Sie guten Willen und Liebe aus. Sie befreien sich dadurch von negativen Gefühlen, die Sie ins Unbewußte verdrängt haben.

5. Es findet sich immer eine Möglichkeit, Ärger abzureagieren. Machen Sie sich in einer körperlichen Betätigung Luft, sei es im Spiel, sei es in einer Arbeit.

6. Entziehen Sie sich jeglichem Ärger, indem Sie sich sagen: „Ich denke, spreche und handle jetzt vom Standpunkt der Weisheit und der Schönheit, der Wahrheit und der Liebe aus."

7. Wenn Sie Ihr Gefühlsleben steuern wollen, müssen Sie Ihr Vorstellen und Denken kontrollieren. Pflanzen Sie Ihrem Geist die Liebe ein.

8. Der Glaube an Gott und das Gute zerstreut jegliche Furcht.

9. Unterdrückte oder verdrängte Gefühle sind die Ursache so vieler körperlicher Krankheiten. Was in Ihrem Unterbewußtsein aufbewahrt ist, drängt sich früher oder später in Ihr Leben.

10. Kommt Ihnen ein negativer Gedanke, so ersetzen Sie ihn dadurch, daß Sie etwas Positives denken. Sagen Sie sich: „Ich glaube an Gott und das Gute." Ein solches Machtwort, das der positiven Gefühlsregung des Glaubens und Vertrauens erfließt, zerstreut alle negativen Gedanken und Gefühlsanwandlungen.

11. Wie reagieren Sie geistig und gefühlsmäßig gegenüber Ihren Lebenserfahrungen? Sie selbst sind der Herr Ihrer Gefühlsreaktionen. Denken Sie richtig, fühlen Sie richtig, handeln Sie richtig. Niemand kann Sie vom richtigen Weg abbringen. Ihr Denken nimmt Ihr Handeln vorweg und bestimmt es. Glauben Sie an Gott. Und seine Macht ist mit Ihrem Glauben an das Gute.

12. Ihr Leben spielt sich gleichzeitig in der Außenwelt, die Sie mit Ihren fünf Sinnen wahrnehmen, und in der inneren Erlebniswelt Ihres Denkens und Fühlens, Ihrer Vorstellungen, Überzeugungen und subjektiven Bestrebungen ab. Entscheidend ist Ihr inneres Erleben. Ihr inneres Erleben kontrolliert die Eindrücke, die Sie von der Außenwelt empfangen.

13. Um sich zu ändern, müssen Sie durch richtiges Denken Ihr Gefühlsleben reinigen. Ihr Denken bestimmt Ihre Gefühlsreaktionen.

14. Um Ihr Leben zu ändern, müssen Sie Ihre Einstellung dem Leben und Ihren Mitmenschen gegenüber ändern. Sie empfangen Ihre Eindrücke von der Außenwelt durch den Filter Ihres Geistes. Darum muß Ihr Denken auf das Positive ausgerichtet sein. Sehen Sie in Ihren Mitmenschen und in sich selbst das Göttliche. Und Sie werden an sich eine wunderbare innere Wandlung erfahren.

KAPITEL 11

Das begeisternde Gesetz der ehelichen Harmonie

Die Ehe ist die segensreichste aller Gemeinschaften dieser Welt. Der Lebensbund zwischen Mann und Frau sollte nur in tiefer Ehrfurcht und im Bewußtsein der Heiligkeit dieser Verbindung geschlossen werden. Ehe und Familie sind und bleiben die Grundpfeiler unserer Gesellschaft und Zivilisation.

Jede Ehe muß auf einer geistigen Grundlage beruhen. Ohne eine tiefe geistige Verbundenheit gibt es für die Partner keine glückliche und wirklich erfüllte Ehe. In einer Verbindung zweier Menschen für ihr ganzes Leben kommt ihrer geistigen Beziehung und Übereinstimmung im Grundsätzlichen wie auch im einzelnen größte Bedeutung zu. Das glückliche Ehepaar vergegenwärtigt sich die göttlichen Ideale und trachtet denselben nachzuleben, es bemüht sich um die Erkenntnis und Einhaltung der Lebensgesetze und strebt die bewußte Einheit der Partner in Gedanken und Werken, im Fühlen, Wünschen und Vollbringen an. Der geheiligten Gemeinschaft im Geiste erfließt aller Segen, der das innere Erlebnis sowie die äußere Gestaltung der Ehe zur Freude und zu einem harmonischen Glück macht.

Liebe vereint so wie Angst trennt

Ich kannte eine Frau, die in ständiger Angst lebte, ihr Mann könnte sie verlassen. Diese ihre Angst, die ihr ganzes Gefühlsleben beherrschte, mußte sich unbewußt ihrem Gatten übertragen haben.

Dieser Mann nun war keineswegs mit den Gesetzen des Bewußtlebens und der unbewußten seelisch-geistigen Vorgänge vertraut. An die Möglichkeit einer unbewußten Übertragung hätte er nie gedacht.

Es drängte sich ihm einfach das Gefühl auf, er müsse seine Frau verlassen. In diesem Gefühl, das ihm zu Bewußtsein kam, sah er jedoch nicht die Angst seiner Frau, sondern – von ihm subjektiv umgedeutet – ihren Wunsch.

Eines Morgens sagte er zu ihr: „Ich habe das sichere Gefühl, daß du nicht länger mit mir zusammenleben möchtest. Ich soll also gehen. Dieses Gefühl habe ich nicht erst heute. Heute Nacht aber hatte ich einen Traum, und du sagtest zu mir: ‚Geh aus dem Hause. Ich kann dich nicht länger um mich haben, also geh, bitte, weg.'"

Der Mann war zutiefst niedergeschlagen, die Frau völlig überrascht und zunächst sprachlos. Sie verstand, daß sie in dieser Lage das strenggehütete Geheimnis ihrer Beängstigungen zur Rettung ihrer Ehe preisgeben mußte. So gestand sie denn ihrem Mann ihre zur Denkgewohnheit gewordene Angst, er könnte sie verlassen, freimütig ein. Sie erklärte ihm auch, daß sein Gefühl sowie sein Traum nur eine unbewußte Dramatisierung der ihrem eigenen Gefühlsleben entstammenden Angst darstellen könne. Die Frau gestand ihm ihre Angst und ihre Liebe. Und der Mann verstand sie.

Unter dem Eindruck dieses Erlebnisses wünschte die Frau lebhaft, ihre unbegründete Angst abzulegen und alles zu tun, um ihre Ehe glücklich zu gestalten. Dabei ließ sie es nicht beim bloßen Vorsatz; sie betete vielmehr allabendlich vor dem Einschlafen um die Erfüllung ihres Wunsches. Sie wollte ihren Mann strahlend und glücklich sehen. Daher stellte sie sich ihn so vor und steigerte sich an ihrer Vorstellung in das ihrem Vorstellungsbild entsprechende Gefühl.

Auch ergriff sie jede Gelegenheit, ihm ihren guten Willen zu zeigen. Durch all die kleinen Liebenswürdigkeiten und aufmerksamen Handreichungen, die sie ihm täglich erwies, verbreitete sie eine Atmosphäre der Liebe und friedlichen Eintracht und gab ihrem Mann immer wieder zu verstehen, was sie selbst fühlte und für wahr hielt: daß er nämlich sie liebte und wieder geliebt wurde und ein liebenswürdiger, gütiger Ehemann war.

Die Frau erlebte an sich die große Wahrheit, daß eine glückliche Ehe mit der Liebe und dem Vertrauen steht und fällt.

Die Wahrheit befreite ihn

Die inzwischen verstorbene Frau Dr. Hester Brunt machte mich im Anschluß an einen Vortrag, den ich in Kapstadt gehalten hatte, mit einem Mann bekannt. Den Mann belastete seine Vergangenheit. Er hatte in seiner Jugend eine zweijährige Gefängnisstrafe in einem englischen Gefängnis abgebüßt. Nach seiner Entlassung war er in Johannesburg bei einer Bank untergekommen und hatte dort Karriere gemacht. Er hatte eine Frau, die einer angesehenen südafrikanischen Familie entstammte, geheiratet. Der Ehe waren zwei Söhne entsprossen. Nach äußeren Kriterien hätte ihm nichts zu seinem Glück gefehlt.

Im Hinblick auf seine dunkle Vergangenheit lebte er jedoch in ständiger Angst. Er fürchtete sich nicht nur vor einer möglichen Aufdeckung seines Vorlebens durch Frau und Söhne, sondern auch vor den damit verbundenen Folgen: die Presse würde sich für seinen Fall interessieren, und sicher würde sich seine Frau im Falle eines solchen bloßstellenden Skandals von ihm sofort scheiden lassen; und durch unfreiwillige Reklame dieser Art wäre wohl auch die Zukunft seiner Söhne ruiniert. Angst und Sorge überschatteten sein ganzes Dasein. Seine chronisch gewordene Angst führte zu einer schweren Neurose. Gefühlsausbrüche und Wutanfälle gegenüber seiner Frau und den Söhnen waren an der Tagesordnung.

Frau Dr. Brunt hatte mir aus seiner Vergangenheit erzählt. Aber auch ohne dieses Wissen hätte mir nicht entgehen können, daß bei diesem Mann etwas nicht stimmte. Tatsächlich ging es ihm sehr schlecht, zumal er sich hartnäckig weigerte, sich die ihm von seinem Arzt verordneten Injektionen machen zu lassen; mit der gleichen Halsstarrigkeit widersetzte er sich der Einnahme von Medikamenten. Spontan stellte ich ihm, als wir allein waren, die Frage: „Was nagt innerlich so an Ihnen?"

Er erzählte mir seine Geschichte; wie zu erwarten war, drehte sich alles um seinen Jugendfehler und die verbüßte Haftzeit.

Frau Dr. Brunt und die Frau des Mannes hatten mich aber auch über jene Tatsachen aufgeklärt, von denen der Mann nichts wußte. Im Einvernehmen mit ihnen erklärte ich ihm nun, daß nicht nur seine Frau und die Söhne, sondern auch Frau Dr. Brunt und die Vorgesetzten der Bank, für die er arbeitete, seit langem schon über seinen ehemaligen Fehltritt Bescheid wußten. Tatsächlich hatte seine Frau diesen wunden Punkt seiner Vergangenheit bereits gekannt, bevor sie sich mit ihm verehelichte. Nur hatte sie davon nie etwas erwähnt, weil sie schließlich wußte, daß er sich vollständig geändert und mit dem Rechtsbrecher von einst nichts mehr gemein hatte. Seine Vergangenheit stand auf einem anderen Blatt und ging sie nichts mehr an. Jegliches Zurückkommen auf diese Geschichte hätte ihn nur verletzen können.

Als der Mann erfuhr, daß alle Menschen, auf die es ihm in seinem Leben ankam, seine Vergangenheit kannten und ihn gleichwohl nicht hatten fallenlassen, wurde er sich der Tatsache bewußt, daß er um seiner selbst willen, nämlich so, wie er jetzt war, geliebt wurde. Sein Arzt konnte sich nur noch wundern, wie rasch, ja beinahe schlagartig, sich der Kranke erholte. Die Störung seines Gemütslebens und die damit verbundenen Krankheitssymptome waren einzig und allein auf seine von Angst verzerrten Zwangsvorstellungen zurückzuführen. Die Befreiung von seinem seelischen Druck änderte sozusagen über Nacht seine gesamte Einstellung und ermöglichte ihm ein harmonisch-einträchtiges und glückliches Leben im Kreise seiner Familie.

Das Geheimnis ihrer Freiheit

Anläßlich einer Reise begegnete ich auf Hawaii einer überaus attraktiven jungen Dame, die nicht nur hübsch, sondern zweifellos auch intelligent war. Um so mehr überraschte mich das Problem, das sie bedrückte.

Sie hatte einen unvorstellbaren Horror vor jeder größeren Schiffsreise, weil sie das Meer fürchtete. Nun war aber ihr Verlobter, ein wohlhabender Geschäftsmann und glücklich-stolzer Besitzer einer schönen Privatjacht, bereits intensivst mit den Vorbereitungen zu einer außerordentlichen Hochzeitsreise beschäftigt. Es sollte eine Ozeanreise werden, die das Paar auf seiner Jacht buchstäblich rund um die Welt führen würde. Sie aber hatte bis zur Stunde nicht gewagt, ihm ihre Angst und Abscheu vor dem Meer einzugestehen. Die Lage spitzte sich zu. Die junge Frau fühlte sich so sehr in die Enge getrieben, daß sie keinen anderen Ausweg als die Auflösung ihres Verlöbnisses sah. „Wie kann ich ihm meine Angst erklären?" fragte sie mich. „Ich schäme mich zu Tode, ich müßte mich demütigen. Ich kann es ihm einfach nicht sagen. Eher noch muß ich mich zurückziehen. Ich kann doch mit einem Meerbegeisterten keine Ehe führen."

Ich erklärte ihr, so groß sei das Dilemma nicht; sie könne sich von ihrer zweifellos abnormalen Angst vor dem Meer befreien: durch ein besonderes Gebet. Ich händigte ihr den Wortlaut eines Gebetes aus, das J. Rogers, ein Kapitän eines amerikanischen Handelsschiffes, während des zweiten Weltkrieges als „Marine-Version des dreiundzwanzigsten Psalms“ geschrieben und an seine Besatzungsmitglieder verteilt hatte (der Text wurde veröffentlicht vom Navy Chaplains Bulletin in Washington).

Da die junge Frau auf Anhieb keineswegs überzeugt zu sein schien, setzte ich ihr auch auseinander, daß sich durch die ständige Wiederholung des Gebetes, das sie täglich mehrere Male laut sprechen sollte, der Inhalt zunächst ihrem Bewußtsein und sodann auch ihrem Unterbewußtsein einprägen werde, so daß ihre ins Unbewußte verdrängten Angstgefühle ausgemerzt würden. Die *Marine-Version des dreiundzwanzigsten Psalms („Der gute Hirte“)* lautet wie folgt:

„Der Herr ist mein Steuermann, ich werde nicht steuerlos treiben. Er leuchtet mir durch die dunklen Wasser, er steuert mich an den Untiefen vorbei, er hält mein Log. Er führt mich durch den Stern des Heils um seines Namens willen. Und ob ich schon segle in finsteren Stürmen des Lebens, fürchte ich kein Unglück; denn du bist bei mir, deine Liebe und deine Obhut beschirmen mich. Du bereitest vor mir einen Hafen in der ewigen Heimat. Du salbtest die Wellen mit Öl, und ruhig gleitet mein Schiff. Sonne und Sterne werden mir folgen auf meiner Seefahrt, und ich werde bleiben im sicheren Port des Herrn immerdar.“

Die junge Frau folgte meinem Rat, und es gelang ihr, die Heilswahrheiten ihres täglichen Gebetes ihrem Unbewußten einzuprägen und ihrem Gefühlsleben einzuverleiben. Sie pflanzte, wo einst ihre Angst verwurzelt war, den Glauben an Gott, der uns sicher durch das Leben steuert, ein und tilgte in sich jegliche Angst, die sich wie die Dunkelheit vor dem Licht auflöst.

Er wollte sich scheiden lassen

Betrachten wir hier den Fall von May, die seit vierzig Jahren verheiratet war. Sie hatte im Geschäft ihres Mannes mitgearbeitet und wesentlich zu dem, was es nunmehr war, beigetragen. Auch hatte sie ihm vier Kinder geboren und aufgezogen.

Völlig unerwartet für die Frau wurde sie eines Tages von ihrem Mann gebeten, in die Scheidung einzuwilligen, damit er seine Cousine heiraten könne. May fühlte sich vernichtet, niedergeschlagen und sah völlig schwarz für ihre Zukunft.

So furchtbar der Schlag für sie zunächst erschien, so rasch erholte sie sich wieder. Sie vertraute den ihr innewohnenden geistigen Kräften und bediente sich der Techniken, die Sie in diesen Buchseiten beschrieben finden. Und sie erschloß sich eine Quelle der Kraft, der Ermutigung und Inspiration.

Sie verkaufte ihren Geschäftsanteil und begab sich auf eine Weltreise. Wenn sie sich einsam und verlassen fühlte, fand sie immer Trost im Gebet. Sie betete regelmäßig: „Die mir innewohnende göttliche Weisheit wird mir einen Mann zuführen, mit dem ich mich vollkommen verstehen werde."

Sie traf diesen Mann, noch ehe ihre Reise zu Ende war. Das Paar heiratete in Paris. Der ungebrochene Lebensmut dieser Frau brachte ihr nicht nur ein neues, besseres Glück, sondern auch eine neue Wertschätzung und Anhänglichkeit seitens ihrer Kinder und Freunde ein. Was so niederschlagend begonnen hatte, endete jetzt bei einem edleren, erfüllteren und gottgefälligen Leben. Sie hatte der Verzweiflung und Einsamkeit den Schrecken zu nehmen verstanden, indem sie sich vertrauensvoll ihrer inneren Führung überließ.

Fünfmal verheiratet

Eine knapp achtundzwanzig Jahre alte Frau überraschte mich mit folgenden Worten: „Das ist jetzt meine fünfte Ehe, und mein ‚Jetziger' ist ärger als meine vier ‚Verflossenen'! Ich warte nur noch auf das Scheidungsurteil, in wenigen Monaten ist alles wieder vorbei."

Sie war zutiefst verbittert und konnte an ihre Ehegatten nur haßerfüllt denken. Ich versuchte, ihr das Grundübel aufzuzeigen. Die Ursache der von ihr durchlebten unglücklichen Kettenreaktion lag an der Frau selbst oder – genauer ausgedrückt – an ihrer unversöhnlichen, von Haß und Bitterkeit gekennzeichneten Haltung gegenüber ihren früheren Ehemännern. Mit jeder neuen Enttäuschung hatte sie sich noch mehr verhärtet. Ihre Haßhaltung wurzelte tief im Unbewußten. Daher war es auch ganz klar, daß sie immer wieder Männer des gleichen Schlages anzog und daß jeder neue Ehemann

– entsprechend ihrer zunehmenden inneren Verhärtung – gerade noch um ein paar Grade schlimmer war als sein Vorgänger. Sie mußte darum, wollte sie nicht für immer auf eine glückliche Ehe verzichten, ihren früheren Partnern von innen heraus verzeihen lernen. Natürlich hatte die Frau bis zum Tag meiner Erklärung nicht die leiseste Ahnung von diesen tieferen Zusammenhängen. Es wäre ihr ja auch völlig ferngelegen, sich bewußt einen noch ärgeren Ehemann aufzuladen. Das geschah selbstverständlich ganz unbewußt. Unbewußt also und ungewollt wirkte sich ihre Haßhaltung nach dem Gesetz der Anziehung folgerichtig aus. Ich habe dieses Gesetz im vorliegenden Buch bereits erwähnt und möchte hier nur noch einmal an die zum geflügelten Wort gewordene Wahrheit erinnern: „Gleich und gleich gesellt sich gern."

Sie mußte also den Partnern ihrer mißglückten Ehen und sich selbst vergeben. Vergeben aber heißt sich selbst den Frieden schenken, indem man auf dem Grunde des Gemütslebens an Stelle von Haßgefühlen die Liebe einpflanzt. Nur so wird man frei.

Die Frau nahm sozusagen friedlichen Abschied von ihren ehemaligen Partnern, indem sie betete: „Ich lasse euch in Frieden ziehen und wünsche euch Gesundheit und Wohlergehen, Liebe und Glück." Ihre Vorstellungen von Liebe und Ehe änderten sich zugunsten einer vertieften Auffassung, in der auch die geistige Seite den ihr gebührenden Platz angewiesen erhielt. Das nachfolgende Gebet half ihr, sowohl ihre innere Haltung als auch ihre Auffassung von der Ehe zu ändern.

„Ich fühle mich jetzt mit Gott eins. In ihm lebe ich, in ihm habe ich mein ganzes Sein. Gott ist das Leben. Dieses Leben ist das Leben aller Menschen – aller Männer und Frauen. Wir alle sind Söhne und Töchter des einen Vaters. Ich glaube und weiß, daß es einen Mann gibt, der mich lieben und umsorgen wird. Ich weiß auch, daß ich zu seinem Glück und Frieden beitragen kann. Er schätzt meine Ideale. Er will mich nicht umerziehen, und ich will ihn nicht umerziehen; dessen bedarf es nicht. Denn unser Verhältnis beruht auf Liebe, Freiheit und gegenseitiger Wertschätzung.

Ich stelle mir die Eigenschaften, die ich an meinem Mann schätzen und lieben möchte, lebhaft vor und identifiziere mich geistig mit diesen Eigenschaften, so daß diese auch mir zu eigen werden. Wir kennen und lieben einander im gottgegebenen Geiste. Ich sehe durch ihn und er sieht durch mich hindurch Gott. Da ich meinem Mann innerlich begegnet bin, werde ich ihn auch in der Außenwelt antreffen. So will es das Gesetz meines dynamisch-schöpferischen Geistes.

Diese Worte gehen von mir aus und werden erhört. Mein Wunsch erfüllt sich jetzt. Es ist vollbracht. Gott, ich danke dir."

Einige Wochen darauf mußte sich die Frau einen Weisheitszahn ziehen lassen. Das war der Anfang einer Freundschaft, die sich zwischen ihr und dem Zahnarzt anbahnte und die sie bald innig miteinander verband. Der Mann will sie nun heiraten. Sie meinte dazu: „Ich wußte intuitiv, daß ich in ihm dem Mann begegnet bin, um den ich gebetet habe. Es war Liebe auf den ersten Blick, und wir sind einander durch tief-inniges Verständnis verbunden."

Die Frau ist ein gewandelter Mensch. Alles spricht dafür, daß sie mit ihm – einem geistig hochstehenden, gütigen Menschen – eine glückliche Ehe führen wird.

Wie er die richtige Frau fand

Es mußte ein aufreibendes Leben gewesen sein, das der Mann in New York geführt hatte. Denn er war zutiefst unglücklich, verzweifelt, am Ende seiner Kraft. Was war geschehen? Was hatte ihn so völlig aus der Bahn geworfen?

Eine Frau. Oder vielmehr: die Frau, ohne die er „nicht mehr leben konnte". Er war drei Jahre lang mit ihr gegangen, sie hatte ihn an sich gefesselt und zugleich auch immer wieder hingehalten. Nun hatte er auf einer Entscheidung bestanden, sie aber hatte seinen Heiratsantrag zurückgewiesen. Er sagte zu mir: „Ohne diese Frau kann ich nicht mehr leben, ich bringe mich um."

Ich gab mir alle Mühe, den gebrochenen Mann wieder aufzurichten, und er fand sich bereit, von neuem Vertrauen zu fassen und seine Zuflucht im Gebet zu suchen. Ich bat ihn, sich an den folgenden Wortlaut zu halten:

„Gott ist eins und unteilbar. In ihm leben wir, ihn ihm haben wir unser ganzes Sein. Ich glaube und weiß, daß Gott jedem Menschen innewohnt. Ich fühle mich mit Gott und allen Menschen eins. Ich ziehe jetzt die Frau an, die mich versteht, die zu mir paßt. Ich bin ihr durch Gott geistig verbunden. Ich weiß, daß ich dieser Frau

Liebe und Erleuchtung zu schenken vermag. Ich weiß, daß ich ihr Leben erfüllt und glücklich machen kann.

Ich spreche eine Frau mit bestimmten Eigenschaften an – die Frau, die geistig hochstehend, aufrichtig, glaubensstark und treu ist, die ausgeglichen, glücklich und im Frieden mit sich selbst lebt. Unwiderstehlich ziehen wir einander an. In meinem Leben kann sich nur das verwirklichen, was Ausfluß der Liebe und Wahrheit und was ganz ist. Ich akzeptiere dankbar, daß es die für mich ideale Frau gibt."

Er vergegenwärtigte sich geistig und gefühlsmäßig den Inhalt seines Gebetes, das er jeden Abend und jeden Morgen betete; er durchlebte denselben innerlich, und so gedieh er ihm zur subjektiven Erfahrung, zu einer Tatsache seines inneren Erlebens.

Sein Wunsch ging nicht heute, nicht morgen in Erfüllung, aber nach wenigen Monaten. Im Empfangsraum eines Hotels, in dem er abstieg, begegnete er einer Hotelangestellten, von der er sich sofort angezogen fühlte. Er fand in ihr die Frau, die er wahrhaftig liebte, und heiratete sie nach kurzer Bekanntschaft. Sie waren füreinander geschaffen: ein ideales Paar.

Es bleibt hier noch nachzutragen, wie die Frau, die ihn an den Rand des Selbstmordes getrieben hatte, wirklich beschaffen war. Sie hatte, wie sich bei ihrer Verhaftung herausstellte, mehr als nur ein Doppelleben geführt. Sie hatte sich mehrmals heiraten lassen, ohne sich auch nur die Mühe einer Scheidung zu machen, und war wegen verschiedener Delikte von der Polizei gesucht worden. Da im übrigen die unglückliche Beziehung zu dieser Frau jeglicher tieferen Grundlage entbehrte, kann es niemanden wundern, daß sie meinen Bekannten – wie alle anderen Männer ihres Umganges – hintergangen und betrogen hatte.

Sie stellte sich auf den richtigen Mann um

Eine junge Sekretärin, die bei einem Londoner Anwalt arbeitete, schüttete mir ihr etwas verstörtes Herz aus. „Ich liebe meinen Chef", beteuerte sie. „Zwar ist er verheiratet und hat vier Kinder, aber darum kann ich mich nicht kümmern. Ich will ihn, und ich werde ihn mir kapern, ob er will oder nicht."

An diesem Punkt mußte ich die Sache ernst nehmen, denn das Mädchen machte durchaus Miene, ohne Rücksicht auf Verluste in das Familienleben ihres Chefs einbrechen und ihren Willen durchsetzen zu wollen. Dieser allerdings wußte noch gar nichts von dem verliebten Ehrgeiz seiner Sekretärin. Ich redete ihr ins Gewissen. Ich glaube ihr nicht, sagte ich, daß sie ausgerechnet ihren Chef, einen verheirateten Mann, liebe; worauf es ihr ankäme, sei doch vielmehr, zu heiraten und Kinder zu haben, geliebt, umsorgt und bewundert zu werden. Sie könne doch ohne weiteres ihren idealen Partner finden, einen noch freien, ungebundenen Mann, der ihr das alles frei von jeglicher Belastung zu bieten vermöge. Sie möge um Erfüllung dieses Wunsches beten.

Ich schloß nicht aus, daß ihr die „Eroberung" dieses Mannes unter Umständen gelänge; aber selbst in dem für sie günstigsten Fall würde sie sich Problemen und Schwierigkeiten gegenübersehen, die nicht leicht genommen werden könnten. Ihr Glück würde niemals vollständig sein können, weil Schuldgefühle und Selbstverachtung die unvermeidbaren Folgen einer derart verantwortungslosen Handlungsweise wären. *„Du sollst nicht begehren deines Nächsten Weib."* 2. Mose 20, 17.

Und sanft erinnerte ich sie auch an jenes andere große Gesetz: *„Alles nun, was ihr wollt, daß euch die Leute tun sollen, das tut ihnen auch!" Matthäus 7, 12.* In diesem Gebot ist die goldene Regel für ein glückliches und erfolgreiches Leben zusammengefaßt. Wer der Selbstsucht und blind seinen Begierden lebt, setzt sich zum eigenen Nachteil darüber hinweg.

Ich stellte ihr die folgenden Fragen: „Was sollte die Familie des Mannes, den Sie von Frau und Kindern wegholten, von Ihnen denken? Wie sollten die Eltern und Geschwister ihres Mannes Sie, seine neue Frau, empfangen?" Und ohne ihre Antwort auf diese meine rhetorischen Fragen abzuwarten, fuhr ich fort: „Sie wünschen natürlich, daß die Familie Ihres Mannes Sie für eine edle, liebenswürdige und Ihres Mannes würdige junge Dame hält, die aufrichtig und ehrenhaft denkt und handelt. Und dasselbe sollte Ihrer Meinung nach sogar auch die verlassene Ehefrau von Ihnen denken. Nun geben Sie sich über das alles Rechenschaft und sehen Sie zu, ob Sie dann noch immer in diese Familie einbrechen möchten."

Mit einemmal sah sie ein, daß sie nicht auf dem richtigen Weg war. Sie begann herzzerbrechend zu weinen. Ihr Chef schied für sie aus. Sie wollte den für sie passenden Mann durch bewußte Einstellung auf ihn finden, ohne durch ihre Wahl Unglück über andere zu bringen. In täglichem Gebet suggerierte sie sich fortan: „Ich bin im Begriff, den Mann anzuziehen, der geistig, gefühlsmäßig und körperlich zu mir paßt. Er kommt auf mich zu ohne Nachteil und in göttlicher Fügung."

Sie heiratete bald darauf einen jungen Chemiker. Sie hat an sich erfahren, daß es ein geistiges Gesetz gibt, dem zufolge im Leben verwirklicht wird, was man innerlich als gegeben und wahr angenommen und durchlebt hat.

Die Einheit der Liebe

Ein Mann betrügt seine Frau. Was muß daraus gefolgert werden? Wir müssen aus seiner Handlungsweise schließen, daß es ihm an Liebe und Achtung seiner Frau gegenüber mangelt. Hätte er nämlich die zu ihm passende, in jeder Hinsicht ideale Partnerin für eine auch geistig unterbaute Ehegemeinschaft gefunden, so verlangte er nicht nach einer anderen Frau. Liebe ist ausschließlich und verbindet ein liebendes Paar zu einer Einheit. Die vollkommene Liebe zwischen zwei Menschen schließt andere Partner aus.

Ein verheirateter Mann, der es mit anderen Frauen treibt – die ja nie zufällig die Partnerinnen seines eigenen Ehebruchs sind, sondern seine darauf gerichtete Strebung geradezu verkörpern –, „erheiratet" sich (indem er sich geistig und gefühlsmäßig damit identifizieren muß) einen ganzen Fächer negativer Gemütskonflikte: er wird sich frustriert fühlen, wird zur inneren Ablehnung und Geringschätzung der Frau an sich neigen, wird übelgelaunt und zynisch werden usw. Ist ein Mann seiner Frau in wahrer Liebe verbunden, so führt er ein erfülltes, sinnvolles Leben. Nur wer die wahre Liebe und das wunderbare Gefühl des Einsseins nie gekannt hat, verläßt um dieses oder jenes Abenteuers willen die Frau, die er geheiratet hat. Ein solcher Mann ist frustriert, leidet an einem Minderwertigkeitskomplex und – fraglos – immer auch unter tief in seinem Gemütsleben verwurzelten Schuldgefühlen.

Zwangsläufig sind die Frauen, die ein solcher Mann begegnet und anzieht, gleichsam das Spiegelbild seiner eigenen seelisch-geistigen

Verfassung: sie sind innerlich unausgeglichen und zerrissen, ihnen haften die gleichen neurotischen Züge an wie ihm selbst. Der Mann kann in seinen Partnerinnen den unruhigen Wellengang seines eigenen Gemütslebens sehen und hören. Mit einem Wort: Die von ihm erkürten und auf ihn eingehenden Partnerinnen sind nicht weniger frustriert, seelisch-geistig unausgeglichen und gefühlsmäßig unsicher wie er selbst. „Gleich und gleich gesellt sich gern."

Meiden Sie Sackgassen

„Vier Jahre lang bin ich mit einem verheirateten Mann gegangen. Noch immer ist er mir teuer. Ich liebe ihn. Ich kann ihn nicht aufgeben."

Die Frau, die so sprach, hatte versäumt, von einem Mann, der ihr gehörte und zukam, geliebt und geheiratet zu werden. Sie gab sich mit einem Glück zufrieden, das nur Ersatz wirklichen Glücks war, indem sie dem Ehebruch, durch den sie einer anderen Frau den Mann wegnahm, eine Ersatzbefriedigung abgewann. Sie litt unter einem tiefsitzenden Minderwertigkeitskomplex. Ihre gesamte Lebensführung zeugte von Unsicherheit und Unbeständigkeit.

Nur allzu oft endet ein solches Leben in einer Sackgasse. Der Weg ist gewöhnlich von Betäubungs- und Beruhigungsmitteln gepflastert und endet nicht selten bei einer Überdosis Schlaftabletten. Es bedurfte keiner großen Überredungskunst, sie von dieser Gefahr zu überzeugen; halbwegs kannte sie dies ja schon aus eigener Erfahrung. Und hatte dieser Mann im Laufe von vier Jahren nicht bewiesen, daß er seine Frau nicht zu verlassen gedachte? Sie konnte doch längst nicht mehr erhoffen, von ihm je noch geheiratet zu werden. Nein, bestimmt nicht! Ich machte der Frau klar, daß dieser Mann das Verhältnis mit ihr so lange fortsetzen werde, als er dem körperlichen Umgang mit ihr ein Vergnügen abgewänne; einmal ihrer überdrüssig, werde er sie mit leeren Händen stehen lassen, ohne sie für ihre verschwendete Zeit und Jugend entschädigen zu können.

„Auch Sie wünschen", sagte ich ihr, „nichts sehnlicher als einen Ehemann, der Sie liebt, ein Heim, Kinder und Lebensverhältnisse, in denen Sie von Ihren Nachbarn, Freunden und Verwandten geachtet werden."

Ja, das wollte sie. Zunächst brach sie von sich aus ihr Verhältnis ab. Sodann stellte sie sich darauf ein, dem für sie passenden Ehemann zu begegnen. Sie ließ sich nicht länger treiben, sondern bereitete sich bewußt auf ihr Glück vor. Dabei bediente sie sich des in diesem Kapitel aufgezeichneten Gebetes (Seite 184).

Die Frau ist heute glücklich verheiratet. Sie weiß um die ihr innewohnenden geistigen Kräfte und ist längst von ihrem Minderwertigkeitskomplex befreit.

Soll ich mich scheiden lassen?

Diese Frage wird mir häufig gestellt. Aber sie ist zweifellos nicht so einfach zu beantworten. Vor allem kann sie nicht generell beantwortet werden, weil ja die im Hintergrund dieser Frage stehenden Probleme und Motive individuell sehr verschieden gelagert sind. Sicher ist, daß die Scheidung in so manchen Fällen keine Lösung darstellt. Ebensowenig jedenfalls, wie sich einem alleinstehenden Mann nicht notwendigerweise eine Heirat zur Lösung seines Problems aufdrängt.

Was für den einen richtig ist, muß nicht auch für den anderen richtig sein. Das gilt auch in der Frage einer Scheidung. Fest steht auch, daß geschieden zu sein nichts an sich Ehrenrühriges ist. Es gibt sicher auch unter geschiedenen Frauen solche, die ein edles, gottgefälliges Leben führen; und ebenso gibt es genug verheiratete Frauen, die ein Leben der Lüge einer Scheidung vorziehen, aber deshalb allein nicht besser sind.

Leider gibt es auch Fälle, bei denen von Anfang an von einer wirklichen Ehe nicht die Rede sein konnte. Wo Zwietracht und Abscheu regieren, ist es, zumal wo Kinder da sind, bestimmt vorzuziehen, wenn sich die Eltern trennen. Es ist für ein Kind weit besser, in der Obhut nur des einen Elternteiles aufzuwachsen, von diesem aber geliebt zu werden, als im Elternhaus dem Haß und Widerwillen streitender Eheleute ausgesetzt zu sein und tagtäglich Zeuge schlimmster Auseinandersetzungen zu werden. Wo die Eltern nicht von gutem Willen geleitet sind und nicht eine Atmosphäre der Liebe und Eintracht verbreiten, sind Kinder niemals glücklich. Der beherrschende Umwelteinfluß wird auf das Kind im Elternhaus ausgeübt. Und oft genug greift der Mangel an Liebe zwischen den beiden Elternteilen das Gemütsleben eines Kindes an. Die Folgen sind bekannt. Sie finden ihren Niederschlag in Neurosen, Anpassungsschwierigkeiten gegenüber der Gesellschaft und Jugendkriminalität.

Wo im Verhältnis zwischen Mann und Frau nicht die auf Freiheit gegründete Liebe vorwaltet, zusammen mit aufrichtiger Wertschätzung der Partner füreinander, da wird eine Ehe zur Farce und zu billigem Betrug. Wo die gegenseitige Liebe in Frage steht, darf ganz einfach nicht geheiratet werden. Denn Gott ist die Liebe. Und Gott vereinigt ja die Liebenden. Ihr Herz ist das Haus Gottes, der die Liebe ist. Gottgewollte Liebe im Herzen ist die Voraussetzung für jede wahre Ehe.

Es liegt an Ihrer Auffassung von sich selbst

Das Gefühl des Ungenügens und des Scheiterns degradiert. Ihm liegt immer innere Unsicherheit und Angst zugrunde. Angst steckt an. Die Angst eines Mannes überträgt sich auf seine Frau. Meistens geschieht das unbewußt. Aber sie reagiert dementsprechend. Sie erkennt in ihrem Mann nicht mehr den, als den sie ihn früher gekannt hat. Das ist auf die Änderung seiner Gefühlsverfassung zurückzuführen. Eine Frau kann ihren Mann immer nur so sehen, wie er selbst sich sieht. Ebenso kann ein Mann seine Frau nur so sehen, wie sie selbst sich sieht.

Fühlt sich ein Mann sicher und würdig, so flößt er Achtung ein und erlangt diese auch. Lebt ein Mann im Vollgefühl des Glücks und Erfolges, so übt er dadurch auf die ganze Familie einen bestimmenden Einfluß aus: er hält Frau und Kinder, alle Familienmitglieder, unzertrennlich zusammen und sorgt allein dadurch schon für Frieden und harmonische Eintracht in seinem Familienkreis.

Vermöge Ihrer vorherrschenden Überzeugungen prägen Sie Ihren Lebensverhältnissen den Stempel Ihrer Persönlichkeit auf. Und Ihre Mitmenschen fassen Sie als den Menschen auf, für den Sie selbst sich halten.

Tun Sie etwas für Ihr Eheglück?

Als Sie sich verehelichten, muß es bestimmte Eigenschaften, Tugenden und Vorzüge gegeben haben, die Sie an Ihrem Ehegatten ganz besonders schätzten und bewunderten.

Halten Sie sich diese guten Eigenschaften vor Augen. Heben Sie diese hervor, begeistern Sie sich für diese Vorzüge und identifizieren Sie sich damit. Sie wollen doch bestimmt nicht der Straßenkehrer der Unzulänglichkeiten Ihres Ehepartners sein? Wer verheiratet ist, hat vornehmere Aufgaben. Machen Sie eine Art geistiger Bestandsaufnahme über die Vorzüge Ihres Ehepartners und wenden Sie diesen Ihre Aufmerksamkeit und Bewunderung zu. Sie werden Ihren Mann – oder Ihre Frau – von neuem und immer mehr wertschätzen: zum Segen Ihrer Ehe, die auf diese Art mit den Jahren nur immer noch glücklicher wird.

Und die Bibel hat recht

„Was nun Gott zusammengefügt hat, das soll der Mensch nicht scheiden.“ Matthäus 19, 6.

Eine wahrhaftige Ehe kann einer geistigen Beziehung der Partner nicht entbehren und muß aus vollem Herzen geschlossen werden. Wo sich ein Paar in einer sauberen, aufrichtigen Ehe in Liebe verbindet, dort segnet Gott den Bund, dort wird die Ehe tatsächlich im Himmel geschlossen und darum harmonisch sein. Jeder Mensch weiß und spürt, wenn Liebe ihn bewegt. Die Liebe kommt aus dem Herzen. Das Herz ist das Haus Gottes. Und Gott ist die Liebe.

Nicht alle Ehen werden in Liebe geschlossen. Nicht selten sind äußerliche Beweggründe für die Verehelichung eines Paares ausschlaggebend. Es ist und bleibt aber falsch und eine Lüge, wenn ein Mann eine Frau um ihres Geldes, einer Position oder um anderer egoistischer Gründe willen wie zum Beispiel zur Befriedigung seines Ehrgeizes heiratet. Dasselbe gilt für die Heirat einer Frau aus Gründen ihrer Sicherheit, des Reichtums oder der hohen beruflichen oder sozialen Stellung ihres Mannes oder gar aus purer Abenteuerlust. Eine Eheverbindung aus Beweggründen dieser Art kommt nicht von Herzen und daher nicht von Gott – Gott, der die Wahrheit und Liebe ist. Der Liebe allein erfließen ja auch Aufrichtigkeit und Treue sowie die gegenseitige Achtung, ohne die sich eine Ehe nicht harmonisch und glücklich gestalten läßt.

Für Eheleute, die einander in einer wahrhaftigen Ehe – einer Einheit von Herz, Seele und Körper – verbunden sind, kann es die

Frage einer Scheidung nicht geben; denn sie sind gefühlsmäßig und geistig eins, in Liebe vereint. „*Was nun Gott zusammengefügt hat, das soll der Mensch nicht scheiden.*"

Ehegebet für Mann und Frau

„Wir sind in der Gegenwart Gottes vereint. Es gibt nur einen Gott, nur ein Leben, ein Gesetz, einen Geist, nur einen Vater – unseren Vater. Wir sind uns in Liebe verbunden, mit uns sind Eintracht und Harmonie. Ich erfreue mich des Glücks und Friedens meines Gatten. Wir beide sind von Gott geleitet, jederzeit. Wir sprechen zueinander aus dem Herzen, dem Gott innewohnt. Unsere Worte sind für uns wie Honigseim – süß und erquickend. Wir eifern einander gegenseitig in unseren guten Eigenschaften nach, an ihnen begeistern wir uns, in ihnen identifizieren wir uns.

Gottes Liebe durchdringt uns und strömt auf die Familie und alle Menschen dieser Welt aus. Wir glauben und wissen, daß wir an der allgegenwärtigen Kraft und Weisheit des unendlichen Einen Anteil haben; wir sind körperlich und seelisch-geistig gesund und heil. Das Göttliche ereignet sich in jeder Zelle unseres Körpers und in jeder Funktion von Leib und Seele und bringt sich für uns zur Entfaltung als Gesundheit, Frieden und Harmonie.

Wir glauben, daß wir alle im Kreis unserer Familie vom Göttlichen geleitet sind. Gott, der immer Rat weiß, führt uns auf die Höhenwege des Friedens und der Freude.

Die Worte, die wir jetzt sprechen, werden uns zu glücklichem Vollbringen gedeihen. Wir freuen uns darüber und sind von Dankbarkeit erfüllt, denn wir wissen, daß unser Gebet des Glaubens erhört wird."

ZUSAMMENFASSUNG

1. Die Ehe ist die segensreichste aller irdischen Verbindungen. Sie sollte nur in tiefer Ehrfurcht und im Bewußtsein ihrer Heiligkeit eingegangen werden.

2. Lebt eine Frau in ständiger Angst um ihren Mann, so kann sich dies unbewußt auf ihn übertragen und viel Kummer und Sorgen verursachen.

3. Legen Sie die Vergangenheit ab. Die Gegenwart und die Zukunft sind es, die zählen. Ändern Sie Ihr Denken und halten Sie daran fest; das wird Ihr Leben ändern. Unwissenheit hält Sie in den Klauen der Angst, und angstverzerrte Vorstellungen bringen Ihnen Leiden.

4. Verleiben Sie sich geistig und gefühlsmäßig die Wahrheit des dreiundzwanzigsten Psalms ein; dadurch vermögen Sie jegliche abnormale Angst zu zerstreuen.

5. Begegnen Sie allen Anwandlungen der Einsamkeit und Verzweiflung, indem Sie voll Vertrauen auf die Ihrem Unbewußten innewohnende Weisheit bauen.

6. Die im Unbewußten vorherrschende Gefühlshaltung bestimmt ausschlaggebend, wer sich gegenseitig anzieht. Enttäuschte Menschen sollten sich selbst und allen Mitmenschen vergeben und sodann um den idealen Partner beten. Man kann die Eigenschaften und Vorzüge, die man am Partner bewundern möchte, sich selbst suggerieren und dadurch innerlich aufbauen.

7. Sie werden dem idealen Partner begegnen, wenn Sie aufrichtig beten und im Vertrauen leben, daß Ihr Unterbewußtsein Ihren Wunsch verwirklichen wird.

8. In eine fremde Ehe sollen Sie nicht einbrechen. Machen Sie sich klar, was Sie wollen; glauben Sie, daß Sie erreichen werden, was Sie wollen; und Sie werden an Ihr Ziel kommen.

9. Die Liebe verbindet das liebende Paar zu einer Einheit. Wenn Sie Ihren Mann oder Ihre Frau wahrhaftig lieben, sind Sie gegen Treubrüche gefeit.

10. Ein lediges Mädchen, das sich mit einem verheirateten Mann einläßt, obwohl es nie auf eine Heirat hoffen kann, handelt dem zuwider, was es eigentlich sucht. Es sehnt sich nach einem Ehemann, nach einem Heim sowie nach Liebe und Wertschätzung. Ein Mädchen in dieser Lage muß zuerst den verheirateten Mann aufgeben, um den Mann ihrer eigentlichen Sehnsucht anziehen zu können.

11. Die Beziehungen so mancher Eheleute haben mit Liebe, Freundlichkeit, Verständnis und gutem Willen, mit Eintracht und Harmonie nichts mehr zu tun. Eine solche Ehegemeinschaft ist eine Farce, ist eine Lüge. Die Trennung ist einem Leben in Lüge vorzuziehen.

12. Ein Mann, der unter auf Angst und innerer Unsicherheit beruhenden Minderwertigkeitsgefühlen leidet, degradiert sich selbst; in den meisten Fällen wird seine Frau dementsprechend reagieren.

13. Halten Sie sich die guten Eigenschaften Ihres Gatten vor Augen. Begeistern Sie sich für die Vorzüge und identifizieren Sie sich damit. Ihre Ehe wird sich auf diese Art mit den Jahren nur immer noch glücklicher gestalten.

14. *„Was nun Gott zusammengefügt hat, das soll der Mensch nicht scheiden.“* Matthäus 19, 6. Gott ist die Liebe. Wenn darum die Liebe zwei Herzen verbindet, dann gibt es keine Scheidung. Liebe in Gott vereint Mann und Frau für immer.

KAPITEL 12

Das glorreiche Gesetz inneren Friedens

Die Sorge geht um wie eine Seuche. Sie ist ein ernstes Problem. Zahlreiche Ärztetagungen in aller Welt sind diesem Problem gewidmet. Tatsächlich sind Millionen von Menschen auf dieser Erde nur deshalb krank – und zwar buchstäblich krank –, weil sie sich Sorgen machen.

Leute, die sich ständig Sorgen machen, rechnen immer mit einem Unheil, mit einem Mißerfolg, mit dem üblen Ausgang einer schwebenden Sache. Sie sind in Besorgnis wegen so mancher Dinge, die nie geschehen, und brüten über Problemen, die illusorisch sind. Diese Unglücklichen werden Ihnen hundert oder sämtliche Gründe aufzeigen, die dafür sprechen, daß etwas Schlimmes passieren wird; und es wird ihnen nicht ein einziges Argument einfallen, warum etwas einmal auch gut gehen könnte. Ein Leben in ständiger Sorge schwächt den gesamten Menschen in allen seinen Kräften. Körperliche und geistige Störungen sind die unvermeidlichen Folgeerscheinungen. Eine solche Lebenseinstellung ist in erster Linie auf mangelndes Gottvertrauen zurückzuführen.

Er machte sich grundlos Sorgen

Ein guter Bekannter zog mich eines Tages ins Vertrauen. „Es geht um meine Apotheke", sagte er. „Ich werde noch krank vor lauter Sorgen. Vielleicht sollte ich die Apotheke aufgeben. Das Geschäft geht zwar gut, aber es kann ja nicht immer so weitergehen. Am Ende verliere ich sie noch. Entsetzlich zu denken, ich ginge eines Tages in Konkurs. Ich habe keine ruhige Minute mehr und kann nächtelang nicht mehr schlafen."

Um ihm raten zu können, mußte ich natürlich mit den Schwierigkeiten, denen er sich gegenübersah, vertraut sein; daher erkundigte ich mich eingehend danach.

„Nein, nein“, versicherte er mir, „bis jetzt geht ja alles gut. Noch ist nichts geschehen, aber ich spüre: es wird etwas geschehen. Ich reibe mich in Sorgen auf und bringe zu allem Unglück auch noch meine Frau gegen mich auf. Wie werde ich diese Sorgen nur los?“

Der Mann war der Eigentümer einer gutgehenden Apotheke. Er verfügte über ein ansehnliches Bankkonto und konnte von seinem ganz normalen Geschäftserlös nicht nur recht und schlecht, sondern wirklich bestens leben. Auch gab es keinerlei Anzeichen für einen möglichen Geschäftsrückgang, im Gegenteil.

Es war einzig und allein sein ihm zur Gewohnheit gewordenes negatives Denken, das ihn zu einem chronischen Schwarzseher machte. Diese Einstellung beraubte ihn allerdings seiner Vitalität und jeglicher Energie. Schlimmer noch: sie machte ihn, ginge das so weiter, tatsächlich schwächer und am Ende wirklich unfähig, Schwierigkeiten, die schließlich einmal auftreten könnten, zu begegnen.

Ich empfahl ihm dringend, von seinen grundlosen Besorgnissen abzurücken. Würde er darauf beharren, so zöge er sich auf die Dauer zweifellos jene Schädigungen zu, um die sein ganzes Denken tagtäglich kreiste. Schlecht stand es nur um sein Denken, das tatsächlich auf nichts anderes als auf Mißerfolg und Geschäftsruin hinauslief. Ich fragte ihn, ob er denn völlig vergessen habe, daß sich das Denken und damit das Leben eines jeden Menschen steuern lassen, und empfahl ihm zu beten.

Das tat er. Er betete jeden Morgen, Nachmittag und Abend, jeweils etwa für eine Viertelstunde. Sein Gebet lautete wie folgt:

„Ich baue in allem auf Gott. Er ist mein stiller Partner in allen meinen Geschäften und sorgt für einen guten Geschäftsgang. Ich bin überzeugt, daß alle meine Mitarbeiter zum Wohle des Geschäftes arbeiten und dadurch eine Art geistige Sicherheit für Fortbestand und weiteren Aufschwung meiner Apotheke darstellen. Ich glaube das, ich weiß das, und ich freue mich über ihren Erfolg. Ich löse meine Probleme, indem ich der meinem Unterbewußtsein innewohnenden unendlichen Weisheit vertraue; sie wird immer eine Lösung für mich bereithalten. Ich fühle mich sicher, ich bin in Frieden. Liebe und Harmonie umgeben mich. Meine Beziehungen zu meinen Geschäftspartnern stehen unter dem Gesetz der Harmonie. Innere Führung zeigt mir, wie ich der Menschheit dienen kann. Ich begegne meinen Partnern und Kunden im Bewußtsein, daß Gott ihnen innewohnt, und ich arbeite mit ihnen und allen Mitarbeitern einvernehmlich auf das gemeinsame Ziel hin, daß Glück, Wohlstand und Frieden herrschen mögen. Sorgenvollen Anwandlungen begegne ich durch das Gebet: ‚*Ich fürchte kein Unglück; denn du bist bei mir ...*‘ Psalm 23, 4.“

Vermöge der Kraft des Gebetes fand mein Bekannter zu einer aufbauenden Denkungsart zurück. Wie wichtige Dienste ihm dabei die Wahrheit des oben zitierten Bibelwortes leistete, läßt sich an seiner Bemerkung mir gegenüber ermessen: „Es gab Tage, an denen ich mich meiner Sorgen nicht anders erwehren konnte, als daß ich mir wohl hundertmal sagte: ‚Gott ist mit mir.‘“

Schon im Verlauf kurzer Zeit hat sich mein Bekannter von seiner Neurose – darum handelt es sich ja immer, wenn sich jemand grundlos Sorgen macht – befreit und zu einer neuen auf Gott beruhenden Freiheit und damit auch zu ungetrübter Lebensfreude gefunden.

Sie genas von ihrer Angstneurose

„Mein Mann sitzt den ganzen Tag herum, faulenzt und trinkt Bier. Er mag nicht arbeiten und jammert ständig über etwas anderes. Er macht mir schreckliche Sorgen. Mein Arzt sagte mir, ich leide an einer Angstneurose. Dazu kommt noch, daß ich unter Asthma und hohem Blutdruck leide. Auch bin ich immer von Hautkrankheiten geplagt. Mein Mann bringt mich noch ins Grab.“

Ich beeilte mich, der Frau, die mir diesen Brief geschrieben hatte, rasch zu antworten. Ich wies darauf hin, daß heutzutage viele Ärzte und Psychologen bereits von der körperlichen Rückwirkung seelischer Einflüsse ausgehen und neben vielen anderen Krankheitssymptomen insbesondere manche Hautkrankheiten und Allergien, Asthma, Herzbeschwerden und Zuckerkrankheit auf chronischen Kummer zurückführen. Chronischer Kummer jedoch sei nur eine andere Bezeichnung ihrer vom Arzt als Angstneurose diagnostizierten

Gemütskrankheit. Ich bat sie, ihre Einstellung gegenüber ihrem Mann durch tägliches Beten zu ändern und sich dabei der Hilfe des nachfolgenden Wortlautes zu bedienen:

„Gott ist mit meinem Mann und erweist ihn als aktiv und erfolgreich, glücklich, fröhlich und in Frieden mit sich selbst. Er hat jetzt seinen richtigen Platz gefunden und kann sich da entfalten. Er bezieht ein sehr schönes Einkommen. Er trinkt nicht mehr. Rechtschaffenheit und innerer Friede bestimmen sein Leben. Ich sehe ihn jeden Abend glücklich heimkommen und höre ihn begeistert von seinem neuen Arbeitsplatz erzählen. Die Verwirklichung meiner Vorstellung vertraue ich Gott an."

Daneben sollte die Frau sich täglich sechs- oder siebenmal die nachfolgenden Worte zu Gemüte führen und ihrem Unterbewußtsein einpflanzen. Ferner sollte sie sich möglichst oft in Gedanken ausmalen, wie ihr Arzt ihr versichert, ihr fehle nichts mehr, sie sei gesund.

„Ich bin mit Gottesgaben gesegnet. Darum will ich jeden Augenblick dieses Tages Gott verherrlichen. Gottes Harmonie und Friede sind in mir. Gottes Liebe heilt mich. Ich fürchte nichts, denn Gott ist mit mir. Von seiner Liebe und Schutzmacht bin ich umgeben immerdar. Ich bin überzeugt und fühle die Wahrheit meiner Überzeugung, ich glaube ganz entschieden und weiß, daß Gott in seiner Liebe und unendlichen Fürsorge alle Lieben meiner Familie heilt, leitet und schützt.

Vergebend bin ich mit allen Menschen in Frieden, und ich bin erfüllt von gutem Willen und Liebe gegenüber allen Mitmenschen. Im Innersten meines Wesens herrscht Friede – Gottesfriede. In dieser Seelenruhe fühle ich die Stärke, Führung und Liebe Gottes, der allgegenwärtig ist. Von ihm bin ich auf allen Wegen geleitet. Ich bin Gottes Werkzeug: seiner Liebe, Wahrheit und Herrlichkeit. Sein Friede erfüllt meine Seele. Ich weiß, daß alle meine Probleme und Nöte im Geist Gottes gelöst werden. Ich befinde mich auf dem Gottesweg. Was ich jetzt ausgesprochen habe, wird sich erfüllen. Für die Erhörung meiner Gebete danke ich voll Freude aus ganzem Herzen."

Es dauerte nicht sehr lange, bis ich wiederum von ihr hörte. „Das Gebet hat geholfen", schrieb sie. „Mein Mann hat eine gutbezahlte Arbeit gefunden. Er hat aufgehört zu trinken. Mein Blutdruck ist wieder normal. Auch sagte mir der Arzt, meine Asthma-Medizin sei nicht mehr vonnöten. Und sogar meine Haut ist wieder in Ordnung."

Als Ursache ihres chronischen Kummers – oder ihrer Angstneurose – war für diese Frau nicht so sehr das Verhalten ihres Mannes, sondern viel eher ihr eigenes negatives Denken bestimmend gewesen. Die Umorientierung ihres ganzen Denkens und Vorstellens wendete alles zum guten für sie und ihren Mann.

Kummer kann Zuckerkrankheit verursachen

Mit freundlicher Genehmigung der Columbia University Press in New York veröffentliche ich hier einen Auszug aus Dr. med. et phil. Flanders Dunbars Werk *Emotions and Bodily Changes*. Die sachkundige Autorin kommentiert darin den Zusammenhang zwischen Kummer und Zuckerkrankheit (Diabetes).

„W. C. Menninger veröffentlichte 1935 in zwei Artikeln eine Studie über die psychologischen Faktoren der Zuckerkrankheit. Er fand, daß nur wenige Fachleute hinsichtlich der Entstehung dieser Krankheit auf psychische Faktoren zurückgegriffen und diesen Bedeutung beigemessen haben. Immerhin schlossen ihre Überzeugungen folgende Feststellungen ein:

1. Diabetes ‚könne möglicherweise durch Angst verursacht werden' – eine Annahme, die schon 1891 von Maudsley und Savage, zwei Psychiatern, vertreten worden war.
2. Der psychische Schock sei als ‚ein erregender Faktor' anzusehen.
3. ‚Kummer, Angst und nervöse Spannung zählen zu den häufigsten Merkmalen der Krankengeschichte von Diabetikern' (laut F. M. Allen, einem Internisten).
4. Sie erörtern das ‚bemerkenswerte Zusammentreffen' eines emotionalen Schocks mit dem Ausbruch der Zuckerkrankheit.

Menninger sagt, daß die Mehrzahl der Fälle nach Ansicht der Internisten nicht offensichtlich ins Fachgebiet der Psychopathologie fällt. Demgegenüber verweist nun Menninger auf die einvernehmliche Ansicht der zitierten Autoren, der zufolge emotionale Faktoren den Krankheitsverlauf beschleunigen oder verschlimmern können, und bemerkt dazu: ‚Man ist von dem inneren Widerspruch der Ansichten wahrhaftig beeindruckt, insofern nämlich einerseits nicht in Abrede gestellt wird, daß für den Verlauf der Zuckerkrankheit psychogenen Faktoren große Bedeutung zukommt, anderseits aber an der konservativen Meinung festgehalten wird, daß denselben psychogenen Faktoren bei der Entstehung der Zuckerkrankheit nicht dieselbe Wichtigkeit beizumessen sei.'

Menningers eigenes Untersuchungsmaterial umfaßte dreißig Krankheitsfälle. Das Studium dieses Materials ergab, daß mit der Zuckerkrankheit Angstzustände und Depressionen geradezu Hand in Hand gehen. Das Vorherrschen eines besonderen Typus der seelisch-geistigen Störungen ließ sich bei den von ihm studierten Fällen der Zuckerkrankheit nicht feststellen, außer eine auffallende Häufigkeit verschiedenster Psychoneurosen. An zwölf der zweiundzwanzig Patienten, denen sein erster Bericht gewidmet war, ließen sich paranoide Wahnvorstellungen als hervorstechendstes Symptom feststellen. Bei fünf von diesen zweiundzwanzig Patienten nahm Menninger als eindeutig erwiesen an, daß die Zuckerkrankheit das Ergebnis psychischer Störungen sein könne. Er vertrat allerdings die Ansicht, daß man auf eine Vielfalt aller ursächlichen Faktoren eingehen müsse, wolle man die Ursachen der Zuckerkrankheit erklären. Zusammenfassend aber sagt er, es könne kaum noch ein Zweifel darüber bestehen, daß sich Diabetes als ein Teilausdruck des Gesamtpersönlichkeitskonfliktes eines Individuums entwickle, und es erschien ihm daher gerechtfertigt, von einer ‚diabetischen Persönlichkeitsreaktion' zu sprechen.

Weitere Diabetes-Fälle sind in Dunbars *Psychosomatic Diagnosis* (1943) und *Synopsis of Psychosomatic Diagnosis and Treatment* (1948) beschrieben."

Er täuschte sich über die Ursache seines Kummers

Ein Wirtschaftsmanager, den man im allgemeinen nur von der selbstsichersten Seite her kannte, kam eines Tages zu mir und sagte, er mache sich große Sorgen, daß er bei der demnächst stattfindenden Versammlung des Aufsichtsrates seiner Gesellschaft möglicherweise nicht zum Vorsitzer des Vorstandes und Generaldirektor gewählt werde, obwohl er nach Erfahrung, Funktion und Rang der gegebene Anwärter für diesen Posten sei. Er lebe deshalb in ständiger Sorge und Angst und sei tatsächlich einem Nervenzusammenbruch nahe.

Im Verlauf unserer Unterhaltung stellte sich heraus, daß er sich sein ganzes Leben lang nicht wenig Sorgen gemacht hatte; und ich kam zum Ergebnis, daß er zwar der Meinung war, sich wegen seiner Karriere Sorgen zu machen, sich aber über die Ursache seines Kummers täuschte. Er wollte nur die wahre Ursache nicht sehen.

Ich empfahl ihm, er möge sich vorstellen, er sei bereits Generaldirektor und nehme die Glückwünsche seiner Mitarbeiter entgegen. Er wandte diese Technik an. Wie nicht anders zu erwarten war, wurde er bei der entscheidenden Versammlung des Aufsichtsrates zum Generaldirektor der Gesellschaft berufen.

Kaum einen Monat später jedoch fand er sich wieder bei mir ein. Er war jetzt Generaldirektor, aber seine Sorgen waren ihm geblieben. Diesmal ging es um seinen Blutdruck. Sein Arzt hatte ihm versichert, daß dieser gefährlich hoch sei.

Ich rief ihm in Erinnerung, daß er seinerzeit in Sorge war, ob er, wie es ihm zustand, tatsächlich Generaldirektor würde. Warum er denn jetzt, da er erreicht hatte, was er wollte, seiner Sorgen nicht ledig sei?

Er erklärte mir seine Lage. Was – wenn er die Erwartungen, die man in ihn setzte, nicht zu erfüllen verstand? Wenn auf Grund seiner Entscheidungen die Gesellschaft nicht weiterhin gewinnbringend arbeiten und er von seinem Posten abberufen würde? Und dergleichen mehr.

Vor lauter Sorgen um sein berufliches Fortkommen hatte der Mann kaum noch Zeit gefunden, an etwas anderes zu denken. Jetzt ging er in sich. Er gab sich Rechenschaft darüber, daß er nicht einmal mehr täglich gebetet und die innere Beziehung zu Gott vernachlässigt hatte – Gott, der allein ihm hätte Zuversicht und Stärke verleihen können. Auf einmal erkannte er, daß darin die tiefere Ursache seiner nie endenden Sorgen verborgen lag. Und er dachte darum nicht länger, von Sorgen geschlagen zu sein; es kam ihm ganz klar zu Bewußtsein, daß er allein sie sich angezüchtet hatte. Er faßte den Entschluß, seinen Zwangsvorstellungen, in die er sich hineinmanövriert hatte, durch regelmäßiges Beten überlegen zu werden. Das Gebet lautete wie folgt:

„Ich weiß: Die Lösung meines Problems liegt an mir, nämlich in meinem Inneren, dem Gott innewohnt. Ich bin jetzt ruhig, entspannt, gelöst. Ich befinde mich im Frieden. Ich weiß, daß von Gott niemals Verwirrung kommt. Ich bin jetzt im Einklang mit dem Unendlichen. Ich glaube und weiß, daß die unendliche Weisheit mir die richtige Lösung offenbaren wird. Ich denke über meinen Konflikt nach. Ich denke über die Lösung nach. Aber jetzt lebe ich in der glücklichen Stimmung, als ob meine Probleme schon gelöst wären. Ich lebe wahrhaftig in diesem Vertrauen, das mich nicht mehr verläßt; dies ist der Geist Gottes in mir, der allmächtig ist und sich von selbst offenbart. Mein ganzes Sein erfreut sich der Lösung, ich bin glücklich. In diesem Gefühl lebe ich, und ich danke dafür.

Gott weiß schon die Antwort. Mit Gott ist alles möglich. Gott, der allmächtig ist, ist der lebendige Geist in mir und die Quelle aller Weisheit und Erleuchtung.

Das Zeichen der Gegenwart Gottes in mir ist mein Gefühl des Friedens und der Ausgeglichenheit. Anspannung und Anstrengung sind mir jetzt fern, ich vertraue auf Gottes Macht und Herrlichkeit. Ich weiß, daß mir die Kraft und Weisheit innewohnen, um ein glückliches Leben zu führen. Ich bin körperlich völlig entspannt und geistig gelöst, ich bin frei. Ich glaube an Gottes Weisheit und fühle meinen Geist von seinem Frieden erfüllt, bis auf den Grund meines Herzens und meines ganzen Wesens.

Ich weiß, daß beruhigten Geistes alle Probleme gelöst werden. Ich vertraue mein Anliegen Gott an, der die Antwort kennt. Ich bin im Frieden."

Er sprach dieses Gebet jeden Morgen mehrere Male im Bewußtsein, daß sich sein Inhalt dem Unterbewußtsein einprägen und sich dann von selbst im Sinne einer Heilung verwirklichen werde. Das Gefühl seiner Verbundenheit mit Gott verlieh ihm Vertrauen und eine für ihn neue Zuversicht. Auf Grund seiner geänderten Einstellung gelang es ihm, seine Probleme zu lösen, ohne sich in Sorgen aufzureiben, und im ganzen ein seelisch und geistig ausgeglichener Mensch zu werden.

Wie sie ihrem Jungen und sich selbst half

Jede Mutter macht sich bisweilen wegen ihres Kindes Sorgen. Was mir jedoch die Mutter eines bereits schulpflichtigen Buben eröffnete, hatte mit mütterlicher Fürsorge nichts mehr zu tun. Sie machte sich Sorgen allein schon, weil der Junge in der Schule war. Er könnte die Masern kriegen, ins Schwimmbassin fallen oder auf dem Schulweg von einem Auto überfahren werden. Sie schwelgte geradezu in bösen Vorahnungen und suhlte sich in ihrem Kummer. „Da muß ich mir doch einfach Sorgen machen", versicherte sie mir. „Niemals werde ich zur Ruhe kommen."

Die Frau suggerierte ihrem Jungen nur Bedrohliches und Unheilvolles. Dabei wäre es doch fraglos produktiver und darüber hinaus auch faszinierender und schöner für sie selbst, ihr Kind täglich aufs neue mit guten Wünschen zu bedenken und ihm den mütterlichen Segen auf den Weg mitzugeben. Das sagte ich der Frau und bat sie um eine aufgeschlossene, von Gottvertrauen getragene Haltung. Sie müsse erkennen, daß Gott ihr Kind liebt und beschützt, daß Gottes Liebe ihren Jungen umgibt, sicher leitet und glücklich bettet.

Sie nahm sich meinen Ratschlag zu Herzen: nicht nur zum Segen ihres Buben, sondern auch zu ihrem eigenen Wohl. Indem sie sich zu beten angewöhnte – und Beten ist eine Gewohnheit –, wurde sie ihres Kummers und aller Sorgen ledig. Diese hatten sich ja in ihrem Geist nur einnisten können, weil sie sich – unaufgeklärt und darum geistig träge bis zur Gleichgültigkeit – Anwandlungen der Angst und all den Schreckensbildern ihrer Phantasie widerstandslos überlassen und dadurch ihr Geistes- und Gefühlsleben dem Negativen ausgeliefert hatte.

Wie diese Frau können auch Sie sich von quälendem Kummer und ständiger Besorgnis befreien, wenn Sie Ihre Zuversicht auf Gott stellen und regelmäßig beten, wie es in der Bibel geschrieben steht: *„Ich hebe meine Augen auf zu den Bergen. Woher kommt mir Hilfe? Meine Hilfe kommt vom Herrn, der Himmel und Erde gemacht hat."* Psalm 121, 1-2.

Tun Sie nicht, was Sie nicht wollen

Wenn Sie sich Sorgen machen, richten Sie Ihre ganze Aufmerksamkeit auf ein Ziel, das schwerlich Ihr Ziel sein kann. Gerade dorthin, wo Sie sich in Ihrer Sorge schon halbwegs sehen, wollen Sie ja nicht hinkommen. Gleichwohl aber konzentrieren Sie sich geistig darauf und bereiten dadurch sich selbst und auch den Weg vor, so daß sich Ihre Sorge verwirklichen kann. Auf diese Art schaffen Sie selbst sich die Bedingungen für ein Leben in Kummer und Sorgen, die nie abreißen werden. Sich Sorgen machen bedeutet daher im Grunde genommen die geistigen Kräfte in negativer und denkbar destruktiver Art und Weise einzusetzen. Das wollen Sie nicht, also tun Sie es nicht.

Kummer greift die Drüsen und Organe Ihres Körpers an

Dr. Hans Selye vom Institut für experimentelle Medizin und Chirurgie der Universität Montreal befaßte sich nachhaltig mit den das Abwehrsystem des Körpers herabsetzenden Auswirkungen von Angst und Kummer. Nachfolgend zitiere ich seine Ansicht aus Dr. med. Rolf Alexanders Werk *The Mind in Healing*, erschienen 1960 bei E. P. Dutton & Co., New York, mit freundlicher Genehmigung des Verlages.

„Wenn die geistige Spannung, die das allgemeine Abwehrsystem des Körpers in Bewegung setzt, nicht nur vorübergehender Natur ist, sondern Woche für Woche andauert, so versuchen sich die Nebennierendrüsen dieser Situation zunächst dadurch anzupassen, daß sie ihren Ausstoß an Hormonen erhöhen; dies aber wirkt sich verheerend für verschiedene andere Prozesse aus, die ihrerseits nicht der Abwehr dienen. Der Betroffene entwickelt vielleicht Arthritis oder Diabetes oder irgendeine andere der sogenannten psychosomatischen Krankheiten. Dauert der Streß über die Phase der ‚allgemeinen Anpassung' hinaus an, so hat dies unweigerlich eine Erschöpfung der Nebennieren zur Folge. Sie wechseln ihre gelbe Farbe und werden braun. Es bilden sich Magengeschwüre. Der Widerstand gegenüber Kälte und Hitze sowie jeglicher Art von Krankheit oder Verletzung bricht zusammen. Und wenn der unglückliche Betroffene nicht irgendeiner Infektion zum Opfer fällt, so wird er wahrscheinlich einer Herz-, Kreislauf- oder Nierenkrankheit erliegen, die ja heutzutage zu den mörderischsten Krankheiten gehören, die uns bedrohen."

Dr. Selye demonstrierte, daß das Abwehrsystem des Körpers Dauerbelastungen nicht standhält und mehr oder weniger nur an einer Front wirksam kämpfen kann. Wird dieses Abwehrsystem beispielsweise in Reaktion auf die Spannung, die mit den durch einen komplizierten Beinbruch verursachten Schmerzen verbunden ist, in Gang gesetzt, so mobilisiert es – neben seiner normalen Tätigkeit – zahlreiche spezifische Tätigkeiten zur Heilung des Bruchs. Wenn nun aber die „Reparaturarbeit" des Körpers zusätzlich noch durch einen weiteren Streß belastet wird – ausgelöst, sagen wir, von Angst –, erliegen wir entweder leicht unserer körperlichen Verletzung oder, gegenteiligenfalls, einem aus dem zusätzlichen Streß resultierenden Schock; sofern die Sache nicht einfach so endet, daß unser gebrochenes Bein nicht verheilt und amputiert werden muß. Handelt es sich nun nicht um Knochenbrüche, sondern andere, subtilere Krankheiten, so ist die Möglichkeit der Heilung unterdrückt und solche Krankheiten werden chronisch.

Ziehen Sie selbst Ihre Schlußfolgerung, sie ist ja ganz einfach. Sie heißt: Wird das allgemeine Abwehrsystem Ihres Körpers durch Spannungen nichtorganischen Ursprungs mobilisiert, so ist Ihre Widerstandskraft gegenüber zusätzlichen Spannungen, deren Ursache eine Erkältung, Grippe oder Lungenentzündung sein mag, stark herabgesetzt.

Sie können jeglichen Kummer überwinden

Verschwenden Sie Ihre Zeit nicht, indem Sie über Ihren Sorgen und Schwierigkeiten brüten. Vermeiden Sie negatives Denken. Unter dem Druck dauernder Anspannung ist ein harmonisches Zusammenspiel Ihrer seelisch-geistigen Funktionen nicht möglich. Wenn Sie nervös sind, weil Sie sich einem auf den ersten Blick unlösbaren oder nach langem Grübeln nicht leichter gewordenen Problem gegenübersehen, so können Sie nichts Besseres tun, als sich etwas Angenehmem und Erfreulichem zuzuwenden. Das entspannt Sie, das macht Sie locker und aufgeschlossen für die Lösung Ihres Problems. Sie sollen ja Ihr Problem nicht bekämpfen – und unter Umständen an ihm scheitern –, Sie wollen ihm vielmehr überlegen werden. Und genau das können Sie auch.

Wer sich dem Zugriff der Nervosität entziehen oder sich von seelischem Druck befreien will, macht am besten einen Spaziergang oder lenkt sich durch ein Kartenspiel ab. Oder es gibt Menschen, die in solchen Lagen Klavier spielen, im Garten arbeiten oder fischen gehen. Es gibt zahllose Möglichkeiten der Ablenkung und Entspannung, solche für jeden Geschmack.

Ich möchte Ihnen in diesem Zusammenhang dringend ans Herz legen, inneren Frieden und neue Zuversicht aus der Lektüre der Bibel zu schöpfen. Wählen Sie die Bibelstellen, die Sie am liebsten haben. Oder lesen Sie zum Beispiel das elfte Kapitel aus dem Brief an die Hebräer, das dreizehnte Kapitel aus dem ersten Brief an die Korinther oder den sechsundvierzigsten Psalm. Lesen Sie diese Bibelstellen ohne Hast, vielleicht sogar mehrmals. Sie werden die Erfahrung machen, daß sich Ihrer eine wunderbare innere Ruhe bemächtigt, die Ihnen das Gefühl der Ausgeglichenheit und tiefen Friedens schenkt.

Schritte zur Überwindung des Kummers

Erster Schritt: Wenden Sie sich, sobald Sie am Morgen erwachen, Gott im Gebet und im Bewußtsein zu, daß er Ihr liebender Vater ist. Entspannen Sie Ihren Körper. Halten Sie Zwiesprache mit Gott, der Ihr höheres Ich ist. Vertrauen Sie vorbehaltlos wie ein Kind Gott, der gegenwärtig ist, im Bewußtsein, daß Sie jetzt geheilt werden.

Zweiter Schritt: Sprechen Sie aus tiefstem Herzen die Worte: „Ich danke dir, Vater, für diesen wunderbaren Tag. Es ist ein Tag Gottes, der von Freude und Frieden, von Glück und Erfolg erfüllt ist. Ich sehe diesem Tag in freudiger Erwartung entgegen. Gottes Weisheit und Inspiration wird mich den ganzen Tag über leiten. Es ist ein Tag freudigen Vollbringens und glücklichen Vollendens. Ich glaube an Gottes Führung, und seine Liebe erfüllt meine Seele."

Dritter Schritt: Sagen Sie sich aus tiefer Überzeugung: „Ich vertraue der Güte Gottes. Ich weiß, daß er mich jederzeit beschützt. Ich bin ausgeglichen, ruhig, heiter. Alles, was ich tue, geschieht nach Gottes Willen und unter göttlichem Gesetz."

Machen Sie sich diese drei Schritte zur Gewohnheit. Befallen Sie sorgenvolle Gedanken, so löschen Sie diese aus durch eine geistige Betrachtung in der Art der drei Schritte zu innerer Sammlung. Ihr Gebet gibt Ihnen den Frieden zurück.

ZUSAMMENFASSUNG

1. Leute, die sich Sorgen machen, grübeln so manchem nach, was nie geschehen wird, und berauben sich dadurch ihrer Vitalität und aller Energie.
2. Wer Sorgen hat, fürchtet sich vor dem, was zwar noch nicht geschehen ist, aber geschehen könnte. Ändern Sie Ihr gegenwärtiges Denken, dann ändern Sie Ihre Zukunft. Ihre Zukunft ist der Niederschlag dessen, was Sie vorher gedacht haben.
3. Wenn Sie in Ihrer Gewohnheit, Kummer und Sorgen zu haben, verharren, so laufen Sie Gefahr, gerade das anzuziehen, wovor Sie sich fürchten.
4. Befallen Sie negative Gedanken, so zerstreuen Sie diese mit dem Machtwort des Glaubens: „Gott ist mit mir."
5. Macht Ihnen Ihr Mann oder wer immer Sorgen, so stellen Sie sich ihn in Gedanken vor, wie Sie ihn gerne sehen möchten. Die wiederholte Innenschau dieses Bildes wird Wunder wirken.
6. Wer sich chronisch Sorgen macht, findet immer einen Grund für seinen Kummer. Die Ursache ist aber nicht diese oder jene Schwierigkeit, die Sorgen sind vielmehr auf ein tiefverwurzeltes Unsicherheitsgefühl zurückzuführen – auf mangelndes Gottvertrauen.
7. Chronische Schwarzseher stehen ständig unter Druck. Die mit Kummer und Angst verbundenen Spannungen setzen die körperliche Widerstandskraft herab und erhöhen die Anfälligkeit gegenüber bestimmten Krankheiten.
8. Es besteht weder Anlaß noch Grund, sich Sorgen zu machen, nur weil Ihr Kind sich außerhalb der Reichweite Ihrer unmittelbaren Obhut befindet. Sie sollen vielmehr davon ausgehen, daß Gott Ihr Kind liebt und beschützt.
9. Wenn Sie sich Sorgen machen, konzentrieren Sie sich ausgerechnet auf das, was Sie nicht wollen.
10. Verbinden Sie sich geistig der Allmacht und Herrlichkeit Gottes. Gottvertrauen sei die Grundlage Ihres Denkens und Vorstellens. Das Licht Gottes hebt das Dunkel aller Sorgen und Kümmernisse, aller Angst und Verzweiflung auf.

KAPITEL 13

Das beglückende Gesetz des Wohlergehens

Es sind immer wieder dieselben Fragen, die sich die Menschen in ihrem Streben nach Glück und Wunscherfüllung stellen. Wie kann ich im Leben vorwärtskommen? Wie kann ich meine Lebensverhältnisse verbessern, mehr verdienen, ein Haus, eine Wohnung, ein neues Auto kaufen? Wie komme ich zu all dem Geld, das ich einfach brauche, um an das Ziel meiner Wünsche zu kommen?

Die Antwort auf diese und ähnliche Fragen kann nur lauten: Es liegt in der Hand eines jeden einzelnen. Man muß allerdings die beherrschenden geistigen Gesetze kennen und die einem jeden Menschen innewohnenden geistigen Kräfte zu nützen lernen. Das Gesetz von Ursache und Wirkung sowie jene des Wachstums und der Anziehung beherrschen das menschliche Geistesleben. Sie gelten mit derselben Folgerichtigkeit wie etwa chemische oder physikalische Gesetze, denen das anorganische und organische Leben unterworfen ist. Sie sind ebensowenig anzuzweifeln wie das Gesetz der Schwerkraft. Das Gesetz irdischen Wohlergehens ist auf die denkbar schönste Weise in einem Bibelwort ausgedrückt worden. „... *der ... hat Lust am Gesetz des Herrn und sinnt über seinem Gesetz Tag und Nacht!*“ Psalm 1, 2.

Zu Glück und Wohlstand zu gelangen bedeutet vor allem anderen die Steigerung unseres Leistungsvermögens, das heißt unserer geistigen Fähigkeiten und Möglichkeiten. Erst durch deren volle Entfaltung setzen wir unsere inneren Kräfte sinnvoll ein. Der von Ihnen erstrebte Lebenserfolg wird, wenn er Ihrem Unterbewußtsein eingepflanzt wird, in Ihrem Leben seinen Niederschlag finden.

Das Rezept eines Börsenmaklers

Zu einem meiner guten Bekannten gehört ein Börsenmakler, der in Los Angeles lebt. Er verfügt über einen breiten Kundenkreis und ist bekannt für seine glückliche Hand in der Anlage der ihm anvertrauten Vermögenswerte.

Der Mann schreibt selbst seinen Erfolg Gesprächen zu, die sich nur in seiner Phantasie abspielen. Gesprächspartner ist dabei ein Freund, der Bankfachmann und Multimillionär ist. Mein Bekannter stellt sich vor, daß ihn dieser Bankfachmann zu seinem gesunden und weitblickenden Urteil beglückwünscht und ihm seine Anerkennung für die Richtigkeit seiner an der Börse getroffenen Entscheidungen ausspricht. In diese Unterhaltung mit seinem imaginären Freund steigert er sich jeden Morgen, wenn er ins Büro geht, lebhaft hinein und prägt dadurch diese Vorstellung seinem Unbewußten ein.

Die Phantasiegespräche dieses Börsenmaklers stimmen mit seinem Ziel überein, die ihm von seinen Kunden anvertrauten Werte sowie auch seine eigenen Mittel sicher und gewinnbringend anzulegen. Er versicherte mir, daß er die größte Genugtuung daraus ziehe, auf Grund seiner Entscheidungen andere reich zu machen. Und weil es ihm gelingt, für andere Geld zu machen, geht es natürlich auch ihm selber sehr gut, ja besser als er es sich je zu erträumen wagte.

Es liegt auf der Hand, daß mein Bekannter seine geistigen Kräfte positiv einsetzt und dem Leben eines Börsenmaklers in göttlicher Fügung Freude und Genugtuung abgewinnt.

Er folgte der Eingebung des Unbewußten

„Ich werde alles verlieren – mein Haus, meinen Grundbesitz, mein Vermögen bis auf den letzten Heller. Ich kann den Forderungen meiner Bank nicht mehr nachkommen, die Bankleute werden meine Hypothek fällig stellen und mein Hab und Gut versteigern."

Ich sagte dem völlig verzweifelten Mann, daß er die benötigten Geldmittel haben werde, wenn er nur sein Unterbewußtsein in dieser Richtung zu beeinflussen lerne. Er solle nicht neugierig sein, wie, wann oder wo die Quelle sich für ihn aufschließe. Sein Unbewußtes kenne Wege, die jenseits des Begreifens liegen.

Er begann in der Vorstellung zu leben, er hinterlege den fälligen Schuldbetrag in barer Münze bei seiner Bank. Er sah sich im Geiste die Summe dem Schalterbeamten auszahlen und hörte diesen zu ihm sagen: „Alles ist bezahlt. Ich freue mich, daß es Ihnen gelungen ist, das Geld zu beschaffen!" In diese imaginäre Szene steigerte er sich insbesondere immer vor dem Schlafengehen förmlich hinein und erlebte das Ganze innerlich als subjektive Wirklichkeit. Und je engagierter sein inneres Erleben war, um so wirksamer prägte sich der Inhalt dieser Vorstellung seinem Unbewußten ein. Sein inneres Erlebnis war so echt, daß sich eine objektive Verwirklichung geradezu aufdrängen mußte.

Was nun weiter geschah, war wirklich nicht zu erwarten gewesen. Der Mann hatte eines Nachts einen Traum. Er sah auf einer ihm bekannten Rennbahn ein Pferd, auf dessen Sieg er gesetzt hatte, siegreich im Ziel einlaufen. Das Pferd, ein Außenseiter mit 50:1, gewann ihm ein kleines Vermögen. Er sah seinen Sieg am Totalisatorbrett und hörte den Mann, der ihm seinen Gewinn auszahlte, sagen: „Zehntausend Dollar – Sie haben aber Glück!"

Von diesem Traum erzählte er seiner Frau. Und diese eröffnete ihm, sie habe vor sicher fünf Jahren zwei Hunderternoten in einem alten Teetopf versteckt. Er möge sich dieses Notgroschens bedienen, um auf sein Pferd zu setzen.

Sein Pferd gewann, und er nahm zehntausend Dollar mit sich, die er zur Tilgung seiner Hypothekarschuld bei seiner Bank einzahlte. Sein Traum hatte sich bis in Einzelheiten verwirklicht. So sagte ihm der Mann bei der Auszahlung seines Wettgewinns genau das, was er im Traum schon gehört hatte.

Das Wunder des Wachstums

Hier möchte ich Ihnen von einer Frau berichten, die drei Kinder hatte und arbeitslos war. Sie hatte kein Geld und keinen Kredit mehr. Es fehlte ihr und den Kindern am Nötigsten. Es fand sich für sie eine kleine Überbrückungshilfe.

Gleichzeitig aber faßte sie auf Grund meines Zuspruchs neuen Mut. Mehrmals jeden Tag entspannte sie sich und ließ sich, in einem bequemen Sessel sitzend, in jenen Dämmerzustand zwischen Schlafen und Wachen gleiten – mit dem Wort auf den Lippen: „Gott gibt mir mehr als ich brauche."

In diesem einen Satz fand sich alles zusammengefaßt, was diese einfache Frau bewegte: ihr Gottvertrauen, aber auch ihr Vertrauen in die Erfüllung ihrer Wünsche. Und sie wünschte sich sehnlichst einen neuen Arbeitsplatz, Nahrung und Kleider für die Kinder, Geld für so manche Bedürfnisse und auch einen Mann zum Lebensgefährten und als Vater ihrer Kinder. Wenn sie betete, versuchte sie, sich durch nichts ablenken zu lassen und ihre ganze Aufmerksamkeit auf die Bedeutung ihrer Worte und den darin zusammengefaßten Inhalt ihres Gebetes zu richten. Und immer und immer wieder wiederholte sie für sich: „Gott gibt mir mehr, als ich brauche."

Sie betete nicht vergeblich. Sie bekam unerwarteten Besuch aus Neuseeland – ihres Bruders nämlich, der seit zwanzig Jahren nichts von sich hatte hören oder sehen lassen, inzwischen aber reich geworden war. Er schenkte ihr fünfzehntausend Dollar und ein paar wertvolle Diamanten! Er brachte sie überdies als Sekretärin bei einem Notar unter, dessen Frau sie wurde – die „glücklichste Frau dieser Erde", wie sie mir versicherte.

Die Konzentration der Aufmerksamkeit auf den in einem einzigen Satz zusammengefaßten Inhalt eines schlichten Gebetes stellt eine innere Sammlung dar, die, psychologisch begründet, ihre Wirkung kaum verfehlen kann. Der Inhalt Ihrer Suggestionen prägt sich kraft ständiger Wiederholung, unerschütterlichen Glaubens und freudiger Erwartung Ihrem Unterbewußtsein ein, dessen Möglichkeiten wirklich menschliches Begreifen übersteigen. Was Sie säen, ernten Sie dreißigfach, sechzigfach, hundertfach. Dies ist das Wunder des Wachstums.

Der Schlüssel zum Wohlergehen

Man kann immer wieder nur staunen, was Dankbarkeit vermag. Sie ist ein Schlüssel zu Gesundheit, Glück und Wohlergehen.

Das erwies sich in wundervoller Weise an einem mir bekannten Häusermakler. Er befand sich in einem geschäftlichen Engpaß. Natürlich war er darüber nicht glücklich, aber er ließ sich deshalb in seinem Gottvertrauen nicht beirren. Sein allabendliches Gebet brachte dies zum Ausdruck: *„Vater, ich danke dir, daß du mich* *erhört hast. Ich wußte wohl, daß du mich allezeit hörst.*" Diese dem Evangelium Johannis (11, 41-42) entnommenen Worte fanden auf den Lippen des Einschlafenden ihre Kurzform: „Ich danke dir." Und mit diesen Worten schlief er jeweils ein.

Eines Nachts träumte er von einem Mann, der ihm einen Scheck überreichte – als Anzahlung auf den Kaufpreis für ein aus vierzehn Parzellen zusammengesetztes großes Grundstück, das er dringend zu verkaufen wünschte. Eine Woche darauf kam der Mann, den er im Traum gesehen hatte, in sein Büro und kaufte die Liegenschaft.

Seit diesem erstaunlichen Erlebnis machte es sich der Realitätenhändler zur Gewohnheit, jede Nacht mit den Worten und mit dem Gefühl „Ich danke dir!" einzuschlafen. Dieser besonderen Art innerer Danksagung und Sammlung schrieb er die Besserung seines Gesundheitszustandes und auch den unerhörten Geschäftsaufschwung zu, dessen er sich nach Überwindung seiner Liquiditätsenge erfreute.

Tun Sie es ihm gleich. Geben Sie sich jeden Morgen und Abend Rechenschaft, daß Gott für Ihr geistiges, körperliches und berufliches Wohl sorgt. Steigern Sie sich in diese Überzeugung bewußt hinein und leben Sie in diesem Gefühl. Ihr allabendliches Schlummergebet sei: „Ich danke dir, Vater." Ihr Dank nimmt jenes glückliche Vollbringen vorweg, zu dem Sie Ihr Gottvertrauen befähigt – kraft Ihres schöpferischen Unbewußten.

Wohlergehen kommt nicht von ungefähr

Die Frau, von der hier die Rede ist, hatte nach dem Tod ihres Mannes zwar ein Haus, aber weder Geld noch Kredit, und das eine oder andere benötigte sie dringend. Sie konnte ihrer Bank die Hypothekarzinsen nicht mehr bezahlen. Immer mehr Rechnungen mußten ebenfalls unbezahlt bleiben.

Ich empfahl ihr, sich mehrmals täglich den nachfolgenden Satz einzuprägen: „Mein Haus ist schuldenfrei, und mir fließt Geld überreichlich zu." Sie möge sich, erklärte ich ihr, nicht fragen, woher das Geld kommen werde oder auf welche Weise sonst ihr Gebet erhört werde. Ihr Unterbewußtsein werde sie schon richtig leiten und wissen, wie ihre Wünsche zu erfüllen seien.

Geraume Zeit darauf setzte sich ein Bauunternehmer mit der Frau in Verbindung. Er interessierte sich für ihr Grundstück, weil er darauf einen großen Wohnblock errichten wollte. Sie wurden handelseinig. Aus dem Verkaufserlös, der den Realwert ihres Grundstücks weit überstieg, konnte sie mühelos alle ihre Schulden bezahlen und sich noch einen Notgroschen erübrigen. Gleichzeitig kam sie mit dem Bauunternehmer überein, daß sie in dem Neubau eine schöne Wohnung beziehen und gegen eine sehr gute Entlohnung den Posten der Hausverwalterin übernehmen sollte.

Was dem Unterbewußtsein eingepflanzt wird, trägt früher oder später Früchte. Oder begreifen Sie es, wie es die Bibel sagt: „*Was du dir vornimmst, läßt er dir gelingen, und das Licht wird auf deinen Wegen scheinen.*" (Hiob 22, 28)

Das Leben ist Zuwachs

Ein mir bekannter Kleiderhändler führt sein Privat- und Geschäftsleben unter dem Motto: „Alles, was ich unternehme, ist Addition. Der Subtraktion stehe ich fern."

Damit will er sagen, daß er sein ganzes Leben unter dem Aspekt des Pluszeichens, das ihm Wohlergehen und Zuwachs bedeutet, einrichtet und führt. Mit der richtigen Einstellung kommt man tatsächlich ohne Subtraktion aus. Man ist gegen Verluste gefeit, dies schon allein deshalb, weil jeder Verlust durch einen größeren Gewinn aufgehoben wird. Das Pluszeichen steht hier für den Zuwachs an Weisheit und Kraft, an Glauben, Wissen, Gesundheit und Glück.

Konkret lebt man ständigem Zuwachs zu, indem man sich an die positive Seite des Lebens hält und sich durch entsprechende Meditation auf innere Führung und Harmonie, richtiges Handeln und Erfolg einstellt. Wer sich selbst glücklich und erfolgreich vorstellt und fühlt, sorgt dadurch vor, daß sein Leben vermöge der schöpferischen Kraft des Unbewußten im Zeichen des Wohlergehens und glücklichen Zuwachses steht.

Von da an ging es aufwärts

Ein Versicherungsvertreter klagte mir mit den folgenden Worten sein Leid: „Ich gebe mir die größte Mühe und plage mich bis spät in die Nacht ab, um es zu etwas zu bringen. Erfolg und Verdienst bleiben jedoch denkbar enttäuschend, ja mager."

Wir vereinbarten eine allwöchentliche Zusammenkunft. Zunächst legte ich es darauf an, daß er sich körperlich und geistig entspannen lernte. Sobald er sich im Zustand lockerer Gelöstheit befand, redete ich ihm wie folgt zu: „Sie sind jetzt entspannt und ausgeglichen, heiter und ruhig. Es geht Ihnen gut: geistig, körperlich und auch finanziell. Es geht Ihnen Tag und Nacht gut. Sie verkörpern in sich den Erfolg. Sie sind neuen Ideen gegenüber aufgeschlossen und empfänglich. Ihr Bestes ist mobilisiert und durchdringt Sie unaufhörlich, endlos, mit dem Gefühl der Freude und Freiheit. Für Sie arbeitet jetzt das Gesetz des Wachstums. Es bringt Ihnen das Gute."

Danach sprach er jeweils dieselbe Meditationsformel, die als Gebet aufzufassen ist, auf sich bezogen in der ersten Person.

Unsere gemeinsamen Bemühungen führten zu höchst erfreulichen Ergebnissen. Innerhalb weniger Wochen zeichnete sich bereits die Wendung zu seinem Besten ab. Es gelang ihm, die Anzahl seiner Versicherungsabschlüsse beträchtlich zu vermehren und dementsprechend immer besser zu verdienen. Er fand nun an seiner Arbeit Freude und hatte daran auch ein gutes Einkommen. Dabei hatte er aber auch – was für seine Zukunft nicht weniger wog – die Erfahrung gemacht, daß eine positive Einstellung das Leben zu ändern vermag.

Er brachte es zum Millionär

An dieser Stelle scheint es mir angebracht zu sein, Ihnen noch einmal in Erinnerung zu rufen, wie Sie eine Ihnen vorschwebende Idee oder ein Vorstellungsbild dem Unterbewußtsein einverleiben können.

Jeder Mensch hat sein höchstpersönliches Bewußtsein. Sein individuelles Bewußtsein wählt und wägt ab, es unterscheidet, analysiert, forscht und ergründet. Es ist deduktiven und induktiven Denkens fähig, das heißt fähig, vom Allgemeinen auf das Besondere zu schließen, und umgekehrt. Jeder Mensch hat aber auch ein Leben, das unterhalb der Bewußtseinsschwelle abläuft: das Unbewußte. Das Unterbewußtsein ist der ständigen Beeinflussung durch das Bewußtsein ausgesetzt, es gehorcht ihm. Man könnte darum ohne weiteres das Unterbewußtsein als eine Art Diener des Bewußtseins bezeichnen. Es dringt jedoch nicht alles, was unser Bewußtsein passiert, hinab in die Tiefe des Unbewußten. Nicht alles fällt gleich auf den Grund unserer Seele. Es bedarf einer bestimmten Intensität, damit sich etwas unserem Unterbewußtsein einprägt. Will man daher dem Unbewußten etwas einpflanzen, so muß unser gesteuertes Denken jenen Grad an Intensität aufweisen, daß es tatsächlich das Unterbewußtsein erreicht. Die erforderliche Intensität erzielt man durch innere Sammlung, durch geistige Konzentration.

Hier möchte ich ein Beispiel einschalten, das für sich selbst spricht und dessen Zeuge ich bin. Die Sache begann mit einem Brief, den ich von einem Mann erhielt. Er hatte mein Buch *Die Macht Ihres Unterbewußtseins* gelesen und schrieb mir in diesem Zusammenhang, er sei fest entschlossen, sein Geschäft – er besaß in einer entlegenen Provinzstadt eine bescheidene Imbißstube – zu einem bedeutenden Unternehmen des Gastgewerbes auszubauen, das über viele Restaurationsbetriebe nicht nur in seiner amerikanischen Wahlheimat, sondern auch in seinem europäischen Herkunftsland verfügen würde. Er konzentriere sich jetzt, so versicherte er, auf eine Million Dollar; er sei sicher, diese eine Million dereinst auch zu haben.

Seither sind ein paar Jahre vergangen. Der Mann hat mir später selber berichtet, wie er die in dem obenerwähnten Buch beschriebenen Techniken anwandte, um dem Unbewußten sein Ziel einzuprägen. Er versetzte sich jeweils vor dem Einschlafen in einen Zustand körperlicher und geistiger Entspannung und gelöster innerer Ruhe. Sodann konzentrierte er alle seine Gedanken auf die Vorstellung eines Bankauszuges, der ein Guthaben von einer Million Dollar auswies. Seine ganze Aufmerksamkeit ging in diesem Vorstellungsbild auf. Seinem inneren Erleben nach war er der glückliche Besitzer dieses Bankguthabens. Und in dieses Bild steigerte er sich jede Nacht vor dem Schlafengehen hinein.

Zunächst trat in das Leben dieses Mannes eine Frau, die er später heiratete. Sie liebte ihn nicht zuletzt wegen seiner Begeisterung und der sicheren Überzeugung, sein hochgestecktes Ziel zu erreichen. Sie selbst war zwar nicht gerade sehr reich, aber immerhin recht wohlhabend. Aus den vorhandenen Mitteln kaufte das Paar ein erstes Restaurant auf, das unter der Führung des Mannes bestens ging. Es dauerte nicht lange, und der Mann führte bereits zwei angegliederte Restaurationsbetriebe, und von da an nun machte er Geld. Zu den schon vorhandenen gesellten sich neue Restaurants in seinem Besitz. Er hatte aber auch eine sehr glückliche Hand in der Anlage eines Teiles seiner Geldmittel in Wertpapieren und machte mit Ölaktien ganz phantastische Gewinne. Er dankte mir als Autor des von ihm geschätzten Buches durch Übersendung eines überaus großzügigen Geschenks, und ich darf wohl sagen, daß ich mich kaum je über ein Geschenk mehr gefreut habe.

Der Mann hat zum Zeitpunkt, da ich diese Zeilen schreibe, weit mehr als nur eine Million Dollar auf der Bank. Was er seinem Unbewußten eingeprägt hatte, verwirklichte sich in seinem Leben mit Zins und Zinseszinsen. Dazu gehören insbesondere auch seine glückliche Frau und ein Kind, das dem Paar erst kürzlich geboren wurde.

Gebet um Wohlergehen

„... Dann wird es dir auf deinen Wegen gelingen, und du wirst es recht ausrichten.“ Josua 1, 8.

„Ich präge jetzt meinem Unterbewußtsein das Vorstellungsmuster des Wohlergehens und Erfolges ein. Ich verbinde mich mit der unendlichen Quelle, der alles erfließt, was ich brauche. Ich lausche der Stimme Gottes in mir. Seine Stimme leitet mich und lenkt alles, was ich unternehme. Ich fühle mich Gottes Reichtum und Fülle verbunden. Ich glaube und weiß, daß es neue und bessere Möglichkeiten gibt, beruflich vorwärtszukommen. Gott wird mir diese offenbaren.

Ich entfalte meine geistigen Anlagen und verrichte meine Arbeit in Gott, der mich auf allen Wegen leitet. Die mir innewohnende göttliche Weisheit wird mir die Mittel und Wege zu beruflichem Erfolg zeigen.

Die Worte, die ich jetzt gläubig und überzeugt spreche, führen mich auf den Höhenweg zu Glück und Erfolg. Ich gehe den richtigen Weg, weil ich ein Kind Gottes bin.“

„Der Herr wird meine Sache hinausführen. Herr, deine Güte ist ewig.“ Psalm 138, 8.

ZUSAMMENFASSUNG

1. Lernen Sie sich der Ihnen innewohnenden geistigen Kräfte bedienen. Stellen Sie sich auf Glück und Wohlergehen ein. Dann steht Ihnen die Fülle des Lebens offen.
2. Wenn Sie den Entschluß fassen, für andere Geld zu machen, dann werden auch Sie selbst es zu materiellem Wohlstand bringen, und zwar in einem Maße, wie Sie es selbst nicht erwarten.
3. Ihr Unterbewußtsein kennt Mittel und Wege, von denen Sie nichts wissen. Prägen Sie ihm die Idee des Wohlergehens ein. Sie wird in Ihrem Leben ihren Niederschlag finden.
4. Eine geradezu wunderbare Formel, die Ihnen zu Glück und Wohlstand verhilft, stellt der Inhalt des schlichten Gebetes dar: „Gott gibt mir mehr, als ich brauche."
5. Das dankbare Herz steht immer nahe bei Gott. Drücken Sie Ihre Dankbarkeit mit dem Bibelwort aus: *„Vater, ich danke dir, daß du mich erhört hast. Ich wußte wohl, daß du mich allezeit hörst."* Johannes 11, 41-42. Schlafen Sie immer mit dem Gebet auf den Lippen ein: „Ich danke dir."
6. Was Sie Ihrem Unterbewußtsein intensiv und in gläubiger Überzeugung einprägen, wird in Ihrem Leben zum Ausdruck kommen. Das gilt auch für materielle Wünsche wie beispielsweise den folgenden Wunsch: „Mein Haus ist schuldenfrei, und mir fließt Geld reichlich zu."
7. Stellen Sie Ihr Leben unter den Aspekt des Pluszeichens. Das Pluszeichen steht für den Zuwachs an Weisheit und Kraft, an Glauben, Wissen, Gesundheit und Glück.
8. Wenn Sie sich immer wieder vergegenwärtigen: „Mein Bestes ist mobilisiert und durchdringt mich unaufhörlich, endlos!", so wird Gottes Fülle Ihrem aufgeschlossenen, empfänglichen Geist einfließen.
9. Durch bewußte Konzentration und innere Sammlung erreichen Sie vermöge des auf seine eigene Weise reagierenden Unbewußten auch das Ziel hochfliegender Pläne – genauso wie jener Mann, der Millionär werden wollte und es auch wurde.
10. *„... Dann wird es dir auf deinen Wegen gelingen, und du wirst es recht ausrichten."* Josua 1, 8.

KAPITEL 14

Das schöpferische Gesetz der Gestaltung

Schon Napoleon sagte: „Phantasie regiert die Welt.“ Zum gleichen Thema äußerte sich Henry Ward Beecher mit den Worten: „Geist ohne Phantasie wäre dasselbe wie ein Observatorium ohne Teleskop.“ Und von Pascal stammt das Wort: „Phantasie verfügt über alles; sie erschafft Schönheit, Gerechtigkeit und Glück, die in dieser Welt alles sind.“

Unter Phantasie oder Einbildungskraft (Imagination) versteht man die Fähigkeit, sich eine Vorstellung, ein Bild zu machen. Ihr kommt im menschlichen Geistesleben größte Bedeutung zu. Die Phantasie ist schlechthin das umwandelnde und neugestaltende Element des Geistes und wirkt infolge der ihr eigenen Gestaltungstendenzen bis in die Außenwelt und die Lebensgestaltung eines Menschen hinein.

Mit Hilfe Ihrer Phantasie kleiden Sie Ihre Ideen ein, so daß diese ein anschauliches Bild abgeben, und die Innenbilder Ihrer Phantasie projizieren Sie auf die Bühne Ihres Lebens. Diese Ihre so wirkungskräftige Phantasie können Sie willentlich steuern, können Sie bewußt lenken und kontrollieren. Steuern Sie die Gesamtheit Ihrer Imagination konstruktiven Zielen zu, so werden Sie, was Sie vom Leben erwarten, erlangen. Lassen Sie hingegen Ihre Phantasie in Vorstellungen des Negativen wuchern, so müssen Sie sich im Leben mit dem abfinden, was Sie eigentlich gar nicht wollen. Die Innenbilder Ihrer Phantasie oder – mit einem anderen Wort – die Vorstellungen, die Sie hegen und bewußt als wahr annehmen, prägen sich Ihrem Unterbewußtsein ein und kommen in Ihrem Leben zum Ausdruck. Deshalb können Sie durch bewußte Steuerung Ihrer Phantasie nicht nur auf Ihr Geistes- und Gefühlsleben Einfluß nehmen, sondern tatsächlich Ihr Leben gestalten.

Die Phantasie ist das mächtige Instrument gestaltenden Vollbringens, ganz gleichgültig jetzt, ob es sich um schöpferische Leistungen von Künstlern wie Dichtern, Malern, Bildhauern, Architekten und Musikern oder etwa um Entdeckungen, Einfälle, Planungen von Wissenschaftlern, Technikern, Wirtschaftlern, Erfindern und Mystikern handelt. Und wenn auch alle Welt meinen sollte: „Es ist unmöglich, das geht nicht“, so ändert dies nichts an der Tatsache, daß der phantasiebegabte Mensch zu Recht sagen kann: „Es ist schon getan!“

Wie er Präsident wurde.

Mr. Fred Reinecke, Präsident der in Glendale, California, domizilierten „Febco Corporation“, bezeugt die erfolgsgestaltende Kraft der Phantasie in einem Brief, den ich hier mit seiner freundlichen Genehmigung auszugsweise veröffentliche.

„Ich war, zusammen mit meinen Geschwistern, Mitbegründer unserer 1949 errichteten Firma. Drei Monate nach der Gründung brannte unser Betrieb bis auf die Grundmauern ab. Wir alle lehnten den Gedanken ab, deshalb bankrott zu machen oder unserem Unglück nachzutrauern. Wir entschieden uns für den sofortigen Wiederaufbau. Dabei schwebte mir im Geiste immer eine bedeutende Gesellschaft mit einem über das ganze Land verzweigten Verkaufsnetz vor. Ich stellte mir ein riesiges Verwaltungsgebäude mit zahlreichen Büros und eine ebenso bedeutende Fabrik mit den besten Anlagen vor. Ich wußte immer, daß vermöge der gleichsam alchemischen Wandlungskraft des Geistes aus dem anschaulichen Material meiner Phantasie die Fabrik entstehen würde. Dabei haben Sie mir sehr viel geholfen. Großen Auftrieb gaben Sie mir schon bei der Gelegenheit jenes meines ersten Besuches, als Sie ‚Herr Präsident‘ zu mir sagten und mich später mit der Vorstellung als ‚Präsident eines Multimillionen-Unternehmens‘ bekannt machten. Im Geiste hatte ich allerdings den Präsidenten noch nicht akzeptiert; denn die Übernahme dieser Funktion erschien ja als ein Ding der Unmöglichkeit, nachdem mein eigener Bruder Präsident war. Aber der Gedanke begann sich in mir zu vertiefen und wurde mir nach wenigen Wochen zur Gewißheit. Ich sagte mir: ‚Ich bin in göttlicher Fügung Präsident meiner Gesellschaft – entweder dies oder dann das, was die unendliche Weisheit als noch größer und für mich besser erkennt.‘ Ich malte mir im Geiste ein großzügig eingerichtetes Büro aus – das ‚Büro des Präsidenten‘ – und sah über dem Schild meinen Namen. Ich nahm dies als gegeben an, lächelnd. Alles stand ja zu meinem Besten!

Dann kam alles in Bewegung. Zunächst beschloß mein Bruder, der Vizepräsident war, seine eigenen Wege zu gehen. Einige Monate danach verkündete mein anderer Bruder, daß er vom Präsidentenposten abtrete, um als Kongreßmitglied politische Karriere zu machen. Auch meine Schwester schied aus der Firma aus, sie erlangte eine höhere Position. Sie alle sind in ihren neuen Tätigkeiten denkbar glücklich. Im übrigen bete ich für sie ebenso aufrichtig und oft wie für mich selbst.

Nun *war* ich plötzlich Präsident! Der große Schritt, der noch vor anderthalb Jahren völlig ausgeschlossen erschien, war getan und Wirklichkeit geworden. Das Geschäft geht bestens. Ich glaube vorbehaltlos an die Wahrheit Ihres Wortes: ‚Imagination ist die Werkstatt Gottes.‘“

Ihre Vorstellungskraft heilte sie

Frau Dr. Olive Gaze, die in Brentwood, California, lebt, versteht sich in wirklich erstaunlicher Weise auf die Kraft schöpferischer Vorstellung. Sie stammt übrigens in gerader Linie von dem weltberühmten protestantischen Prediger Henry Ward Beecher ab, der sich im vergangenen Jahrhundert schon so entschieden für die Negerbefreiung, die Frauenemanzipation und den Antialkoholismus eingesetzt hat. Frau Dr. Gaze bezeugt die Kraft konstruktiver Imagination in dem nachfolgenden Brief, den sie an mich schrieb.

„Ich chauffierte meinen verstorbenen Mann, Dr. Harry Gaze. Als wir in den Sunset Boulevard einbogen, drehte sich infolge eines schrecklichen Zusammenstoßes plötzlich unser Wagen um die eigene Achse; wir beide verloren das Bewußtsein. Als ich wieder zu mir kam, sah ich Polizisten um uns herum stehen, und Harry wurde gerade in den Ambulanzwagen getragen. Benommen, wie ich war, gab ich dem Polizisten, der sich um mich bemühte, Adresse und Telephonnummer meines Arztes an – sowie auch Ihre Adresse und Nummer, die ich vorher niemals auswendig gewußt hatte. Es war mein Unbewußtes, das sprach und agierte. Am erstaunlichsten jedoch ist die Tatsache, daß ich dem Polizisten auch noch Namen, genaue Anschrift und Telephonnummer meiner Bediensteten angab, welche das Wochenende bei ihrer Tochter in Woodland Hills verbrachte; ihre Adresse kannte ich nicht, und ich hatte keine Ahnung von ihrer Telephonnummer. Dies erweist das Phänomen des Hellsehens als echt und spricht für sich selbst als ein Beispiel dafür, wie das Unbewußte die Führung übernimmt.

Ich wurde ins Krankenhaus eingeliefert. Ich hatte einen mehrfachen Beckenbruch und wurde belehrt, daß ich nicht wieder würde gehen können. Meine Phantasie begann zu arbeiten. Im Geiste begab ich mich zu einem Vortrag von Ihnen, und es schwebte mir das Bild vor, Sie würden mir die Hand reichen und mich zu meiner Genesung beglückwünschen mit den Worten: ‚Sie sehen ja prächtig aus! An Ihnen hat sich die wunderwirkende Macht Gottes erwiesen.‘

Ich glaubte unerschütterlich an Gottes Heilkraft. Die ganze Zeit über, da ich im Krankenhaus lag, sah ich mich im Geiste all die Dinge tun, die ich, würde ich gesund werden, tun wollte. Ich sagte mir immer wieder: ‚Gott heilt mich jetzt. Die Knochen, die mir Gott gab, sind jetzt wieder heil.‘

Was ich mir intensiv vorstellte und als wahr empfand, verwirklichte sich. Ich weiß jetzt, daß die schöpferische Kraft Gottes unseren Vorstellungsbildern innewohnt. Es ist wunderbar.“

Ihrer Vorstellungskraft war die Wendung zu verdanken

Den nachstehenden Brief erhielt ich von Mrs. F. Reinecke aus Glendale, California. Ich veröffentliche denselben mit ihrer freundlichen Erlaubnis.

„Ich befand mich wegen schwerster Depressionen in der psychiatrischen Klinik von Camarillo. Im Verlauf der Therapie begegnete ich mir selbst von Angesicht zu Angesicht; ich lernte mich selbst kennen und mich meinem Ich sowie meinen Mitmenschen gegenüber anpassen. Immer und immer wieder sagte ich mir: ‚Gottes Liebe erfüllt meine Seele, Gott leitet mich.' Ich überwand meine Depressionszustände und wurde frei.

Ich fühlte, daß Gott mich Ihrer Vorlesung über die Macht des Unbewußten zuführte. Sie legten den Akzent auf die erstaunliche und wunderbare Macht der Einbildungskraft.

Ich begann mich mir als einen glücklichen, fröhlichen und freien Menschen vorzustellen. Mir schwebte im Geiste auch ein schönes Haus vor; und tagsüber setzte ich mich oft nieder, um mir meinen Gatten vorzustellen: erfolgreich und gottgesegnet glücklich. Ich sah ihn vor mir und hörte ihn mir sagen, wie glücklich er sei, wie sehr er mich liebe und wie gut sein Geschäft gehe. Ich stellte mir anschaulich Tochter und Sohn vor, wie sie sein sollten: begeisterte Studenten, fleißig, zielbewußt und hervorragend.

Ich war ständig mit dem Bild eines glücklichen, friedvollen und heiteren Lebens beschäftigt; ich lebte damit, tagaus, tagein. Und jede Nacht stellte ich mir vor, Sie gratulierten mir zu meinem Glück und inneren Frieden, meiner Ruhe und Freiheit. Ich konnte Sie lächeln sehen und die Tonlage Ihrer Stimme ausmachen. Ich erlebte das lebensnah und wirklich. Und was ich mir von mir, meinem Mann und meinen beiden Kindern vorstellte, hat sich tatsächlich verwirklicht."

Er schrieb seinen Erfolg seiner Vorstellungskraft zu

Als ich in Irland die vor rund tausend Jahren zum Schutz vor den Wikingern errichteten Rundtürme – die Round Towers – besichtigte, begegnete ich einem Mann, der in nachdenklicher Stimmung zu sein schien. Ich fragte ihn, worüber er meditiere, und erhielt eine Antwort, auf deren wesentlichen Inhalt ich hier näher eingehen möchte.

Er wies darauf hin, daß wir nur durch geistige Betrachtung der großen und wunderbaren Ideen wachsen und uns entfalten können. Mit dieser Grundeinstellung sann er über das Alter der an den Rundtürmen sichtbaren Steine nach, und seine Einbildungskraft versetzte ihn zurück in die Steinbrüche, wo die Steine einst abgebaut worden waren, ja sogar zurück zu den Gesteinsschichten, in denen sie sich in Urzeiten formiert hatten. Seine Phantasie enthüllte die Steine und sah durch diese hindurch ihre Geschichte: die Struktur der Schichten, die geologische Formation, die Zusammensetzung des Gesteins, die formlose Masse; und schließlich drängte sich ihm die Vorstellung der Einheit dieses Gesteins mit jedem anderen Gestein und allem Leben auf, sei dieses nun anorganischer oder organischer Natur. Vermöge seiner Einbildungskraft wurde er sich der Möglichkeit bewußt, angesichts der Betrachtung der Rundtürme die Geschichte Irlands und seiner Menschen wachzurufen.

Dieser Mann sah die Türme von imaginären Menschen belebt und hörte deren Stimmen; er sah rundum das Leben, das sich hier einst abgespielt hatte, aber auch weit zurück bis in jene Zeit, als es auf dem Boden der Rundtürme noch keine Bauten von Menschenhand gab. So drängte sich seinem Geist das dramatische Geschehen des Ortes auf, so weit dieses auch zurücklag. Und das alles erfloß seiner Betrachtung – von Steinen! – und seiner Einbildungskraft. „Mir ist", sagte er, „als nähme ich Gewicht und Geräusch von Schritten wahr, die vor tausend und abertausend Jahren gesetzt wurden."

Der Mann war Schriftsteller und verdiente infolge der großen Popularität, derer er sich erfreute, viel Geld. Er selbst schrieb seinen Erfolg einzig und allein seiner Vorstellungskraft zu.

Das Schatzhaus der Phantasie

Der Phantasie erfließen nicht nur die schöpferischen Leistungen der Kunst, sondern auch jeglicher Fortschritt der Wissenschaften. Den konstruktiven Einfällen vorstellungsbefähigter Menschen sind Radio und Fernsehen, Radar, Weltraumraketen und andere moderne Errungenschaften zu verdanken. Ohne Einbildungskraft gäbe es keine Erfindungen, und zwar weder im Bereich des Materiellen noch auf geistigem Gebiet. Die Phantasie ist das Schatzhaus des Unendlichen. Dort – in Ihrem Unbewußten – liegen die Juwelen Ihrer Erfindungen und Einfälle gehortet. Dort ist Ihre Fundgrube lupenreiner Diamanten, sei es der Musik oder Kunst oder sei es anderer schöpferischer Leistungen.

Ihre Phantasie kann sich am Anblick uralter Ruinen – eines Tempels, einer Pyramide – entzünden, und die Vergangenheit steht in anschaulichen Bildern vor Ihnen auf. Sie können sich aber auch mitten in einem alten, zerfallenen Kirchhof einer pulsierenden modernen Großstadt erinnern, die Sie früher einmal gesehen haben; in Ihrer Phantasie lebt sie vor Ihnen auf. Nicht zufällig kennzeichnet man die Phantasie als freie Bewußtseinstätigkeit.

Mögen Not und Elend Sie bedrängen, Ihrer Vorstellungskraft trotzen keine Gefängnisgitter, nicht die dicksten Kerkermauern, nicht alle Hindernisse dieser Welt. Im Bereich Ihrer Phantasie finden Sie Freiheit. Dabei meine ich nicht die wuchernde Phantasie des Dahinträumens und pure Phantastik, sondern die schöpferische Vorstellungskraft, über die wir verfügen können.

Sie schöpften aus ihrer Phantasie

Chico, der Pariser Kanalreiniger, lebte in einer besseren Welt, seiner Phantasie nämlich, und befand sich nach seinem eigenen Zeugnis in jenem paradiesischen Zustand, der gemeinhin als „siebenter Himmel“ bezeichnet wird; obwohl er in den Kloaken von Paris weder Tageslicht noch Glück genießen konnte.

John Bunyan (1628 – 1688), ursprünglich Kesselflicker, schrieb im Gefängnis sein Meisterwerk *Die Pilgerreise,* das in sämtliche Kultursprachen übersetzt wurde und noch heute zu den meistgelesenen Büchern der englischen Literatur gehört. Er schilderte darin den Weg des Christen „aus dieser Welt in die zukünftige“ und erschuf aus seiner Phantasie allegorische Figuren wie den Glauben, die Hoffnung und die Verzweiflung, die in ihrer Gültigkeit bis heute nichts eingebüßt haben. Diese fiktiven Figuren leben in unseren Gefühlen, Glaubensüberzeugungen und Fähigkeiten für immer fort.

John Milton (1608 – 1674) schrieb, obwohl er erblindet war, das zwölf Gesänge umfassende weltberühmte Epos *Das verlorene Paradies.* Er sah mit dem inneren Auge seiner Imagination und brachte durch sein Werk etwas von Gottes Paradies auf diese Erde. Seine Vorstellungskraft befähigte den Dichter, sich jenseits von Zeit, Raum und Materie zu bewegen und aus dem Unsichtbaren die Wahrheiten Gottes zu entfalten.

Das sind nur drei Beispiele dafür, was Phantasie zu gestalten vermag. Sie stehen hier für zahllose andere Beispiele.

Ihre Vorstellungstechnik brachte ihr Anerkennung und Geld

Eine junge Dame, die Akademikerin und tief religiös war, sagte mir einmal: „Es ist mir ein Bedürfnis zu schreiben. Ich habe verschiedene Versuche in Prosa unternommen: Kurzgeschichten, Erzählungen, Romane. Aber alles, was ich geschrieben habe, wird mir zurückgeschickt. Wenn das so weitergeht, kriege ich noch Komplexe."

Ich riet ihr, einen geistig hochstehenden Roman zu schreiben. Sie möge den Stoff und die handelnden Personen möglichst unmittelbar, aus ihrer Phantasie und hohen künstlerischen Begabung schöpfend, gestalten und im bewußten Anspruch schaffen, daß ihr Werk außergewöhnlich, fesselnd und beglückend für die Leser sein werde. Auch solle sie sich jeweils vor dem Schlafengehen anschaulich suggerieren, ich würde ihr zur Annahme ihrer schriftstellerischen Arbeit und zum Erfolg ihres Werkes gratulieren. Diese anschauliche Szene ihrer Vorstellung sinke dann, sagte ich ihr, auf den fruchtbaren Boden ihres Unbewußten. Und an dieser Szene möge sie, was immer komme, unbeirrt festhalten. Der Erfolg werde nicht ausbleiben.

Sie tat das, und ihre ersten Erfolge ließen nicht lange auf sich warten. Zunächst nahmen gleich zwei bedeutende Wochenzeitschriften Erzählungen von ihr an. Fast gleichzeitig vertraute ihr ein namhafter Psychologe die Überarbeitung und Herausgabe eines seiner Werke an, dies gegen ein Honorar von zweitausend Dollar. Dieses Buch befindet sich jetzt in Druck. Gegenwärtig schreibt sie an einem neuen Roman, eine Auftragsarbeit für einen von ihren Fähigkeiten überzeugten Verleger.

Seine Vorstellungstechnik verhalf ihm zum Sprung nach oben

Ich kannte einen jungen Chemiker, der mir erzählte, daß in den Labors seiner Firma seit Jahren fieberhaft gearbeitet worden war, um einen bestimmten in Deutschland hergestellten Farbstoff zu produzieren; alle Versuche waren aber gescheitert. Bei seiner Einstellung war ihm diese heikle Aufgabe übertragen worden. Dabei habe er keine Ahnung von der Schwierigkeit seiner Aufgabe gehabt. Es sei ihm dann, sagte er mir, völlig mühelos gelungen, die chemische Zusammensetzung des Farbstoffes zu finden und darzustellen.

Seine Vorgesetzten zeigten sich hocherfreut und wunderten sich, wie ihm diese Entdeckung gelungen war. Sie waren über seine Antwort nicht weniger erstaunt als über seine Leistung. Er sagte ihnen nämlich, er habe sich an die Lösung seiner Aufgabe gemacht, indem er sich vorstellte, die Lösung sei ihm bereits bekannt. Kopfschüttelnd wurde er von seinen Vorgesetzten bedrängt, wie denn das aufzufassen sei.

Er sagte ihnen, was er zu sagen hatte. Er hatte im Geiste, klar und unmißverständlich in roten Buchstaben das Wort „Lösung" gesehen. Darunter befand sich, weil er es sich so vorstellte, ein leerer Raum, ausgespart für die chemische Formel, die eben die Lösung darstellte. Für ihn stand fest, daß ihm die chemische Formel auf Grund seiner in diesem Bild verdichteten Vorstellung vom Unbewußten her zuteil werden würde. Und die Lösung war ihm buchstäblich im Schlaf zugefallen. Er war aus einem Traum erwacht und hatte in einem Zug die vollständige chemische Formel aufschreiben können; ebenso klar wußte er jetzt, wie man den Farbstoff erzeugen konnte.

Diese seine hervorragende Leistung hatte für meinen Bekannten die erfreuliche Folge, daß er sozusagen über Nacht in den Leitungsstab seiner Firma aufrückte.

Die Entdeckung der Neuen Welt

Wir alle kennen die Geschichte des Kolumbus und seine Entdeckung Amerikas, die ein neues Zeitalter einleitete. Aber viele von uns werden sich nie gefragt haben, wie es denn dazu kam, daß der genuesische Seefahrer in spanischen Diensten auf seiner sogenannten Indienreise die neue Welt entdeckte.

Kolumbus ließ sich von seiner starken Vorstellungskraft und einem unerschütterlichen Gottvertrauen leiten; dies war es, was ihn zu Sieg und Triumph führte. Als die zweifelnden Matrosen ihn fragten: „Was sollen wir tun, da doch alle Hoffnung verloren ist?", antwortete er schlicht: „Ihr sollt bei Tagesanbruch sagen: ‚Segle weiter, segle weiter, immer weiter.'"

An diesem Beispiel läßt sich erkennen, worauf es wesentlich ankommt und was der Schlüssel aller unserer Gebete sein sollte: das Vertrauen auf den guten Ausgang, das Vertrauen bei jedem Schritt, der uns dem Ziel näher bringt, das unbeirrte Festhalten an unserem Ziel und die vollkommene Überzeugung, daß wir unser Ziel mit Sicherheit erreichen, weil wir es sehen. Wer sich an seinem Ziel sieht und fühlt, wird über die Mittel verfügen, seinen Vorsatz zu verwirklichen.

Sie promovierte magna cum laude

Eine Maturantin hatte glücklich ihre Reifeprüfung bestanden; aber jetzt traf sie ein harter Schlag. Ihre Mutter gestand ihr schweren Herzens, daß sie die Universität nicht werde besuchen können; sie müsse sich eine Arbeit suchen, um zum Unterhalt der vierköpfigen Familie beizutragen.

Die Mutter war Witwe und verdiente durch ihre Arbeit den Lebensunterhalt der ganzen Familie. Kein Wunder daher, daß es an den für ein Studium notwendigen Mitteln fehlte. Ich kannte die Studentin, weil sie meine Lesungen aus meinem Buch *Die Macht Ihres Unterbewußtseins* regelmäßig besucht hatte.

Sie setzte, was für sie noch eben Theorie war, in die Praxis um. Sie steigerte sich täglich mehrmals in die Vorstellung einer ganz bestimmten Szene: der Rektor der Universität überreichte ihr die Doktorurkunde; sie sah sich im Kreise der feierlich gekleideten Studenten; sie fühlte die Umarmung und den Kuß ihrer Mutter, die sie beglückwünschte. Dieses Bild schwebte ihr anschaulich vor, und immer wieder durchlebte sie diesen beglückenden Augenblick in seiner ganzen aufregenden Dramatik. Und ebensooft sagte sie sich: „Die meinem Unterbewußtsein innewohnende schöpferische Weisheit wird den Inhalt meines in diesem Bild verdichteten Denkens in die Wirklichkeit umzusetzen wissen."

Es vergingen ein paar Monate – bis zu ihrem achtzehnten Geburtstag, der ihr zum Freudentag werden sollte. Sie erhielt einen Brief aus New York. Der Umschlag enthielt jedoch keinen Brief, sondern einen Scheck über dreitausend Dollar! Und auf der Rückseite des Schecks stand kurz und bündig: „Mit den besten Wünschen von Deiner Tante." Das junge Mädchen bedankte sich überglücklich und teilte ihrer Tante auch mit, daß es allein ihrem großzügigen Geschenk zu verdanken sei, wenn es jetzt seine Universitätsstudien aufnehmen könne. Darüber freute sich auch die Mutter sehr. Irgendwie werde es dann schon weitergehen, meinte sie. Die Tante aber schrieb postwendend zurück, sie werde gerne das ganze Studium finanzieren.

Seither sind Jahre vergangen. Inzwischen hat die junge Dame mit dem Prädikat magna cum laude die Doktorprüfung bestanden. Sie sagte zu mir: „Das Gute fiel auf mich, schüttelweise, wirklich in gerütteltem Maß. Alles ging davon über."

Dies ist ein Beispiel für die wunderwirkende Kraft unseres im Vorstellungsbild verdichteten Denkens und Fühlens.

Seine Mutter wurde wieder gesund

Der kaum vierzehn Jahre alte Junge, von dem ich an dieser Stelle berichten möchte, gehörte vielleicht nicht zum Durchschnitt – er war zutiefst religiös und machte auch im allgemeinen einen unerhört reifen Eindruck –; deshalb ist aber seine Erfahrung nicht weniger faszinierend.

Er sagte mir, er wisse sich in Schwierigkeiten immer zu helfen; er stelle sich nämlich vor, Jesus Christus spreche zu ihm und sage ihm, was zu tun sei. Nun war die Mutter des Knaben sehr krank. Was er mir gegenüber geäußert hatte, sagte er nicht zuletzt im Hinblick auf seine kranke Mutter. Ich bestärkte ihn in seinem Glauben. Und der Junge stellte sich lebhaft und anschaulich vor, Jesus stehe vor ihm und sage: „Geh' ruhig heim, deine Mutter ist gesund." Er lebte in dieser Vorstellung, sein subjektives Erleben wurde ihm zur Gewißheit.

Die Mutter dieses Knaben wurde tatsächlich wieder gesund. Das ist um so bemerkenswerter, als die Frau von den Ärzten als hoffnungsloser Fall bereits „abgeschrieben" worden war.

Der Knabe hat seine Mutter gesund gesehen und diese Idee seinem Unbewußten eingepflanzt. Die Gesetze des Denkens und Glaubens sind immer dieselben. Der Junge bediente sich ihrer unbewußt. Er glaubte subjektiv, daß der Heiland wirklich zu ihm gesprochen habe. Dadurch stimulierte er sich in das Gefühl, mit seinem Vorstellungsbild eins zu sein, und nach seinem tief im Unbewußten verwurzelten Glauben ist ihm geschehen.

Darum auch konnte Paracelsus (1493 bis 1541), der berühmte Arzt und Naturforscher, schon damals zu Recht sagen: „Mag das, was Sie glauben, wahr oder falsch sein, – es wird seine Wirkungen zeitigen."

Imagination ist die Werkstatt Gottes

„*Wo keine Offenbarung ist, wird das Volk wild und wüst* . . ." Sprüche 29, 18.

„Mein Gebet ist Vision. Meine Vision ist bei Gott und seinen Werken. Meine Vision hält sich am Inbegriff vollkommener Gesundheit, vollkommener Harmonie und vollkommenen Friedens an. Meine Vision beruht auf dem Glauben, daß Gott mich heilt und auf allen meinen Wegen leitet. Ich glaube und weiß, daß die Macht Gottes, an der ich innerlich Anteil habe, meine Gebete erhört; davon bin ich tief überzeugt. Ich weiß, daß meine Imagination dem entspricht, wovon ich mir im Geiste eine Vorstellung, ein Bild, eine Vision mache. Und: ‚*Es ist aber der Glaube eine gewisse Zuversicht des, das man hofft, und ein Nichtzweifeln an dem, das man nicht sieht*'. Hebräer 11, 1.

Ich mache es mir zur Gewohnheit, nur in der Vorstellung des Edlen, Guten und Gottgefälligen zu leben. Diese Vorstellung hege ich von mir und auch von meinen Mitmenschen. Ich stelle mir jetzt vor, daß ich tue, was ich zu tun wünsche; besitze, was ich zu besitzen wünsche; der bin, der ich zu sein wünsche. Ich stelle mir das in der Sicht meiner Imagination vor und empfinde es als real und weiß, daß es so ist. Ich danke dir, Vater."

ZUSAMMENFASSUNG

1. Phantasie oder Imagination ist die Fähigkeit, sich eine Vorstellung, ein Bild zu machen.

2. Mit Hilfe Ihrer Vorstellungskraft kleiden Sie Ihre Ideen und Wünsche ein und projizieren diese auf die Bühne Ihres Lebens.

3. Stellen Sie sich vor, Sie tun das, was Sie gerne tun, und empfinden Sie den Vorgang als real; und es werden in Ihrem Leben Wunder geschehen.

4. Stellen Sie sich gesund und glücklich vor, sich selbst und Ihre Lieben, und lassen Sie von diesem Vorstellungsbild nie ab.

5. Vermöge Ihrer Vorstellungskraft können Sie sich in die Vergangenheit zurückversetzen, und längst Entschwundenes scheint wieder lebendig zu werden.

6. Den konstruktiven Einfällen vorstellungsbefähigter Menschen sind alle modernen Errungenschaften vom Radio bis zum Fernsehen zu verdanken. Auch Wissenschaftler sind auf ihre Imagination angewiesen.

7. Die unvergänglichen Werke Shakespeares, Bunyans, Miltons und anderer großer Dichter erflossen ihrer schöpferischen Phantasie. Ohne Phantasie gäbe es keine schöpferischen Leistungen.

8. Ein Schriftsteller, der in der Vorstellung schreibt, sein Werk sei fesselnd und für die Leser beglückend, befindet sich auf dem richtigen Weg.

9. Was immer Ihr Ziel sein möge –, stellen Sie sich, als ob Sie schon am Ziel wären, vor, man beglückwünsche Sie. Ihr zum Bild verdichtetes Denken und Fühlen wird sich Ihrem Unbewußten einprägen und früher oder später seinen Niederschlag finden.

10. Denken Sie an das Beispiel jenes Chemikers, der vermöge seiner Vorstellungstechnik ein schwieriges Problem löste. Bisweilen kommt die Lösung im Traum oder wie im Traum; das Unbewußte spricht sich aus.

11. Steigern Sie sich in die Vorstellung einer bestimmten Szene, die augenfällig für die Erreichung Ihres Ziels steht. Stellen Sie sich das immer wieder vor und durchleben Sie den beglückenden Augenblick in seiner ganzen Dramatik. So können Sie Ihr Leben gestalten.

12. Ist jemand von Ihren Lieben krank, so hören Sie ihn im Geiste sagen, er sei auf wunderbare Weise genesen. Sehen Sie ihn heiter lächelnd vor sich und freuen Sie sich über die Mitteilung. Sie stimulieren sich dadurch in das Gefühl, mit Ihrem Vorstellungsbild eins zu sein. Die Wirkung wird nicht ausbleiben. Ihre Gebete werden erhört werden.

Kapitel 15

Das elementare Gesetz unendlichen Lebens

Gott ist allgegenwärtig, allmächtig. Gott, der das unendliche Leben ist, ist immer und überall gegenwärtig, zu jeder Zeit und an jedem Ort. Im Bewußtsein der Gegenwart Gottes tagtäglich zu leben, ist der Schlüssel zu Harmonie und Frieden, Gesundheit und Freude und echter Lebenserfüllung. Die Tag für Tag erlebte Gegenwart Gottes greift mächtig in einem Maße, das jegliche Vorstellung übersteigt, in Ihr Leben ein. Übersehen Sie, weil sie so äußerst einfach ist, diese Tatsache nicht.

Sie müssen erkennen, daß die ganze Schöpfung in ihrer unerhörten Vielfalt der Ausdruck Gottes und seiner unendlichen Vielfältigkeit ist. Sie selbst sind der individualisierte Ausdruck Gottes, der das Leben ist, und Gott will, daß Sie als Ausdruck seiner Schöpfung nach dem Höheren streben. Sie sind daher auf der Welt, um Gott Freude zu machen und ihn für immer zu verherrlichen.

Zögern Sie nicht länger. Vergegenwärtigen Sie sich jetzt die größte aller Wahrheiten, die alles einschließende und allumfassende Wahrheit, daß Gott die Ursache aller Ursachen, der Inbegriff aller Macht und der Urgrund aller Dinge in dieser Welt ist; alles, was Sie wahrnehmen, fühlen und begreifen ist Teil seines Selbstausdrucks.

Wie Sie es angehen sollen

Viele meiner Bekannten haben sich die tägliche Meditation über Gott zur Gewohnheit gemacht. Das nimmt nur wenig Zeit in Anspruch, täglich etwa fünf oder zehn Minuten, und stellt eine bewußte Art des Betens dar. Sie widmen sich der geistigen Betrachtung jener Tatsache, daß Gott der Inbegriff des Friedens, der Harmonie, der Freude und Weisheit ist – er, der allmächtig ist; er, der die unendliche Weisheit und grenzenlose Liebe ist. Sie sinnen über diese Wahrheiten nach, sie betrachten diese Eigenschaften und Attribute der Herrlichkeit Gottes, die, von welcher Seite immer man sie anschauen mag, herrlich und wunderbar bleiben. Angesichts solcher Betrachtungen werden sie sich der Tatsache bewußt, daß alle Menschen, denen sie begegnen, Ausdruck Gottes sind und daß sich tatsächlich in allem Gott manifestiert. Sie erleben Gott dramatisiert in der Freude seines Ausdrucks.

Wer sich dies immer wieder vergegenwärtigt, wird wie meine in dieser Art meditierenden Bekannten die ganze Welt aus einer neuen Sicht sehen und das ganze Leben verändert finden. Sie alle haben an sich eine Besserung ihrer Gesundheit und auch ihrer Lebensverhältnisse erfahren und sind von neuer Vitalität und Energie beseelt.

Er fand seinen Sohn nach sieben Jahren wieder

Mr. Michael Sands, einer meiner Geschäftsfreunde in Los Angeles, berichtete mir über eine erstaunliche Episode, die er selbst erlebt hat und die ihm sehr naheging.

Bis vor etwa sieben Jahren hatte er in Südamerika gelebt. Beinahe über Nacht mußte er das von Unruhen heimgesuchte Land verlassen und hinterließ für seinen Sohn, der als Handelsvertreter unterwegs war, brieflich Nachricht, ihm nachzufolgen. Diese Nachricht jedoch hat seinen Sohn nie erreicht. Der junge Mann versuchte mit seiner Mutter, die getrennt vom Vater lebte, Verbindung aufzunehmen; sie war ebenfalls fortgezogen, ohne eine Adresse zu hinterlassen. Mr. Sands überschüttete seinen Sohn und alle ansässigen Geschäftsfreunde mit Briefen und Telegrammen. Doch alles war vergeblich, nun war auch der Sohn verschwunden. Detektivbüros und Auskunfteien wurden bemüht, aber sie fanden von seinem Sohn keine Spur. Es ist noch nicht lange her, daß Mr. Sands seitens einer entfernten Verwandten sogar verständigt wurde, sein verschollener Sohn sei rechtskräftig für tot erklärt worden.

Im Verlaufe der letzten Monate machte mein Geschäftsfreund eine tiefgehende innere Wandlung mit. Er wandte sich mehr als je zuvor Gott zu und begann im Bewußtsein der Gegenwart Gottes zu leben. Das ungeklärte Schicksal seines Sohnes war ihm sehr zu Herzen gegangen. Er betete jetzt täglich: „Mein Sohn ist in Gottes Hand, und Gott, der allgegenwärtig ist, wird mir offenbaren, wo er sich befindet. Ich weiß, Gott wird uns nach seinem Willen wieder vereinigen, und ich danke dafür."

Kürzlich nun hat mir Mr. Sands seinen Sohn vorgestellt. Der verschollene Sohn ist eines schönen Tages einfach bei der Haustüre seines Vaters hereinspaziert!

Die Wiedervereinigung von Vater und Sohn steht im Zeichen eines ins Auge fallenden Zusammenfalls, der selbstverständlich kein bloßer Zufall ist. Etwa zur gleichen Zeit nämlich, da der Vater zu beten begann, kam der Sohn auf den Einfall, seines Vaters Namen in jeder Stadt, die er als Handelsvertreter besuchte, systematisch im Telephonbuch zu suchen. Auf diese simple Art fand er in Los Angeles die Anschrift seines Vaters und brauchte wahrhaftig nur ein Taxi zu nehmen, um nach Hause zu fahren! Jedermann kann sich die Freude des Wiedersehens vorstellen.

In diesem Zusammenhang möchte ich an das bekannte Bibelwort (Lukas 15, 16) erinnern: *„Denn dieser mein Sohn war tot und ist wieder lebendig geworden; er war verloren und ist gefunden worden. Und sie fingen an, fröhlich zu sein."*

Ihr Haus blieb verschont

Nie werde ich jenen Telephonanruf einer in panische Angst versetzten Bekannten vergessen, die mich um einen Rat anflehte, weil in ihrer Nachbarschaft eine riesige Feuersbrunst wütete.

Da eine unmittelbare Lebensgefahr noch nicht bestand, beruhigte ich die Frau und bat sie, am Telephon zu bleiben und zusammen mit mir zu beten. Ich betete, und sie sprach mir die folgenden Worte nach: „Gott ist allgegenwärtig. Sie bringen sich jetzt zu Bewußtsein, daß seine Gegenwart sich auch auf Ihr Haus erstreckt. Er umgibt es mit seiner Liebe, er schützt Sie und Ihr Haus. Sie sind in Gottes Allgegenwart eingebettet. Seiner Gegenwart erfließt Friede, Harmonie, Freude und Vertrauen. Ihr Haus ist von Gottes nie versiegender Liebe und Güte umgeben und steht unter seinem Schutz und

Schirm. Wir sprechen jetzt dieses Gebet im Bewußtsein, daß Gott es erhören wird."

Ihr Haus blieb verschont. Die Feuersbrunst konnte eingedämmt werden und erreichte nicht einmal mehr den Zaun ihres Grundbesitzes. Überglücklich rief mich die Frau am frühen Morgen an, um mich die freudige Nachricht wissen zu lassen. Es erschien wie ein Wunder. Das meinte auch einer der Polizisten, der sie zur Aufklärung der Brandursache befragte. „Gott hat die Hand über Sie gehalten", sagte er. Gottes Wege gehen über unser Begreifen.

Jetzt gehen die Zuhörer auf ihn ein

Ein junger Priester fragte mich in einer Sache, die ihm ganz besonders am Herzen liegen mußte, um meinen Rat.

Ihn bedrückte die kühle Zurückhaltung, der er bei seiner Gemeinde begegnete; auch fragte er sich über die Ursachen der bisweilen äußerst scharfen Kritik, der seine Predigten unterzogen wurden. Er pflegte seine Predigten, wie er mir ausdrücklich versicherte, in stundenlanger Arbeit sorgfältig vorzubereiten und hielt sich strengst an die Glaubenswahrheiten. Da er sich dies in letzter Zeit ganz besonders zur Pflicht gemacht hatte, verstand er die nach wie vor kühl bleibende Haltung seiner Gemeinde um so weniger. In der Tat hatte seit seiner mehr als ein Jahr zurückliegenden Amtsübernahme niemand seinen persönlichen Kontakt oder privaten Zuspruch gesucht.

Ich riet ihm, Gottes Gegenwart in die Praxis umzusetzen; und er fragte mich, wie das denn aufzufassen sei.

Er möge sich, sagte ich ihm, vor einer jeden Predigt innerlich sammeln und sich dabei, vielleicht etwa zehn Minuten lang, auf seine Zuhörer hin konzentrieren, und zwar im Bewußtsein, ihnen gegenüber guten Willen, Liebe und Frieden auszustrahlen. Er möge ein Gebet etwa des folgenden Wortlautes sprechen: „Alle, die heute morgen zu meiner Predigt kommen, sind guten Willens und guten Sinnes; ich segne sie. Gott erfüllt mich ganz. Wenn ich jetzt denke, spreche und handle, so geschieht das durch ihn. Durch mich segnet er alle meine Zuhörer. Allen, die die durch mich verkündeten Glaubenswahrheiten hören, gereicht meine Predigt zu Heil und Segen.

Ich liebe meine Zuhörer, denn es sind Kinder Gottes, und seine Herrlichkeit kommt durch sie zum Ausdruck."

Sein weiteres Wirken war von einer tiefgreifenden Wendung gekennzeichnet. Er erhielt einen immer größeren Zustrom von Gläubigen; und manche versicherten ihm jetzt auch, wie sehr seine Predigten sie erleuchten, trösten und ihnen auch wirklich helfen würden.

Dieser junge Priester hat an sich erfahren, was es heißt, im Bewußtsein der Gegenwart Gottes zu leben und durch innere Sammlung im Gebet seine Schwierigkeiten zu überwinden. Gottes Gegenwart ist eine für jedermann gültige Realität und bietet uns allen Zuflucht und Hilfe.

Das Beispiel eines einfachen Mönches

Er lebte im siebzehnten Jahrhundert und hieß Bruder Lawrence: ein frommer, gottergebener Mann. In seiner Schlichtheit und Demut befand er sich mit dem Unendlichen im Einklang. „Gottes Willen zu tun", sagte er, „ist Sinn meines Lebens."

Bruder Lawrence lebte im Bewußtsein der Gegenwart Gottes, ob er nun, in der Küche beschäftigt, Teller wusch oder den Fußboden schrubbte oder ob er am Altar des Herrn stand. Für ihn war alles Gottes Werk, für ihn führte der Weg zu Gott durch das Herz und war Liebe. Seine Ordensoberen bewunderten den Mann, der nicht viel mehr als Lesen und Schreiben gelernt hatte und dennoch soviel Abgeklärtheit und Weisheit vorzuleben und auszusagen verstand. Die Stimme Gottes sprach aus ihm.

Bruder Lawrence setzte das Bewußtsein der Gegenwart Gottes in die Praxis um. Er sagte sich: „Ich habe mich in deine Hände gegeben und bin nur deiner Sache ergeben, so wird alles recht werden."

Seine einzige Sorge, sagte er, gelte dem Anliegen, das tiefe Gefühl seiner Verbundenheit mit Gott nicht zu verlieren; dabei aber lag ihm Angst ferne, denn er war sich der Liebe Gottes und seiner grenzenlosen Güte zutiefst bewußt.

Die leidvolle Erfahrung eines der Angst zugewandten Lebens hatte er in seiner Jugend gemacht; damals fürchtete er, er werde dereinst der Verdammnis anheimgegeben sein, und in dieser seelischen Qual hatte er vier Jahre lang gelebt. Dann aber erkannte er seinen Mangel an Gottvertrauen als die Ursache all seiner Leiden. Und auf Grund dieser Erkenntnis wurde er innerlich frei und fand zu einem Leben ungetrübter Freude.

Bruder Lawrence erzog sich dazu, in jeder noch so gewöhnlichen Tätigkeit, sogar in der Küche beim Kochen oder Abwaschen, ein paar Augenblicke lang innezuhalten, um an Gott, den er als die Mitte seines Daseins betrachtete, zu denken und mit ihm im Bewußtsein seiner Gegenwart innere Zwiesprache zu halten. Innerlich erleuchtet, wie er es war, eröffnete sich für ihn in solchen Augenblicken inniger geistiger Verzückung jener wunderbare Bereich tiefsten Friedens.

Er heilte seinen Sohn

Eines Tages erhielt ich den Brief eines Chikagoer Geschäftsmannes, der mein Buch *Das Wunder Ihres Geistes* gelesen hatte und namentlich vom ersten Kapitel („Gesund sein und gesund bleiben") tief beeindruckt war.

Das acht Jahre alte Söhnchen dieses Mannes war ungefähr ein Jahr lang ernstlich krank gewesen. Der Junge litt unter Asthma, und die Krankheit äußerte sich manchmal in krampfartigen Anfällen, die sofortige ärztliche Hilfe notwendig machten.

Unter dem Eindruck dessen, was der Mann in meinem obenerwähnten Buch gelesen hatte, setzte sich der Vater eines Abends an das Bett des Jungen, der bereits eingeschlafen war, und betete laut: „Hans, du bist ein Kind Gottes. Gott ist in dir gegenwärtig. In dir leben seine Harmonie und Gesundheit, sein Friede, seine Freude und unendliche Lebenskraft. Gott hauchte dir den Atem des Lebens ein. Du bist aus dem Geist Gottes erschaffen, der Allmächtige gab dir das Leben. Du atmest Gottes Frieden ein, und du atmest Gottes Liebe aus. *„Vater, ich danke dir, daß du mich erhört hast. Ich wußte wohl, daß du mich allezeit hörst . . ."* Johannes 11, 41-42.

Er betete wohl eine volle Stunde, indem er sich diese großen Wahrheiten vergegenwärtigte und die Worte seines Gebetes mehrmals wiederholte. Er tat dies im Bewußtsein, daß sich der Inhalt seines Gebetes unbewußt auf den Jungen übertragen und sich seinem Unterbewußtsein einprägen werde. Dabei erlebte er etwas, das er mit aller Entschiedenheit zu spüren glaubte: er hatte das Gefühl, sein Gebet sei erhört; denn in ihm verbreitete sich auf einmal ein tiefer Friede und wunschloses Glück.

Am nächsten Morgen empfing ihn der Knabe mit den Worten: „Vater, ich hatte einen Traum. Ein Engel ist mir erschienen und sagte zu mir: ‚Hans, du bist geheilt.'"

Der Junge war von seiner Krankheit, der in den meisten Fällen ohnedies psychische Ursachen zugrunde liegen, vollkommen genesen. Des Vaters Überzeugung von der heilenden Gegenwart Gottes hatte sich dem Sohn mitgeteilt, wobei das Unterbewußtsein des Jungen diese Überzeugung dramatisiert und in der Symbolgestalt eines der kindlichen Erlebniswelt entstammenden Engels zum Ausdruck gebracht hatte; der Engel brachte dem Jungen zu Bewußtsein, daß er gesund war.

Er sprach und ging wieder

Frau Dr. Elsie L. McCoy aus Bevery Hills, California, gab mir die freundliche Erlaubnis zur Veröffentlichung ihres Berichtes über eine wunderbare Heilung, deren Zeugin sie war.

„Herr A. erlitt infolge Abkippens eines rund hundertfünfzig Kilo schweren Tisches auf ihn an Kopf, Nacken und Brust schwere Verletzungen. Er war mehrere Tage bewußtlos.

Schließlich rief ich einen Priester an das Krankenbett. Zusammen beteten wir: ‚Gott ist das Leben dieses Mannes. In seinem Leben lebt Gott. Die Gegenwart Gottes lebt in ihm als Friede, Gesundheit und Lebenskraft.'

Wir hatten ungefähr eine Stunde lang gebetet, als der Schwerverletzte aus seiner Bewußtlosigkeit erwachte; er war jedoch unfähig, zu sprechen oder zu gehen; denn er war gelähmt. Der Fall schien hoffnungslos zu sein. Gleichwohl versuchte ich an ihm alles, was ich von ärztlicher Heilkunst verstehe. Im Herzen allerdings spürte ich, daß diesen Mann nur Gott noch heilen konnte.

Der Priester und ich beteten für ihn. Dies war unser tägliches Gebet: ‚Gott geht und spricht in Ihnen. Durch Gottes Willen sprechen Sie und gehen Sie, froh und frei. Wir hören Sie mit uns reden, wir sehen Sie durch dieses Zimmer gehen. Gott heilt Sie jetzt.'

Nach drei Monaten ereignete sich das Wunder. Er begann wieder zu sprechen und konnte ohne Krücken gehen; und er geht bis heute. Er selbst versicherte, er habe alles, was wir sprachen, genau gehört und tief in sich eingesogen. Zweifellos hatten unsere Gebete in seinem Unbewußten Eingang gefunden und die ihm innewohnenden Kräfte mobilisiert. Dieser Heilerfolg dank der Zuflucht bei Gott spricht für sich selbst.“

Von Ruin konnte keine Rede mehr sein

Während ich an diesem Buch schrieb, wurde ich einmal durch ein Ferngespräch unterbrochen. Ein alter Freund rief mich an. Er gab sich sehr ungehalten und machte seinem Ärger ordentlich Luft. Er schloß seine Unmutsäußerungen mit der Bemerkung ab: „Diese beiden Quertreiber haben es offensichtlich darauf angelegt, mich und mein Geschäft zu ruinieren.“

Ich gab ihm den Rat, sich der Gegenwart Gottes in jedem Menschen bewußt zu werden, und wie folgt zu beten:

„Diese beiden Männer leben jeden Tag mehr und mehr Gott und seiner Güte zu. Sie hegen die gleichen Hoffnungen, Wünsche und Erwartungen wie ich. Sie wünschen sich Frieden und Harmonie, Liebe, Freude und des Lebens Fülle wie ich auch. Sie sind anständig, ehrlich und fair. Über allem herrscht Gottes Gerechtigkeit. Ich wünsche ihnen Gottes Segen. Unsere Beziehung steht im Zeichen der Harmonie, des Friedens und gottgewollten Einvernehmens. Diese Männer wollen wie ich das Rechte tun. Ich erkenne in ihnen das Göttliche. Und ich danke für diese harmonische Lösung.“

Ich bat ihn, dieses Gebet jeden Tag öfters zu beten und dessen Inhalt gedanklich und gefühlsmäßig auf sich einwirken zu lassen, bis sein Unbewußtes den Inhalt dieses Gebetes in sich aufnähme. Im übrigen werde er sich vermöge seines Betens in ein Gefühl innerer Erleichterung steuern, vergleichbar einer seelischen Reinigung. Er werde sich mit sich und den anderen in Frieden befinden und innerlich gelöst und geläutert sein.

Mein Freund begann aufrichtig und aus ganzer Seele zu beten, wie ich es ihm geraten hatte, und entdeckte dabei, daß er aus der Tiefe seines Ichs jene alles versöhnende, alles heilende Kraft freisetzte, die seine angespannte Beziehung zu den besagten Geschäftsleuten aus der Welt schaffen und an deren Stelle ein Verhältnis gegenseitiger Rücksichtnahme und freundlichen Einvernehmens aufbauen mußte.

Schon nach wenigen Tagen bestätigte sich dies tatsächlich. Mein Freund hat an sich erfahren, was die Vergegenwärtigung Gottes vermag: sie macht den Menschen frei.

Die drei Schritte gelebten Glaubens an Gott

Erster Schritt: Gehen Sie davon aus, daß Gott die eine, einzige, alles beherrschende Macht ist – Gott, der das Leben ist. Akzeptieren Sie die Existenz Gottes als eine Realität.

Zweiter Schritt: Sie müssen erkennen, wissen und sich immer wieder sagen, daß Sie selbst und alles, was Sie in der Außenwelt wahrnehmen, Gottes Schöpfung darstellen, in der sich Gott ausdrückt. Machen Sie sich diese größte aller Erkenntnisse zu eigen; sie ist unsagbar mächtig.

Dritter Schritt: Machen Sie es sich zur Gewohnheit, jeden Tag zwei- oder dreimal zu entspannen, am besten in einem bequemen Sessel sitzend, und nachzudenken, was das heißt: „Gott ist allgegenwärtig, Gott ist allmächtig. Alles ist Gottes Schöpfung."

Vergegenwärtigen Sie sich die Tatsache, daß Gott Ihnen und allen Menschen Ihrer Umgebung innewohnt. Lassen Sie Ihr Tun vom Bewußtsein, daß Sie und auch Ihre Mitmenschen nach Gottes Willen denken und handeln, geleitet sein. Daran sollten Sie sich gerade im – privaten oder geschäftlichen – Umgang mit Ihren Mitmenschen erinnern. Und in diesem Bewußtsein sollten insbesondere auch alle jene handeln, die in welcher Funktion immer vor einem Publikum aufzutreten haben und auf dessen Sympathie und Wertschätzung angewiesen sind. Das ist gelebter Glaube an Gott.

„Ich lebe im Zustand der Bewußtheit inneren Friedens, der Freude, Harmonie und meines guten Willens gegenüber allen Menschen. Meine Heimat ist ein Ort der Bleibe und des Schutzes. Ich bin *‚unter dem Schirm des Höchsten und bleibe unter dem Schatten des Allmächtigen‘* (Psalm 91, 1). Ich gehe mit Gott und spreche mit ihm jeden Tag meines Lebens.

‚Gott steht auf; so werden seine Feinde zerstreut . . .' (Psalm 68, 1). Meine Feinde sind Furcht, Unwissenheit, Aberglaube und Glaubenslosigkeit. Ihnen verschließe ich Geist und Seele. Negativ zu denken liegt mir fern. Ich pflanze meiner Seele Gott und seine Liebe ein. Ich denke, fühle und handle aus der Sicht göttlicher Liebe. Ich verbinde mich jetzt der göttlichen Kraft und fühle mich dadurch unbesiegbar. Ich fühle in mir den Strom göttlichen Friedens.

Gott in seiner Weisheit und Liebe führt und leitet mich und meine Mitmenschen. Ich bete, auf daß Gott mich und alle Menschen erleuchtet und daß sein Wille geschehe. Sein Wille ist Friede und Harmonie, Heiterkeit und glückliches Vollenden. Es ist wunderbar."

ZUSAMMENFASSUNG

1. Im Bewußtsein der Gegenwart Gottes tagtäglich zu leben, ist der Schlüssel zu Frieden, Gesundheit und echter Lebenserfüllung.
2. Gott ist der Urgrund aller Dinge; alles, was Sie wahrnehmen, fühlen und begreifen, ist seine Schöpfung und Teil seines Selbstausdrucks.
3. Gott, der die unendliche Weisheit ist, ist allwissend. Erinnern Sie sich jenes Mannes, dessen verlorener Sohn nach siebenjähriger Verschollenheit zu dem Betenden heimkam.
4. Beten Sie, wenn Sie in einer Notlage sind, um Gottes Schutz und Schirm. Denken Sie an jene Frau, deren Haus von einer riesigen Feuersbrunst verschont geblieben ist.
5. Wer auf Widerstand, Ablehnung oder den Unmut seiner Mitmenschen stößt, sollte sich vom Bewußtsein leiten lassen, daß alle Menschen nach Gottes Willen denken und handeln. Liebe versagt nie.
6. Wer vor einem Publikum aufzutreten hat, möge davon ausgehen, daß das, was er zu geben hat, dem Publikum zu Heil und Segen gereiche.
7. Alle Arbeit geschehe zu Gottes Ehre und Verherrlichung. Denken Sie an das Beispiel von Bruder Lawrence.
8. Ist jemand krank, der Ihnen nahesteht, so beten Sie für ihn im Bewußtsein der heilenden Gegenwart Gottes, der die Liebe und der Friede ist. Der Inhalt Ihres Gebetes wird sich unbewußt auf den Kranken übertragen und seine Lebenskräfte mobilisieren.
9. Wenn jemand versuchen sollte, Sie zu treffen, so machen Sie sich Ihre Verbundenheit mit Gott bewußt; diesen Schutz hebt niemand auf. Begegnen Sie dem Widersacher mit Liebe und Aufrichtigkeit und im Bewußtsein, daß auch er von Gott geleitet sei. Eine friedliche Lösung kann nicht ausbleiben.
10. Sie selbst und alles, was Sie in der Außenwelt wahrnehmen, stellen Gottes Schöpfung dar, in der sich Gott ausdrückt. Gott wohnt Ihnen und allen Menschen Ihrer Umgebung inne. Er erwartet von Ihnen, daß Sie die Fehler und Unzulänglichkeiten Ihrer Mitmenschen übersehen und diese lieben, wie Gott Sie liebt.

Dieses Buch von Dr. Joseph Murphy erschien unter dem Titel

Die Gesetze des Denkens und Glaubens

in der ungekürzten gebundenen Ausgabe im ARISTON VERLAG, Rue Peillonnex 39, CH-1225 Genf. In diesem Verlag sind in der Reihe populärer Sachbücher und Selbsthilfebücher in derselben Ausstattung (Balacron mit Goldprägung und cellophaniertem, farbigem Schutzumschlag) erschienen:

Die Macht Ihres Unterbewußtseins

Von Dr. phil. Joseph Murphy

Unser Unterbewußtsein lenkt und leitet uns, ob wir wollen oder nicht. Dieses leichtverständliche Buch des dreifachen Doktors zeigt, wie wir die unermeßlichen Kräfte des Unterbewußtseins nach unserem Willen und für unsere Ziele nutzen und für uns schöpferisch einsetzen können. 245 Seiten, Best.-Nr. 1027.

Die Botschaft der Körpersprache

Von Claude Bonnafont

Worte täuschen nur zu oft, Signale des Körpers nicht. Die bekannte Psychologin hat aufgezeichnet, was für Sie Informationswert hat. Anhand von Haltung und Bewegung, von Gebärden, Mienenspiel und zutage tretenden Vorlieben usw. erkennen geschärfte Beobachter erst die wahren Absichten und nutzen ihr Wissen privat und im Berufsleben. 263 Seiten, Best.-Nr. 1191.

Spektrum der Hypnose

Das große Handbuch der Theorie und Praxis

Von Werner J. Meinhold

Dieses Standardwerk ist eine unentbehrliche Hilfe für jeden pädagogisch und heilkundlich Tätigen und ein faszinierendes Buch praktischer Lebenshilfe. Das Werk bietet Techniken und Suggestionsformeln für den Alltag und auf Fachgebieten, insbesondere der Heilkunde. Mit Register und Begriffserklärungen. 456 Seiten, Best.-Nr. 1207.

ARISTON VERLAG · GENF

Postfach 82 · CH-1225 Genf · Tel. (022) 48 12 62